日本の遺跡23

寺野東遺跡

江原　英・初山孝行 著

同成社

環状盛土遺構全景

谷の水を利用した施設「水場の遺構」

盛土発見の嚆矢となったＨ４区の断面。黒と黄色の土が整然と堆積している。

環状盛土遺構

環状盛土遺構の中央部で発見された石敷台状遺構

南盛土ブロックの断面。複数箇所で盛土が確認され、環状に巡ることが明らかとなった。ガイダンス施設では本域の土層を剥ぎ取り展示している。

谷部の最上流にある湧水点。水量の調節をしていた可能性がある。

井戸枠状の木組遺構 SX075。ガイダンス施設には本遺構の原寸大復元を展示。

谷部の遺構

903本の構成材と444本の杭からなる、谷部最大規模の木組遺構 SX048。

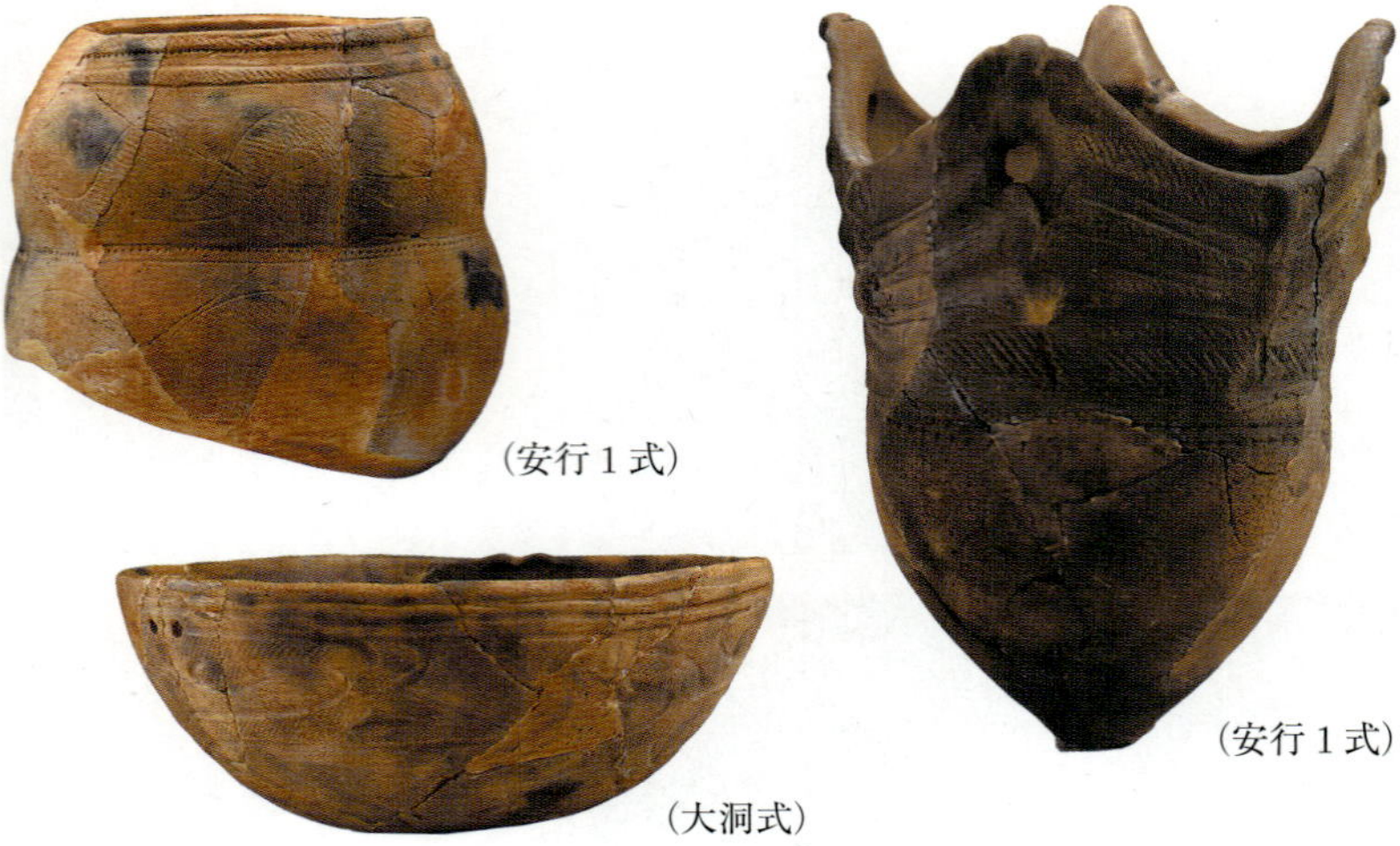

環状盛土遺構出土の縄文土器

谷部から出土した漆塗りの櫛

目　次

カバー写真　上空から見た寺野東遺跡
装丁　吉永聖児

寺野東遺跡

I　寺野東遺跡の概要

寺野東遺跡は、栃木県小山市にある遺跡で、縄文時代の環状《かんじょう》盛土《もりつち》遺構《いこう》で注目を集めた遺跡である。遺跡は関東地方の平野部にあり、小山市の市街地からは東北東七キロのところにある。小山市は東京から東北方面へ向かうＪＲの新幹線や東北線の路線上にあり、近年では東京への通勤圏にもなっている地方都市である。道路では国道四号線と水戸〜前橋を結ぶ北関東の主要国道五〇号線がちょうど交わる、交通の要衝でもある。現在はショッピングセンターとなった「おやま遊園地」でご存じの方も多いかもしれない。

小山は、古くから中世小山氏の城下町として、また奥州街道・日光街道の宿場町として栄えてきた町である。小山氏のかかわる城跡（祇園城・鷲城・中久喜城）には、現在も堀や土塁などがよく残っており、国指定史跡となっている。また現在の市役所の位置は、徳川家康が上杉征伐の途中、軍議を開き関ヶ原へ向う決断をした「小山評定」の地とされている。他に古墳時代や古代の遺跡も多く、国指定史跡として琵琶塚古墳、摩利支天塚古墳、乙女不動原瓦窯跡がある。これらの古い遺跡や現在のおもな市街地は、利根川支流の思川と鬼怒川支流の田川に挟まれた台地上にある。

小山の街中を東へ向かって進んでいくと、しだいに田畑が広がってくる。このあたりは標高四〇メートル程度の台地上であるが、南北方向の谷がいくつか入り込んでいる。この谷は、同じ関東平野でも、多摩・横浜方面や北総台地にくらべると、きわめて浅く緩やかな傾斜である。新四号国道を越え、さらに東へ向かうと、台地を大きく下り、鬼怒川低地の田園地帯となる。寺野東遺跡は、この鬼怒川低地に面する台地の縁にある（図1）。

この台地の下に鬼怒川の支流である田川が流れている。田川は、宇都宮の街中を流れ、この小山市東部を抜け、結城へといたり、程なくして鬼怒川に合流する。

寺野東遺跡のある梁地区は、南側にある町、結城との繋がりが強い。寺野東遺跡も茨城県結城市との県境にあり、別遺跡名となるが、遺跡自体は結城市側につづいている。結城の街中までは二キロ。結城紬で名前をご存じの方も多いであろう。発掘の手伝いをしていただいた作業員さんのなかにも紬織りをやられていた方がいた。ちなみに、この台地の東端には南北方向の街道（通称多功街道）があり、これを北へ向かうと日本三戒壇の一つで著名な下野薬師寺跡、南へ向かうと結城廃寺がある。また遺跡の東一キロには延喜式内社（下総国）の高椅神社がある。楼門が県重要文化財に指定されている。

この台地の東縁上には古墳が連続的に分布しており、古くから梁古墳群〜松木合《まつきや》古墳群として知られていた。遺跡北側の工業団地はかつて梁古墳群として調査されている。茨城県側の松木合古墳群では、現在でも墳丘の残る古墳が見られる。

一方縄文時代の遺跡は、調査例が少なく、内容がわかっているものは少ない。それでも分布調査

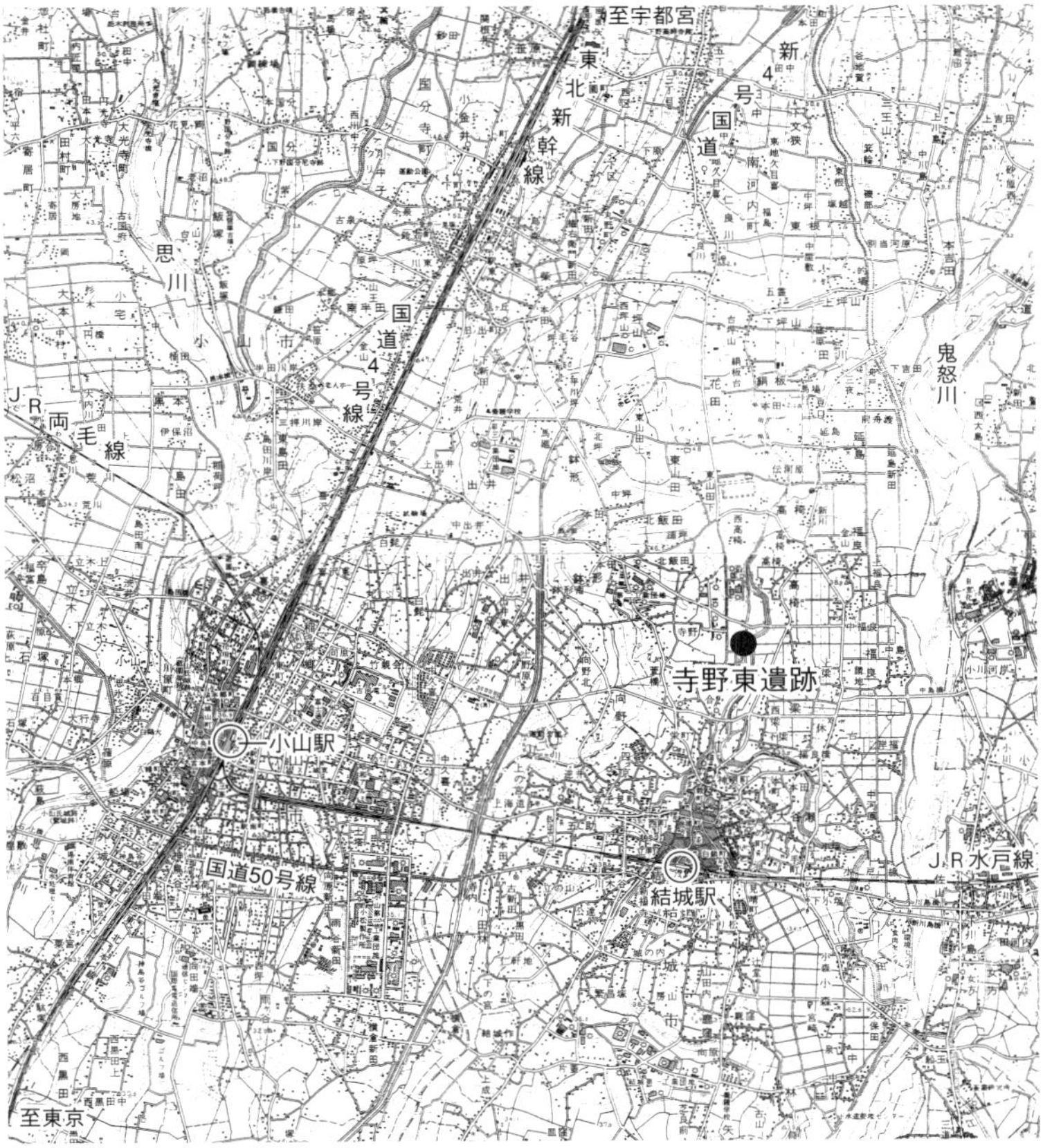

図1　寺野東遺跡の位置

から、この台地上の谷に面するところに、比較的多くの遺跡が分布していることが知られている。早期や前期の遺跡も少数あるが、多くが中期、または中期から後期前半までの遺跡である。後期中葉以降晩期までつづく遺跡が、隣の松木合遺跡を除き、現段階で確認されていない点は注目しておこう。ただ大きくみれば、栃木県内では、一部を除き、中期から後期前半までの遺跡は多いものの、晩期までつづく大きな遺跡が限られることは、これまでの調査例が示している。このあたりの事情は、第Ⅶ章でも触れることとしたい。なお県道を挟んだ西側の寺野遺跡も中期から後期の遺跡である。

1　発掘と保存の経緯

発掘の概要

先に触れたように、ここ寺野東遺跡は、古墳が多数存在すること、縄文時代の遺物が出土することが知られており、小山市教育委員会によって寺野東遺跡との名称が与えられていた。この遺跡を含む範囲に、一九八八（昭和六十三）年、栃木県企業局（一九九四年から栃木県企業庁）が工業団地をつくることを決め、その後の協議により開発区域全面（うち公園用地・緑地帯部分を除いた一五・二㌶、当初計画）を発掘調査することとなった。調査体制は、財団法人栃木県文化振興事業団（二〇〇〇年から財団法人とちぎ生涯学習文化財団埋蔵文化財センター）と、小山市教育委員会が合同で実施することとなった。

発掘調査は、一九九〇（平成二）年九月より開始された。この一九九〇〜一九九一（平成二〜三）年度にかけて行った調査区全域における確認調査（試し掘り）をもとに、調査の工程・期間等について調整することとなった。

一九九一（平成三）年度の調査では、古墳の下からも縄文時代の遺構が発見されるなど、寺野東遺跡が古墳群だけではなく、大規模な縄文時代の集落跡であることが判明していった。また、古墳時代前期や奈良・平安時代の住居跡も多く、この時代の良好な集落跡であることも確認されつつあった。

何より調査担当者にとって驚きであったのは、

包含層中の土器の出土量である。住居跡などの遺構確認面にいたるまでの間に、一日の調査で数十袋の土器が出土することも稀ではなかった。古墳時代～平安時代の住居跡や古墳の周溝調査などにおいて、縄文土器の方が多いことも普通であった。

一九九二（平成四）年度は、前年度後半から引きつづき縄文時代中期から後期の遺構集中区域の調査となり、調査もピークを向かえつつあった。さらにこの年度の後半には大きな転機が訪れた。一つは谷へかかる斜面包含層の調査と、この下位で確認された斜面に掘り込みをもつ「水場の遺構」である。これについては第Ⅳ章で詳述する。もう一つは、この年度の終盤で遭遇した、台地平坦面上における厚い「包含層」である。ここでは通常の遺構プラン確認ができず、層中からは後晩期遺物の大量出土等、今までとは異なる様相が明らかになりつつあった。

一九九三（平成五）年度に入り、前年度調査区の北側を中心に、広い目であらためて地形を観察した上で、トレンチなどの調査を進めた。この結果、厚い包含層と考えていた高まり部分がローム土を中心とする人為的な堆積の土層であり、これがほぼ環状に巡ること、一方この内側の低い部分では上位のローム層が消失していること等が確認される。当初これらの不自然な高まりについては古墳が連続するものとの予想もあったが、そうではなく、縄文時代に作られた「盛土」であることが判明していったのである。

多くの研究者からの意見を得ながら担当者間で議論を重ね、この縄文時代につくられた高まりの遺構について「環状盛土遺構」と命名し、性格を明らかにすべく、順次調査を進めることとした。

そのような中で、一九九三年六月三十日「縄文時代の大土木工事」という見出しで新聞報道がなされ、多くの見学者が常時訪れる全国的に注目される遺跡となったのである。

保存へむけて　新聞報道による注目から、遺跡の保存運動が展開される。地元小山市では「寺野東遺跡の保存を考える会」が発足し、講演会の開催、署名活動、ブックレットの刊行など積極的な活動が行われた。また日本考古学協会を始め、栃木県考古学会、文化財保護全国協議会など各地から保存要望書が寄せられることとなった。

県教育委員会は、環状盛土遺構・水場の遺構について現状保存の方針を固め、関係機関と協議を重ね、一九九三（平成五）年十二月十日の県議会において県知事が現状保存を表明、国指定史跡を目指すこととなった。一九九四（平成六）年の七月には概要報告書を刊行し、国指定申請への準備が進められ、文化財保護審議会での諮問・答申を経て、一九九五（平成七）年十一月には国史跡指定が正式に告示された。

一方調査では、一九九四年度に環状盛土遺構西側の谷部の調査を進め、多数の木組遺構の検出や漆製品の出土をはじめとする大きな成果が得られている。寺野東遺跡の発掘調査は、この一九九四年度をもって終了した。その後、整理報告書作成作業を行い、合計八冊の報告書を刊行した。

2　時代ごとの成果

寺野東遺跡は、旧石器時代から平安時代の大きな複合遺跡であるため、ここで縄文時代以外の成果について触れておく。なお、縄文時代にかかわる部分については第Ⅱ章以下で説明する。

遺構の多くは、調査区のほぼ中央に南から入る幅約五〇メートル～一〇〇メートルの谷の両側で、その台地上から斜面部にかけて分布している。

旧石器時代　四地点で三つの文化層が確認された。最も古いのは、鹿沼軽石層（以下ＫＰ層とする）直上の第一文化層（三万二千年前後の段階）から出土した黒曜石製の石器である。ナイフ型石器を特徴とする第二文化層（二万年前後の段階）で遺物集中地点のブロック九ケ所、細石器を特徴とする第三文化層（一万三千年～一万四千年前後の段階）のブロック三ケ所がある。

古墳時代　住居跡（九二軒）はすべて前期のものであり、調査区南半部の谷を挟んだ両側の台地上に立地する。出土土器には南関東や東海系の要素もみられる。前期前半の集落としては、現段階において、栃木県内でいちばん大きな集落跡となった。古墳と土坑墓は、遺跡南半部（古墳一六基・土坑墓四基）と北半部（古墳一七基・土坑墓一九基）に分けられる。南半部のものは横穴式石室採用以前の初期群集墳、北半部のものは横穴式石室をもつ群集墳であり、分布と時期を違えるものとしてとらえられる。他に方形周溝墓四基を調査した。

奈良・平安時代　奈良時代の住居跡六五軒、平安時代の住居跡一八軒を調査した。ほかに、鉄板が添えられていた蓋付き灰釉薬壺の蔵骨器一基、方形周溝遺構七基、台地を直線的に横切る東西方向の大溝一条がある。大溝については、類例もなく性格については不明だが、現在の県境に近接する地域で確認されたことは興味深い。

なお、これらの時期の詳細な内容については、寺野東遺跡報告書第一分冊（旧石器時代編）・第六分冊（古墳時代集落編）・第七分冊（古墳時代墳墓編）・第八分冊（歴史時代編）をご覧いただきたい。

さて、次章以降では縄文時代の成果についてくわしく見ていく。なお、調査報告書では、遺構については、住居跡をＳＩ、土坑をＳＫ、性格不明遺構をＳＸとした番号を付して整理している。本書中でも、本報告書で付したこの名称をそのまま用いて説明していきたい。また、報告書等で用いた「縄紋」の用語については、本書の編集方針にもとづき「縄文」に統一することとした。

Ⅱ　縄文時代にかかわる調査の成果

1　時期区分からみた概要

ここでは、縄文時代にかかわる部分について概要を説明したい。環状盛土遺構と谷部の遺構については次章以降で詳説する。

縄文時代の遺構は、住居跡一七三軒、土坑一〇〇九基（内袋状土坑一三六基）、埋甕九五基、集石・配石一八基、谷部の遺構五三基である。縄文時代の遺構の多くは、調査区南半部に集中する。調査区には南北に走る谷があり、この谷にかかる斜面から台地平坦面にかけて縄文早期から晩期の遺構がある。台地上の遺構の多くはローム漸移層上面で検出されたが、斜面部に位置する遺構では黒色土中で確認されたものが多い。

縄文時代の遺物は調査区ほぼ全域で出土しているが、環状盛土遺構北辺を境に北側は遺物の出土が極端に減少する。調査区南半では、台地平坦面から斜面部にかけて一〇〜四〇センチの包含層が形成されており、中期〜後期前半の遺物が多量に出土している。調査区内から出土する遺物の時期は、草創期後半（早期前半）撚糸文期から晩期後葉ま

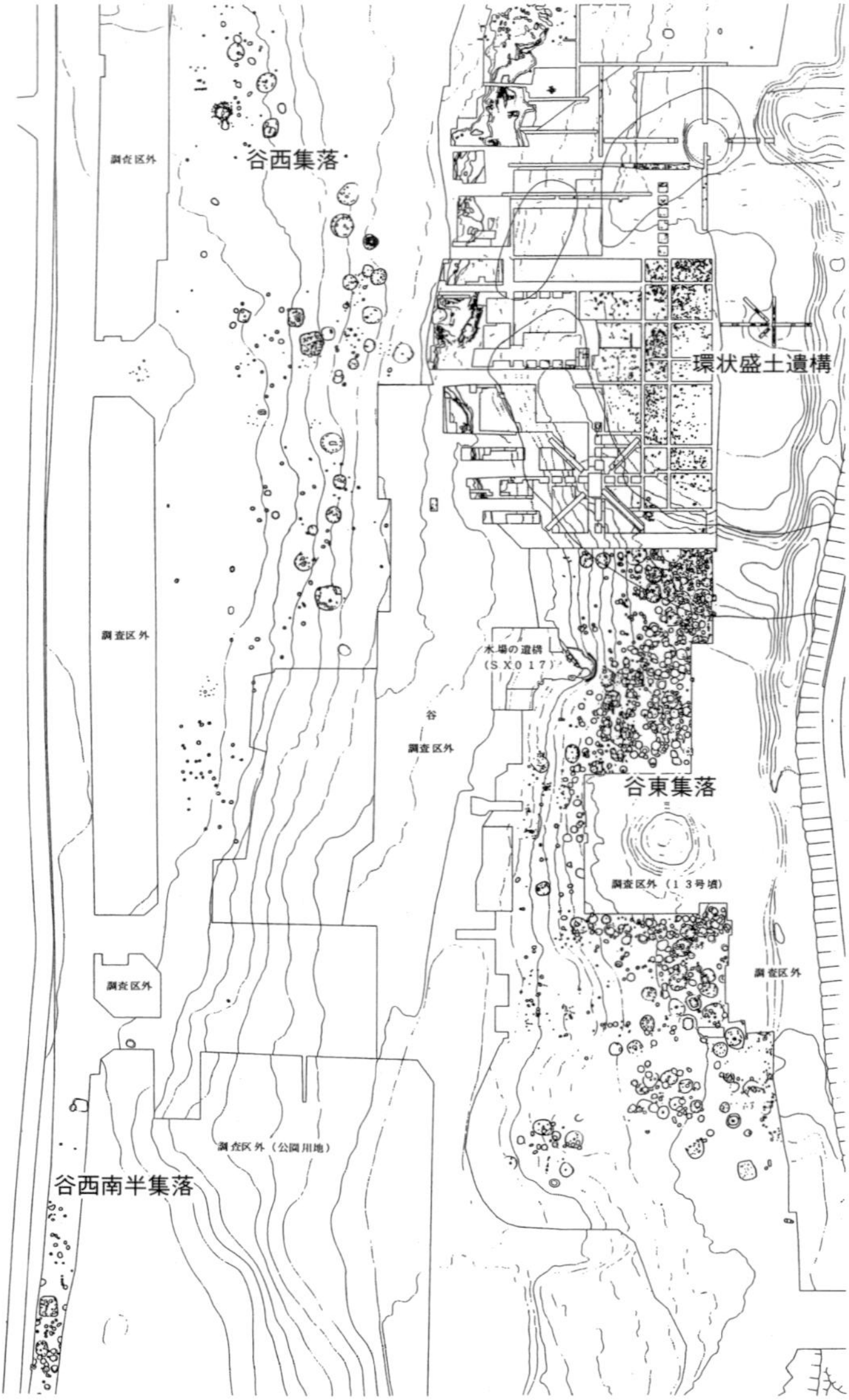
調査区外
谷西集落
環状盛土遺構
調査区外
水場の遺構
(SX017)
谷
調査区外
谷東集落
調査区外（13号墳）
調査区外
調査区外
調査区外（公園用地）
谷西南半集落

図２　縄文時代全体図

表1　地区ごとの遺構数・遺物量

大別	型式	谷東		環状盛土遺構			谷西		谷西南半		谷部		計
		住居	包含層	盛土内遺構	盛土内遺物	削平部	住居	包含層	住居	包含層	遺構	包含層	住居数
草創期～早期			△		△			△		・			
前期			△		・			△		・			
中期	阿玉台式	5	○		・			・	4	◎		・	9
	加曽利E式	63	◎		△	△	2	△	1	△		△	66
後期	称名寺式	21	◎		○	△	5	○		・	△	△	26
	堀之内式	3	◎	8	◎	△	18	◎		・		△	29
	加曽利B式	2	△	1	◎	△		△		・		△	3
	曽谷式～後期安行式	1	△	2	◎	△	6	○		・	○	○	9
晩期	晩期安行式(前半)		△		◎	◎		△			◎	◎	0
	晩期安行式(中葉)			3※	△	◎		△			◎	◎	3
時期不明		14		5			8				1		28
計		109		19			39		5		1		173

遺物：◎やや多い（復元個体あり）　△少量（破片10～50点程度）　・微量
遺構：◎多数　△少数
※削平部の遺構、晩期前半の可能性もあり。

で認めることができる。早期後半条痕文期の遺物は比較的多い。また、調査区北側で見つかった七基の陥し穴状土坑は、詳細な時期は不明だが縄文早期以前のものと想定している。

時期的にまとまった遺構・遺物の分布が見られるようになるのは、中期前半阿玉台Ⅲ式期からである。この時期の遺構は、調査区南側の「谷西南半集落」とよんだ部分で集中しているほか、谷東集落で住居跡・土坑を検出している。

中期後半の遺構はきわめて多く、いわゆる大規模集落といえる。谷東集落部分においては、住居跡が環状に近い分布を示す。土坑は住居跡群と重なりながらやや内側で分布しているようにも見えるが、整然とした区別ではない。中期集落は、加曽利E式前半期のものが主体である。

後期初頭の遺構は、中期にくらべてやや少ない。遺構集中部分はなく、散在的な分布を示す。

住居跡の占地は、中期とやや異なり、谷にかかる斜面に位置するものが多いが、土坑および埋甕は台地平坦面でも多い。谷東側における台地平坦面および斜面包含層中からの出土遺物で最も多量に出土しているのが、称名寺式である。

後期前半の遺構は、調査区やや北側の谷西側が主体となる。谷東側でもいくつか認められ、いずれも谷にかかる斜面上に多い。遺物の分布は台地平坦面の包含層中に加え、環状盛土遺構内および周辺でも多い。環状盛土遺構は、後期前半から形成されており、盛土中あるいは盛土下から確認された炉跡などもこの時期のものが多い。

後期中葉から後半にかけての遺構は、環状盛土遺構内のものを除くとさほど多くはない。ただし谷東集落南端近くや谷西集落中央で数軒の住居跡を確認している。遺物は、環状盛土遺構内および谷部遺構内からの出土が多く、調査区内全体から見れば、分布が狭くなる傾向を見出せる。

晩期の遺構は、環状盛土遺構内と谷部にかぎられる。遺物の出土もこれ以外からは稀である。

2　中期までの遺構・遺物概要

環状盛土遺構がつくられるより前の時期の土器や住居跡について、少し見てみよう。

草創期〜早期　谷東包含層および谷西包含層では、草創期〜早期の土器として、撚糸文系〜条痕文系が認められ、おおよその器形がわかる土器もある。型式では井草式、三戸式、田戸下層式、「出流原式」、野島式、鵜が島台式、常世2式、茅山下層式〜同上層式、早期末〜前期初頭の外面縄文・内面条痕の土器などがある。

茅山下層式〜同上層式の資料は谷東包含層で多く、一方、谷西包含層では「出流原式」や常世2

式が多く認められた。「出流原式」は爪形状の刺突や三本単位の沈線文様を特徴とするもので、その編年的位置づけを巡って議論となっている土器群である（図3の1・2）。

早期の遺構はほとんど確認されなかったものの、比較的多くの遺物がある時期については、狩猟の場や短期のキャンプサイトではなく、集落であったのかもしれない。具体的には、「出流原式」、常世2式、茅山下層式～同上層式の時期がこれに該当しよう。中期以降多くの遺構がつくられ、さらに環状盛土遺構生成にともなう「整地行為」によって、本来存在していたこれらの時期の遺構が失われている可能性も考えられる。

前　期　前期の土器はきわめて少ない。谷西および谷東包含層では、前期中葉の関山式～黒浜式と推定される羽状縄文系土器がそれぞれ三〇点以上、前期後半では諸磯b式、同c式、浮島式、興津式がある。諸磯b式では獣面突起を有する破片も認められている（図3の4）。

谷東包含層では、前期後半の竹管文系土器群が比較的まとまって出土している。その内訳を見ると、貝殻文を特徴とし東関東に分布の中心がある浮島式・興津式が八割以上を占める。

表2　型式ごとの遺物量

大　別	型　式	包含層	
		谷　東	谷　西
草創期～早期	撚糸文系	△	△
	沈線文系	△	○
	（出流原式）	△	○
	条痕文系	△	△
	（常世2式）	△	○
	（茅山下層式～上層式）	○	△
前期	関山式～黒浜式	△	△
	諸磯式	○	△
	浮島式	○	△
	興津式	○	△
中期	五領ヶ台式	○	△
	阿玉台式	○	△
	加曽利E式	◎	△

◎：多量（復元個体も多）
○：やや多い（復元個体あり）
△：少量（破片1～30点程度）

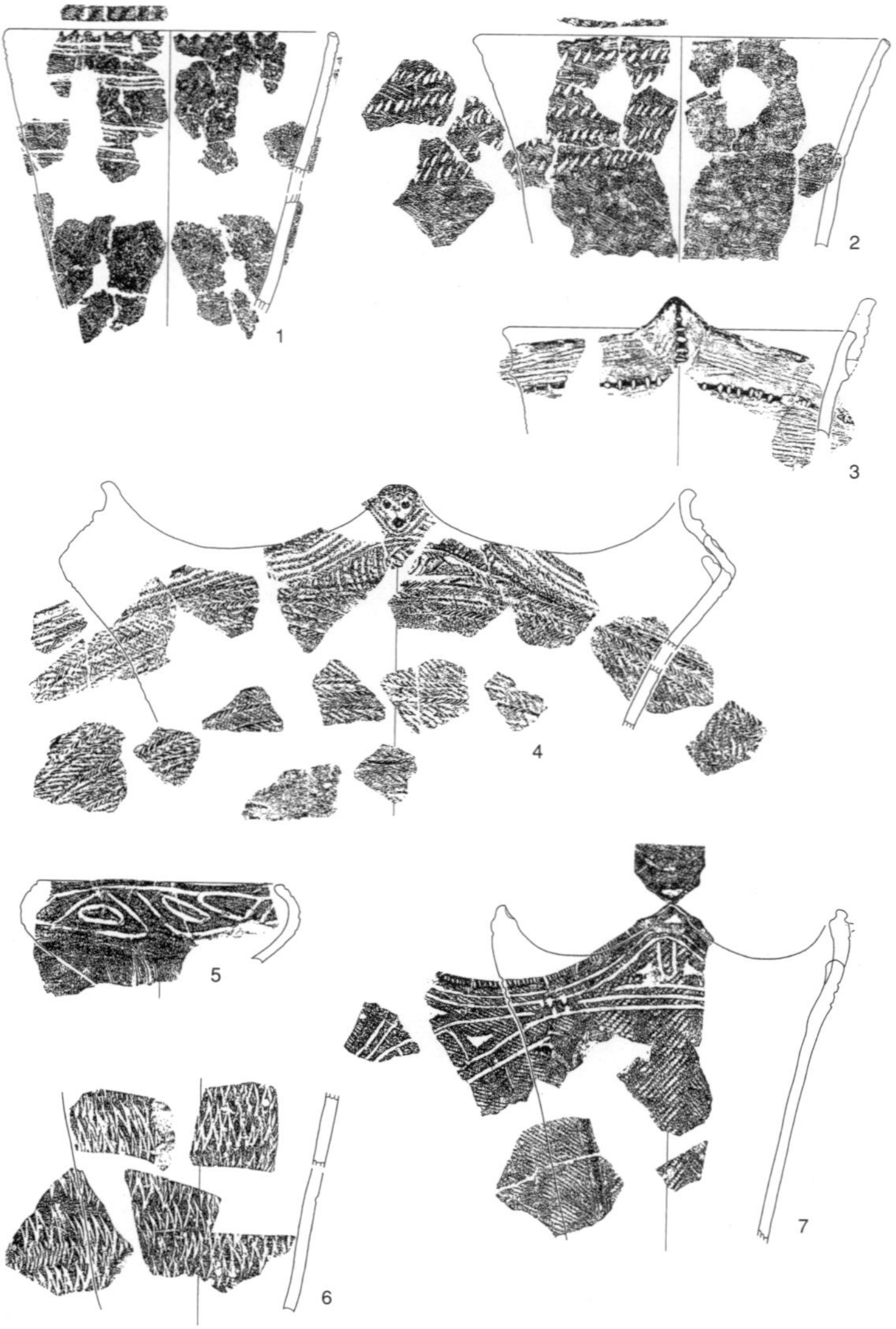

図 3　早期〜中期の土器　1・2「出流原式」、3 茅山上層式、4 諸磯 b 式、5 諸磯式、6 浮島式、7 五領ヶ台式

今まで栃木県南部では、前期中葉黒浜式期の集落跡調査例は比較的多いものの、前期後半については、土器様相さえ不明であった。寺野東遺跡の前期後半の資料は、この地域の土器群の構成を考える上で重要な資料といえよう。

中　期

中期初頭については、少量ながら、当地域における良好な資料が出土している。五領ヶ台式終末とされる土器群が主体で、縄文の上に工具を押し引きながら施す沈線により文様を描くものが目立つ。

中期前半阿玉台式も前半のⅠa式、Ⅰb式、Ⅱ式はきわめて少ない。阿玉台Ⅲ式以降は谷東包含層や谷西南半包含層で多くの資料がある。阿玉台式系が主体を占めるが、数点ながら勝坂式の例もある。群馬県～長野県東部地方でおもに分布し、立体的な装飾を特徴とする焼町類型とされる土器が谷西南半の土坑内から完形個体が一点（図4）、谷東包含層から破片が一点出土している。

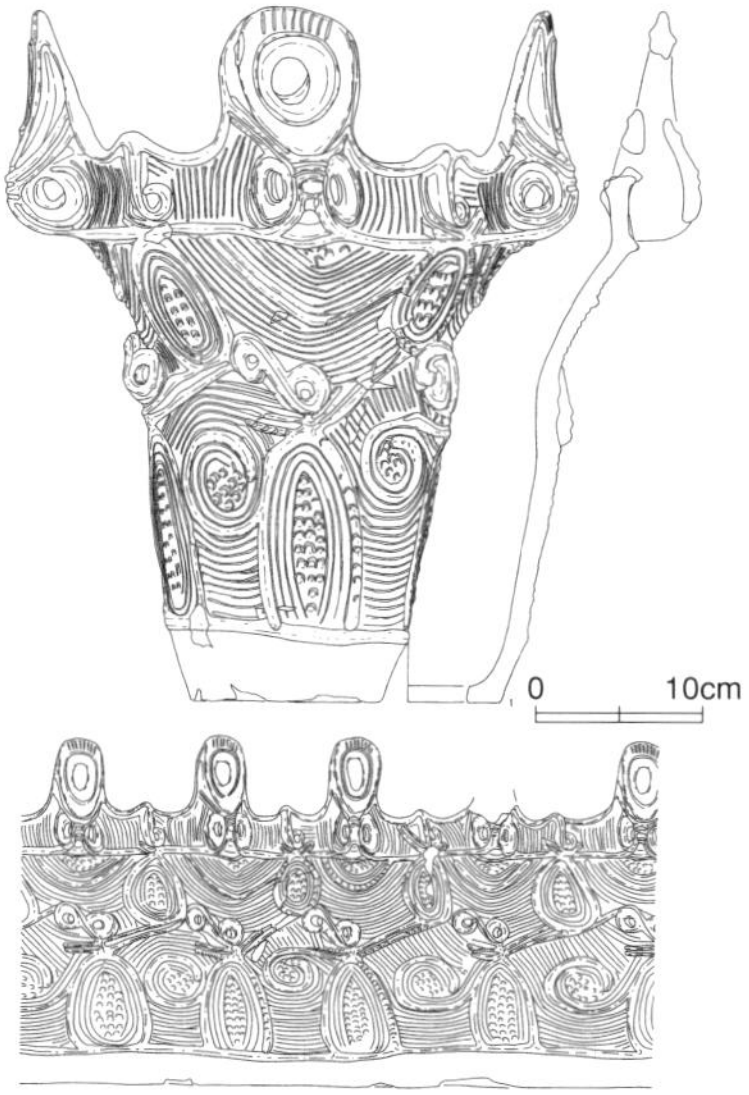

図4　焼町類型

なお、この時期以降、後期前半までは一遺構から複数の土器がまとまって出土する例がある。これらの土器群は、おおよそ同一時期の資料といえるもので、多くの場合、いろいろな文様・器形の土器を含んでいることから、ある一時期の様相を示す土器研究上の重要な資料となる。

次に、中期の住居跡および土坑のうち、代表

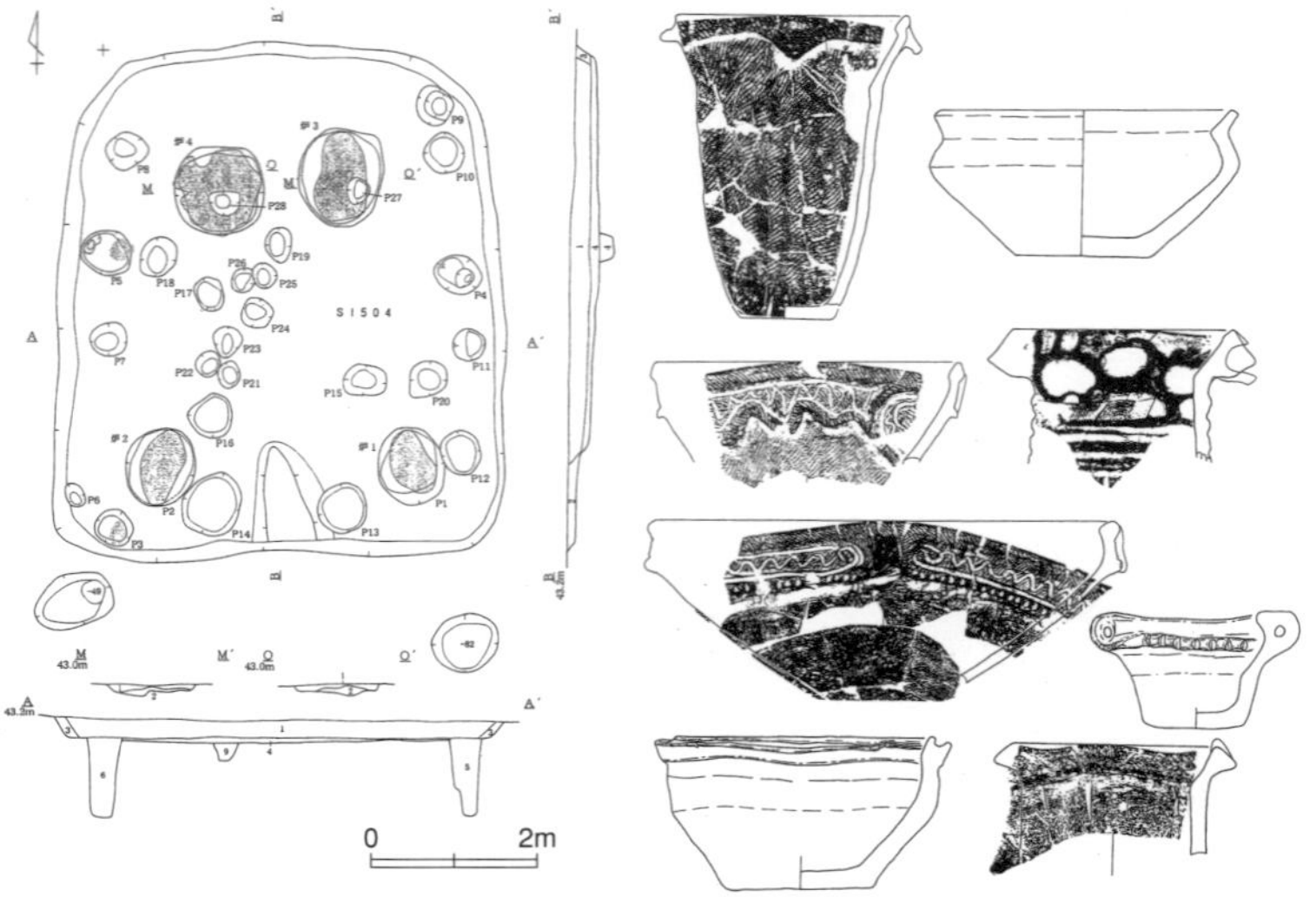

図５　ＳＩ５０４（阿玉台式期）と出土土器

例・注目例をいくつか説明する。

阿玉台式期の住居

中期前半の阿玉台式期の住居跡典型例としてＳＩ００１がある。これは、隅丸方形で、深い四本の柱穴、炉跡が確認されないなどの特徴がある。

一方、ＳＩ５０４は寺野東遺跡中期住居跡のなかで特異な例である（図５）。長方形のプランで、六・五×五・五メートルと規模もやや大きい。南壁に接する床面で地山ロームを掘り残し、周辺床面より一〇～一二センチ高い部分がある。ピットは二六基で、壁際に良好な柱穴が並ぶ。住居プラン外の主柱穴を結んだラインの延長にも良好な柱穴がある。

上位床面で炉一・二、下位床面で炉三・四とした焼土跡があり、全体でこの四基が対称的な配置となる。焼土はよく焼けて六～八センチほど堆積している。遺物は土器一五六一点と多量で、復元個体

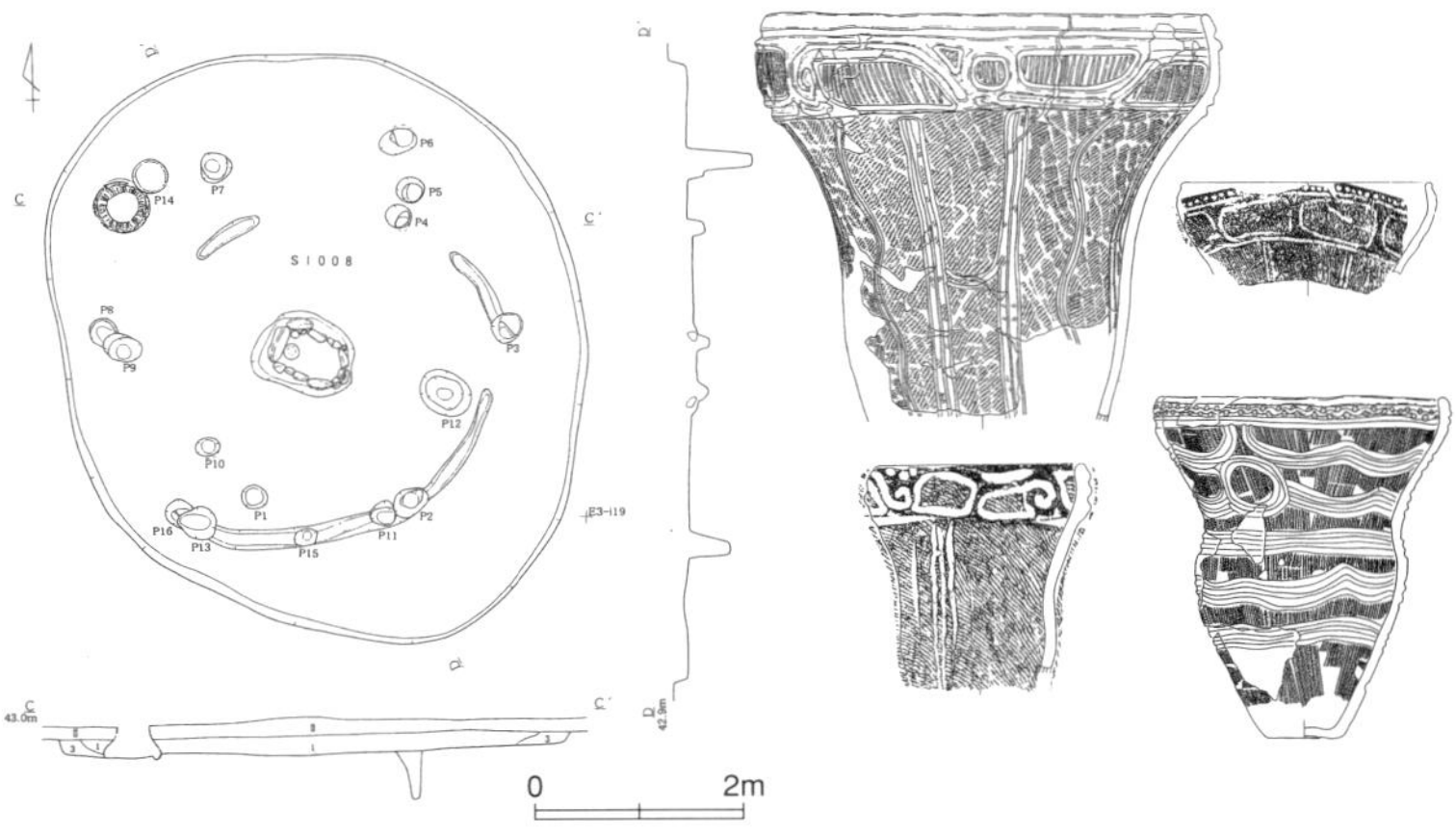

図6　ＳＩ００８（加曽利Ｅ式期）と出土土器

も多い。とくに浅鉢・小形浅鉢・小形深鉢の比率が高い。石器も多く、石皿一二点、敲き石三点、打製石斧四点、石鏃二点などの出土がある。時期は阿玉台Ⅳ式期で、東関東全域を見渡しても類例の少ない形態、浅鉢が多いという出土土器の組成上の特徴など、注目される例である。

加曽利Ｅ式期の住居

加曽利Ｅ式期の住居跡は六六軒と多い。土坑との重複も多く、良好な例は多くないが、当地域における普遍的な様相を示すものが目立つ。

ＳＩ００８は中期後半の住居跡として典型的な形態の例である（図６）。楕円形プランで中央に石囲炉を有する。主柱穴は六本で、柱穴同士の重複や配置から二軒分を推定できる。柱穴間を連繫するような溝も確認されている。また、住居跡床面に大形の土器が伏せた状態で見つかっている。住居跡の時期は加曽利ＥⅡ式期と考えた。

図７　有段住居跡ＳＩ０３１

有段住居

有段住居跡とは、床面が二段の掘り込みとなる竪穴住居跡で、壁近くがテラス状に高くなっている。寺野東遺跡でこの形態の住居跡は四軒確認されている。

有段住居跡は、東関東の中期前半で多い住居の形態で、方形プラン、または外側方形、内側円形のプランとなる例が多い。寺野東ＳＩ０３１（図７）は内外とも円形プランで、中央に石囲炉をともなう点、特徴的である。

外側と内側の境、段となる部分にある四本の柱穴は四五～六八センチといずれも深く、良好な形態である。長方形の石囲炉をともなう床面とは別に、掘り込みおよび床面がこの下位でも認められ、二軒の重複と考えられる。時期は炉の中央に埋設されていた炉体土器から、加曽利ＥⅠ式新段階～同Ⅱ式古段階の範囲内であろう。

炉の諸例

寺野東遺跡中期住居跡の炉跡は、石囲炉が多く、なかでもＳＩ１９８、ＳＩ１９６、炉２９や炉１６のように、二重に石を巡らすものが比較的目立っている。土器埋設石囲炉の炉１２も、部分的に石が二重に巡らされている。また、ＳＩ２４２（加曽利ＥⅡ式）のような、石囲土器埋設炉もある。この炉では、長方形に石を組み、この中央に小さめの深鉢を据えている。ＳＩ２３６の炉では、円形二重に石を巡らすとともに、縁に石を立てている。これらの石を二重に巡らす炉の住居跡の時期は加曽利ＥⅡ式～同Ⅲ式期が多い。この二重石囲炉について、当地域

図８　中期〜後期の炉跡

における一般的なものか、寺野東遺跡特有のものか、今後の検討が必要であろう。

ＳＩ２０１の炉跡は「敷石土器埋設炉」とでも呼べるもので、埋設の土器を取り囲むように石を密に配置している。住居の形態は判然としない。炉埋設の土器は連弧文系の深鉢口縁部で、土器内面はかなり熱を受けている。埋設土器内部下方や土器外側の石のない部分には焼土が形成される。複式炉との関連がうかがわれる点、注目すべき炉である。

遺物一括廃棄の例　住居跡内から多数の遺物が出土した例がいくつかある。ＳＩ１９７（図９）は楕円形の竪穴住居跡で、二軒以上の重複と考える。時期は加曽利ＥⅠ式期で、住居中央の覆土から大形破片および復元可能な土器二〇個体程度がまとまって出土した。覆土中の遺物一括廃棄の問題を考える上で注目される。

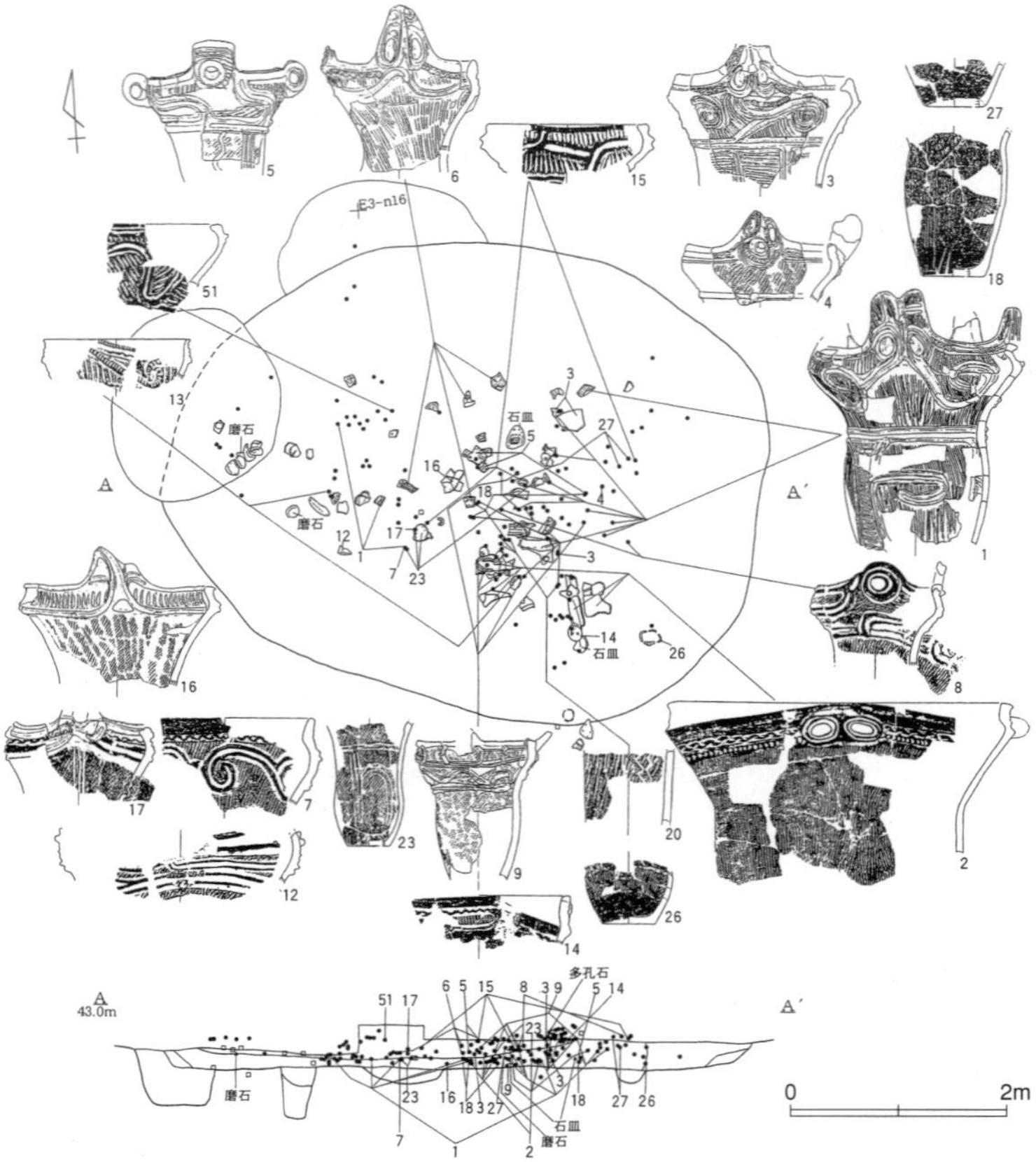

図9　ＳＩ１９７遺物出土状況

3　後期の遺構

谷東集落内の後期遺構　谷東集落南側の一区画では後期の遺構が比較的集中している。ここでは、加曽利Ｂ１式期や曽谷式期の住居跡がある。やや北側の斜面にあるＳＸ０１４は竪穴状掘り込みの例で、多くの称名寺式と共に九州地方の阿高系土器復元個体が出土している（図10）。

また、谷東集落内には数軒の敷石住居跡があ

図10　阿高系の土器

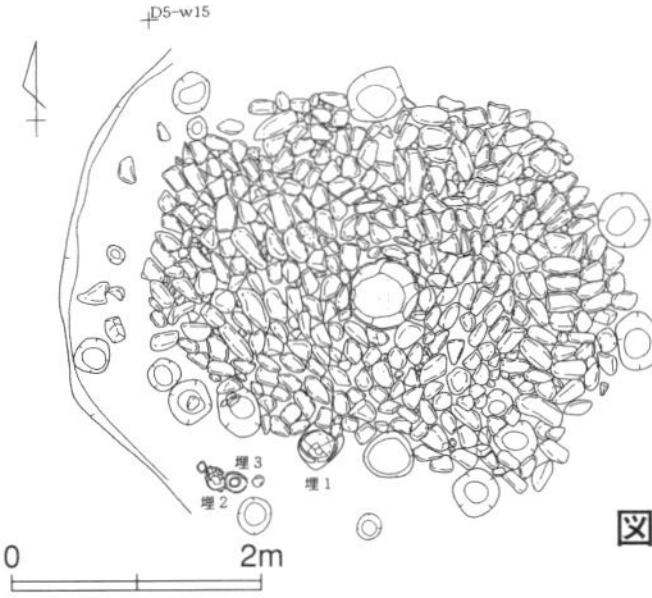

図11　敷石住居跡（上：ＳＸ０１２、下：ＳＩ５３９）

る。ＳＸ０１２は堀之内式期の敷石住居で、炉周辺の長方形部分と、入り口となる張り出し部のみ確認された。炉には堀之内１式土器を敷き詰めている。

加曽利Ｂ式期の住居としては、環状盛土遺構南端の台地平坦面においてＳＩ２３２がある。

谷西集落の後期住居跡　谷西における称名寺式期住居跡は、少数が散在的に分布する。

ＳＩ５３９は、楕円形の河原石を用いて、五角形範囲内に石を密に敷く敷石住居跡である。石の上面はほぼ揃えられ、空間には小さめの石も填め込まれている。ほぼ中央に土器埋設炉、敷石範囲外側に埋甕三基がある。炉体土器は大形の加曽利ＥⅣ式系深鉢の口縁部および体部下半を打ち欠いたものである。柱穴は敷石に接する位置と、敷石除去後の面で確認された。磨消縄文の称名寺式は見られないが、後期初頭の可能性がある。

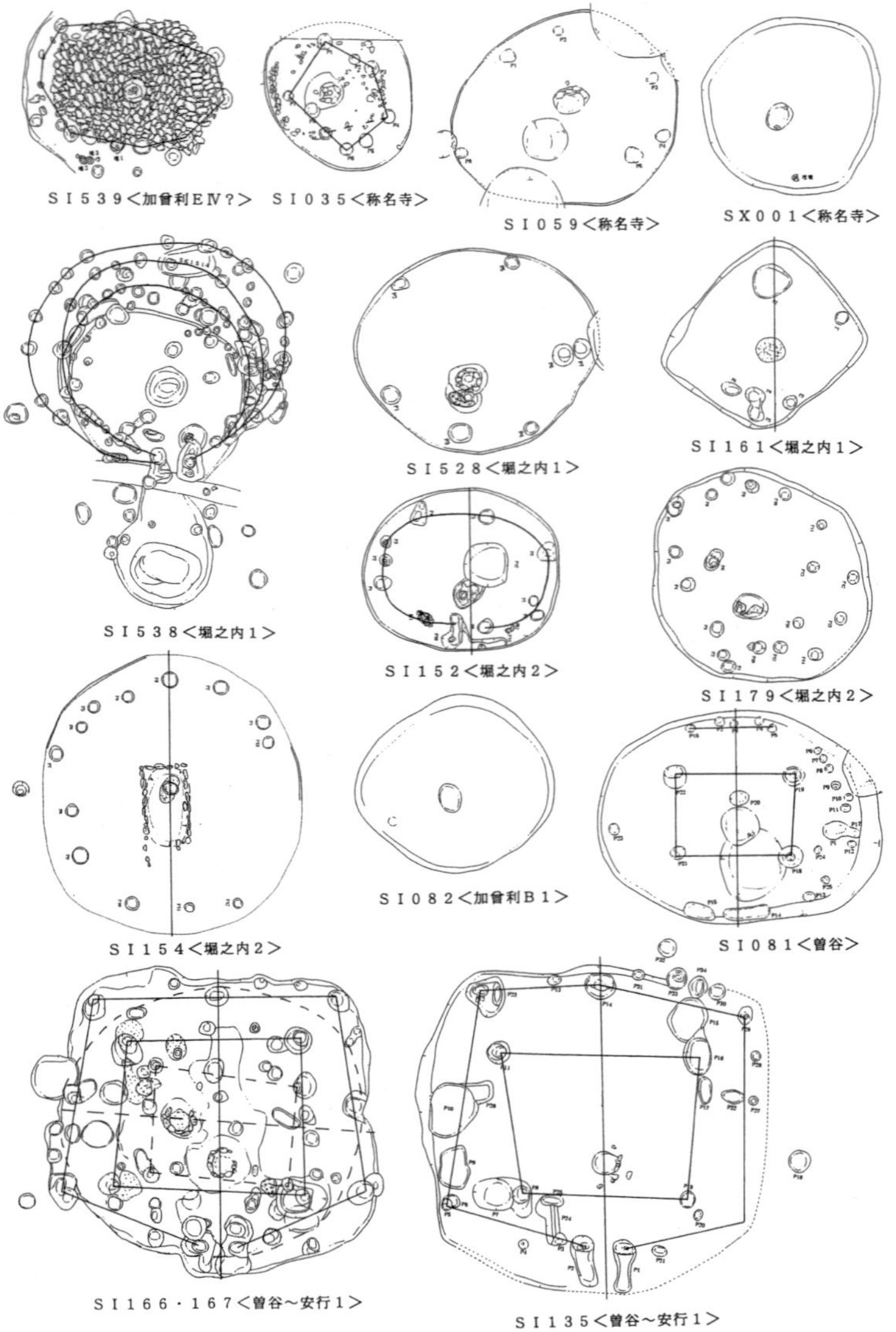
SI539＜加曾利EⅣ?＞
SI035＜称名寺＞
SI059＜称名寺＞
SX001＜称名寺＞
SI538＜堀之内1＞
SI528＜堀之内1＞
SI161＜堀之内1＞
SI152＜堀之内2＞
SI179＜堀之内2＞
SI154＜堀之内2＞
SI082＜加曾利B1＞
SI081＜曽谷＞
SI166・167＜曽谷～安行1＞
SI135＜曽谷～安行1＞

図12　後期の住居跡

堀之内式期の住居

谷西集落の堀之内式期住居跡は、斜面際で並ぶように認められた。時期は多くが堀之内1式新～同2式である。形態は、やや不整な円形～楕円形で、壁際に密に柱穴が確認されたものは少なく、主柱的な配置構成（ＳＩ５２８等）または少数の確認に留まる例が目立つ。他遺跡での例とやや異なり、入り口ピット群も不明瞭なものがほとんどである。規模に注目すると、長軸長三・五メートル未満の例がある一方、長軸長・径が四メートルを越える大きさの例（ＳＩ１５４）もある。

ＳＩ１５２では比較的よく焼けている地床炉を切って深い土坑がつくられている。炉の多くは地床炉だが、ＳＩ１５４では中央に長方形で大形（二〇〇×一一〇センチ）の石囲炉が設けられる。覆土中から堀之内1式新～2式の土器が一括廃棄状に出土する例が目立つ。ＳＩ５１６では、石器の出土が比較的多く、石錘・打製石斧などがまとまるところがある（石錘は計九点）。

谷西集落では、竪穴の掘り込みが不明瞭で、炉とピット数基から住居を推定した例、あるいはピット群としたもの、単独的に確認された炉（すべて地床炉）も多い。谷西集落範囲内では、ほかに集石土坑や土坑がある。

ＳＩ５３８は入り口の張り出し部が明瞭な柄鏡形住居の好例である。円形の主体部と、手前が大きく広がる張り出し部からなり、両者の境界に「対ピット」およびこれに接して埋甕がある。主体部壁柱穴は二重～三重に巡っており、三軒以上の重複を推定できる。ピットでは七〇～八〇センチ程度の深さを有するものもある。時期については、埋甕などから堀之内1式期と考えている。

曽谷～安行式期の住居

谷西集落範囲内のおもに台地平坦面で散在的に分布する。多くが炉

＋入り口ピット＋四本主柱＋奥・左右壁三本柱という構成で、柱穴は深くしっかりしたものが目立つ。ＳＩ１３５およびＳＩ１６６・１６７は、環状盛土遺構内のＳＩ２１９・２４４と並んで、後期安行式期住居形態の「寺野東型」ともいえる、「奥・左右壁三本柱構成」の好例である。

ＳＩ１３５の主柱穴四本は九〇センチを越える深さがある。奥壁三本および西壁中央、南西隅柱穴も五〇センチを越える深さである。曽谷式〜安行１式期で、石器では磨石一六点のほか礫も目立つ。

ＳＩ１６６・１６７は南側を入り口とするＳＩ１６６と東側が入り口のＳＩ１６７という、二軒が重複する住居跡である。いずれも石囲炉をともなう。炉２の上に貼床があり、１６７→１６６と推定する。柱穴の数や配置から、１６６・１６７それぞれで複数軒重複の可能性もある。

いずれも四本主柱＋奥・左右壁三本柱構成で、主柱・奥壁柱いずれも五〇〜一二〇センチの深さを有する。出土した土器片は六七一点で、曽谷式から安行１式の復元個体もいくつかある。石器では打製石斧五点、磨石一〇点が目立つ。

4　土坑について

縄文時代の土坑は総数一〇〇九基が確認された。大きくは住居跡の分布および包含層の分布範囲内にあるが、谷西側の北側、谷東の環状盛土遺構より北側などにも土坑の分布は及んでいる。土坑とは地面に掘り込まれた穴の総称であり、実際の使われ方がわかる例はきわめて少ない。

土坑の形態は、円形・楕円形、断面分類では皿状・袋状・円筒状などに分けられる。このうち、平面ほぼ円形で、ある程度の深さを有する円筒状・袋状の例については、木の実などを蓄えてお

図13　群在する土坑

図14　楕円形土坑（ＳＫ０６８）

くための貯蔵穴と考えられる。寺野東遺跡では袋状土坑が一三六基ある。北関東東部において、袋状土坑は中期に爆発的に増加することが知られている。これらは群在して見つかることが多く、寺野東遺跡でも谷東集落内で密集していた。

栃木県中央〜北部では開口部が狭く（大人一人が通れないくらいの）、底部が大きく広がる例が比較的目立っているが、寺野東遺跡ではこのような例はほとんど見られない。また、袋状土坑内から小ピットが検出される例がある。

土坑墓の推定

寺野東遺跡で多数を占めるやや浅い円形〜楕円形の土坑については、その機能がよくわかっていない。ただし、完形復元土器が土坑内の端に一個体またはまとまって出土した場合などについては、墓の可能性を考えたい。つまり他の遺跡で認められている、穴に遺体が納められその頭の部分に土器を被せる例、あるいは遺体の脇などに土器を副葬する例、人骨の残っている貝塚の例などからの推定である。

寺野東遺跡では谷東の調査区南側、古墳墳丘下の調査において、楕円形の土坑が列状に並んで確認された。このうち、ＳＫ０９８・ＳＫ０６７・ＳＫ０６８などの土坑において、土器復元個体の出土がある。このような土坑が一定範囲にまと

図15　埋甕（埋１０５）

まっていることから、ある一時期この場所が「墓域」として機能していたことが推定できる。

一方、乳幼児の墓と考えられている埋甕は、遺跡内から総数八〇基が確認された。多くが正位の埋設で、骨片などの検出例はなく、底部穿孔例も少ない。土器は大半が加曽利EⅣ式・称名寺式・堀之内式である。礫・石器（打製石斧等）がともなうような出土状態の例もある。埋１０５は土坑状の深い掘り方内に注口土器を埋設しているもので、土器は最大径四一センチ、現存高四〇センチと大形のものである（図15）。

土坑の用途と研究「墓はどこに…？」

今日までの土坑に対する研究は、土器をはじめとする他の遺物と比べるとあまり進んでいない。土坑は、調査で多く確認される遺構でありながら、機能について推測できる情報が限られることが第一の要因であろう。

一方、完形復元個体が多数出土している土坑についても注意が必要である。土器完形個体の多数一括出土は、縄文中期の竪穴住居跡で見られ、土器づくりのサイクル・シーズン制により説明されたこともある。土坑内の土器一括廃棄事象についても、これまで「不要物の穴への廃棄」と考える傾向にあった。しかし近年これを「墓」であった可能性を考える研究も現れている。完形の土器を骨を納める器と考えるのである。

寺野東遺跡の中期集落全体を考えたとき、形態や遺物出土状態などから、墓の蓋然性が高い土坑はかぎられている。この時期の住居跡をはじめとする遺構数および遺物量を考えたとき、袋状などのある程度深さを有する土坑のうち一定数については、墓に転用された可能性を考えた方が整合的

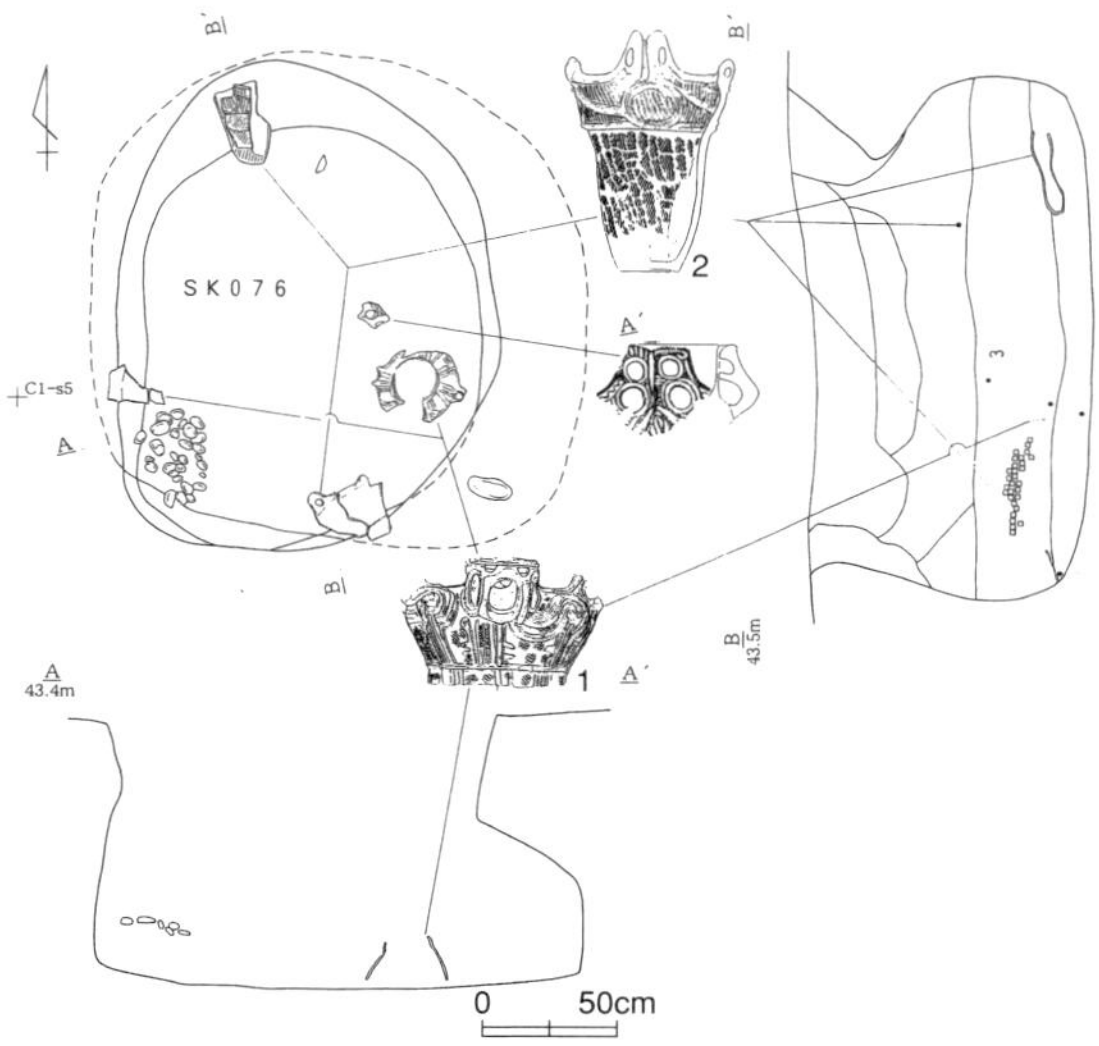

図16　ＳＫ０７６遺物出土状況

である。つまり、完形の土器が多数出土していない例も含め、貯蔵穴転用の墓が多いことを積極的に推定したい。ただし、北関東地方の縄文集落で墓がまとまって確認されている例は少なく、「墓制」の詳細な検討が必要であろう。

貯蔵穴と遺物の廃棄

貯蔵形態の問題について、少し触れておこう。これまでの関東各地の調査成果を見るかぎり、東関東地方の中期集落では多数の貯蔵穴が発見されているが、西関東地方ではかなり少ない。栃木県にかぎれば、貯蔵穴が爆発的に増加するのは中期中葉以降で、それ以前に多くの土坑が密集して確認された例は少ない。また後期中葉～晩期についても、貯蔵穴と考えられる土坑が密集して確認された例は認められない。貯蔵穴の数や分布とともに、一貯蔵穴あたりの貯蔵容量や形態なども含めた、総合的な検討が求められている。

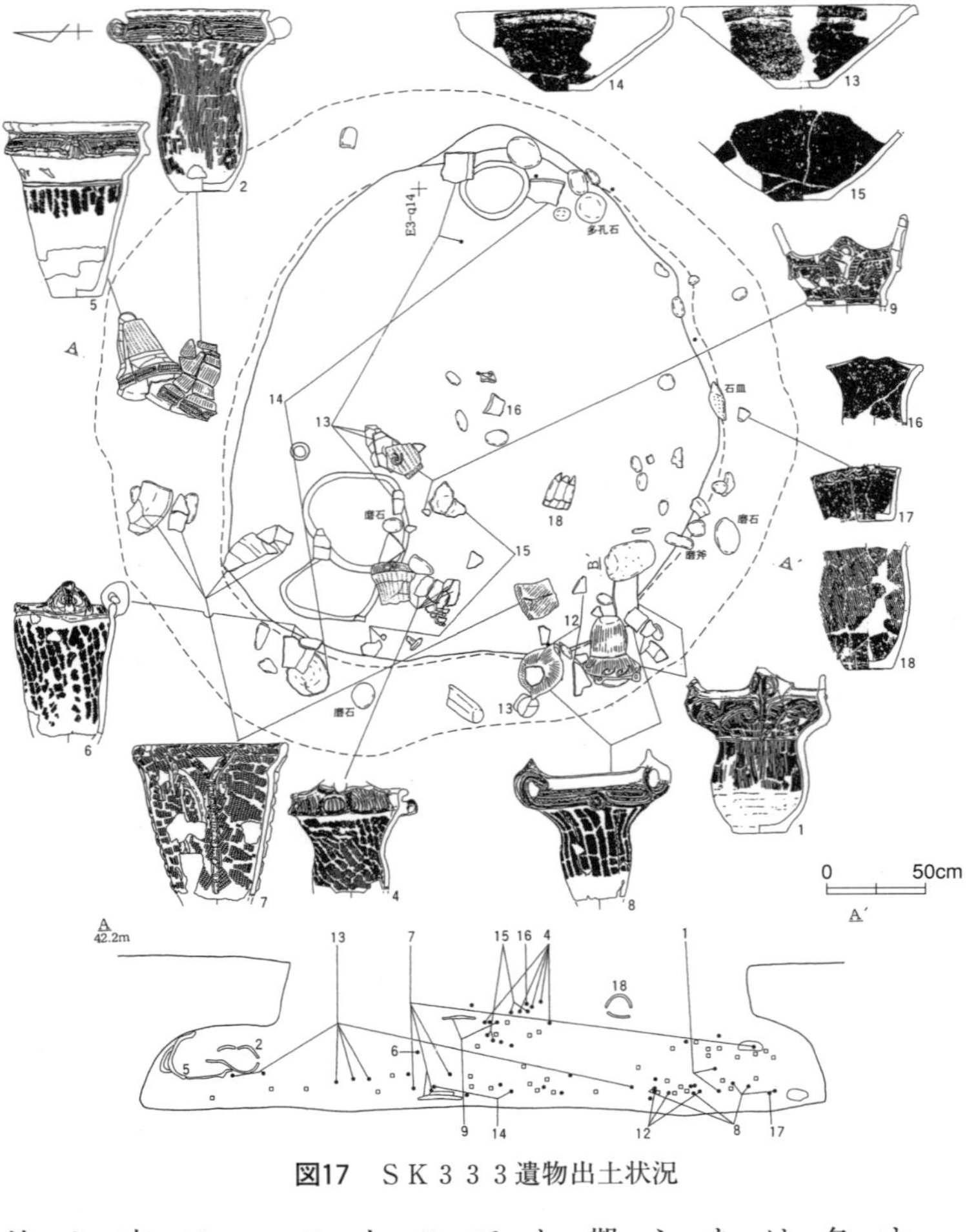

図17　ＳＫ３３３遺物出土状況

寺野東遺跡に注目すると、後期初頭称名寺式期の貯蔵穴は、円筒形で深さのある例が一定数認められるが、堀之内式期以降の貯蔵穴はきわめて少ない。ここでは中期の袋状土坑のうち、特徴的な出土状態が見られたものを見ていこう。

ＳＫ０７６（図16）は谷西南半集落内で確認された、やや深さのある袋状土坑である。完形土器二個体は、それぞれ大きく二つに分割された状態で出土している。つまり、1の土器が東西に、2の土器が南北に分割されており、それぞれ意図的に置かれた状態と判断できよう。

ＳＫ３３３（図17）は谷東集落のやや南側にある。深さは七八㌢とさほど深くないが、径は約三・五㍍（下端）と大きめである。ここからは一八個体もの土器がまとまって出土した。覆土の下位で、西側の壁際～オーバーハング部分から多くの土器が出土している。この土器群は、栃木県における加曽利ＥⅠ式古段階の基準的な資料と考えており、土器研究に果たす役割も大きい。

後期中葉以降の深い土坑はきわめて少ない。ＳＫ８７７（図18）は、環状盛土遺構範囲Ｈ４区内の土坑・住居跡の密集する区域にある円筒状の土坑で、一五五㌢とかなり深い。底面近くから後期安行式土器が出土しており、環状盛土遺構形成期の遺構となる。耳飾り一点がやや上位の層から出土したほか、石器では石皿・礫器・磨石・石錘が出土している。

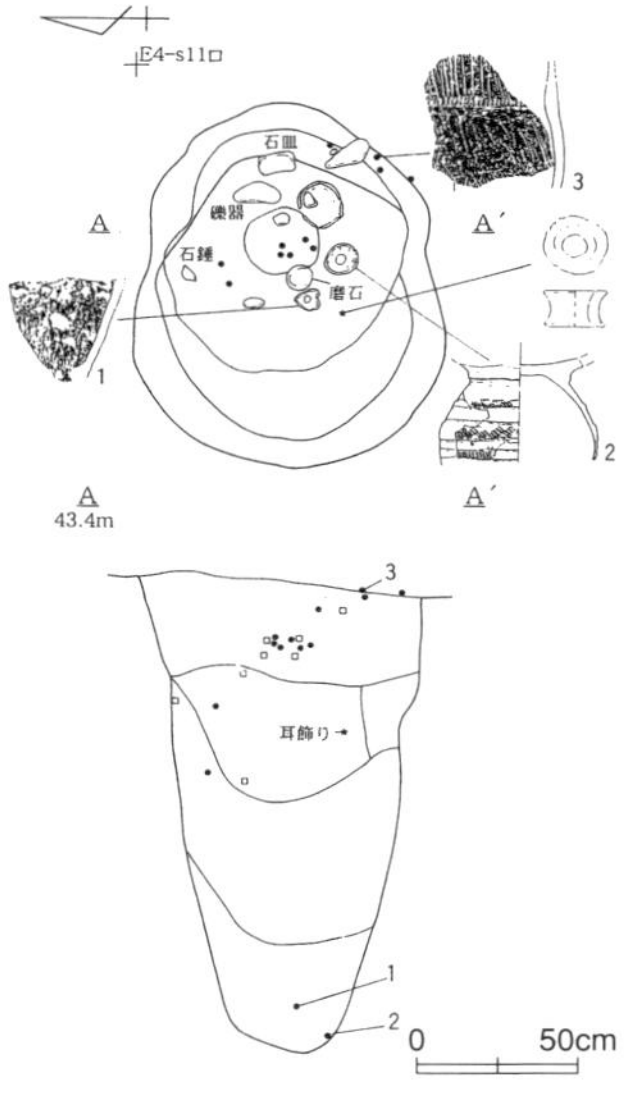

図18　ＳＫ８７７

このような後期後半～晩期における深い円筒形の土坑は、宇都宮市野沢石塚遺跡、千葉県祇園原貝塚、埼玉県馬場小室山遺跡など、関東地方で数例がある。これらのなかには貝や動物骨が出土している土坑や、完形に近い土器がまとまって出土している例があり、遺物を廃棄する過程での「祭祀的な行為」を推測する考えもある。

これまで触れてきた中期～後期の遺構を基にした集落の変遷については、環状盛土遺構や谷部分の記述を踏まえ、後の章で触れることとしたい。

Ⅲ　環状盛土遺構の調査

1　調査の経過と全体の概要

環状盛土遺構の調査は、一九九二（平成四）年度の後半から行われた。当初は盛土遺構との認識はなく、徐々に判明していった。

一九九二年度における寺野東遺跡の調査は、遺跡中央にある谷の東側台地面を順次南から進めていた。ここでは、縄文時代中期～後期前半の住居跡や土坑が多数確認されており、この調査に追われていた状況であった。この年の調査区の最も北側では、不自然な高まりがすでに見られていたが、調査区内での古墳群の存在などから、この地形についてさほど注意していなかった。

ところが、調査を進めていったところ、これまで比較的容易に遺構が確認されていたものが、かなり困難となった。ちょうどこの高まりにさしかかる部分である。寺野東遺跡の調査では、通常、表土から一定の厚さで堆積している遺物を多く含む包含層を掘り下げ、その後古墳時代以降の遺構調査を終えた後、さらに包含層を掘り下げ、ローム面に近い面で縄文時代の遺構を確認していた。

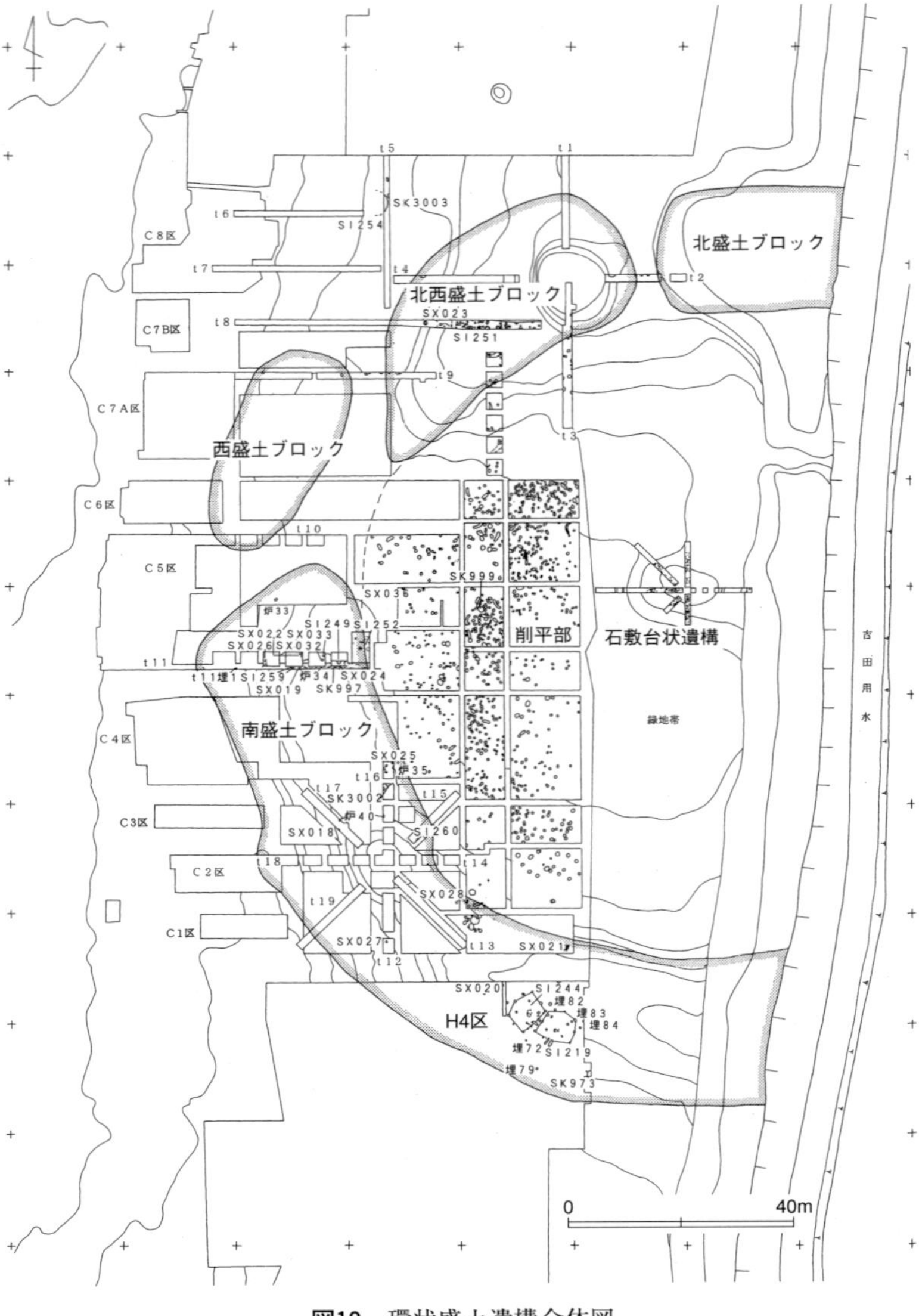

図19　環状盛土遺構全体図

この時点では、遺構確認面を覆う包含層がこの地点では厚いものとの認識に留まっていた。しかし、北へ向かうにつれ、この包含層が次第に厚くなり、遺構のプランを確認するのにかなりの時間がかかるようになった。

一方、「高まり」部分の表土を少し下げた包含層中で見えた黒色のプラン部分を住居跡と想定して調査を進めた。ここからは、後期後半の遺物が多く出土し、注目すべき遺構と考えるようになった。しかしこの時点におけるこの遺構については、明瞭な床・壁・柱穴が確認されず、周辺も含め、より下方へ掘り下げていくこととした。その結果、この周囲についても、ローム質土を含む包含層が広がっており、人為的に盛り上げた層、つまり盛土の可能性について考えるようになった。

その後、高まり部分のトレンチ調査、中央窪地ローム面の調査結果等から、中央の窪地ロームを掘り下げ、この土をまわりに盛り上げた遺構であることが明らかになり、これを環状盛土遺構と呼称することとしたのである。

環状盛土遺構の調査は、トレンチ（試し掘りの溝）と平面的な掘り下げによっている。平面的な掘り下げの調査は、調査区全体を碁盤の升目のような形で区分けし、それぞれを単位に調査および遺物の取り上げなどを行っており、これらの升目をグリッドとよんで調査の便宜としている。また、トレンチはt1から順に呼称した番号で整理している。

さて、環状盛土遺構の盛土は、四つのブロックに分けて考えることができる。すなわち、南盛土ブロック、西盛土ブロック、北西盛土ブロック、北盛土ブロックである。これらの四つのブロックが弧状〜半環状をなしている。環状盛土遺構の東側については台地が削られていることから、完全な環状となっていたか否かは明らかではない。四つのブロックのうち、南盛土ブロックを除く三ブロックは調査部分が少なく、不明瞭な部分が多い。とくにほとんどが調査区外となる北盛土ブロックでは、一本のトレンチ（t２）による一部の調査にとどまっており、内容についてはほとんど不明である。また、ここでの盛土ブロックの範囲は、現況観察・等高線コンター図からの読みとりによっており、発掘本調査の結果を踏まえたものではない。この点は南盛土ブロックの東側部分等も同様で、これまで示してきた盛土の規模・範囲も確実ではない部分がある。

　南盛土ブロックは、盛土四ブロックのなかで最も盛土の高まりが明瞭なブロックである。この盛土と削平部との比高差が示す特徴的な地形は、このブロック南端（H４区）での面的調査によって、盛土削平行為の結果形成された地形であることが判明した。つまりH４区は、ほぼ唯一面的な調査を行い得た部分であり、情報量も多い。また、H４区の北側では盛土上につくられている古墳（三一号墳）がある。古墳の調査も兼ねた最も高いところから米字状に八方向に延びるトレンチがあり、ここでも良好な堆積部分が確認された。南盛土ブロック北側では、東西方向に長くのばしたトレンチt11を設定調査し、盛土の連続を確認している。すなわち本ブロックの盛土は、北西・北盛土ブロックと約一〇〇《メートル》の削平部窪地を挟んで対峙するもので、盛土が環状に展開分布することを示した最重要部分である。

　盛土は、この帯状部分のほぼ中央（幅のなかの中心、軸部分）が尾根状に高まる。この尾根状部分頂部から両端裾部へは、緩やかに傾斜している。谷へ向かう部分等ではやや急な傾斜もある。この尾根状部分もブロック全体が一様に高いわけではなく、三一号墳のあるところが最も高い。まさにこの高いところを利用して古墳がつくられたことがわかるであろう。

　このブロック内の盛土堆積は、外見上の連続性とは別に、かなり複雑である。盛土範囲ラインに近い端部を除き、盛土は複数層から構成されている。厚いところでは、一〇層を越える地点もある。また盛土各層も色・厚さ・含有物など均一的ではなく、異なる性質が認められる。

　では具体的に盛土の内容を見てみよう。Ｈ４区の調査では、より褐色味の強いローム質土と黒味が強くロームをあまり交えない黒色土の交互的な堆積状況が認められた（口絵2頁上段参照）。調査時には、「上の黄色」「下の黄色」「間の黒」と仮称していたように、まさに交互の堆積である。とくに注目されたのは、「上の黄色」である。この層はよりローム質の土で、鹿沼軽石を含む部分も見られた。この鹿沼軽石がキーポイントの一つである。

　今日園芸用の土としても使われることの多い鹿沼軽石（ＫＰ）は、赤城山を供給源として、約三万二〇〇〇年前に降り積もった火山灰とされている。小山周辺では、通常、ローム上面から約一《メートル》程度下位の層である。寺野東遺跡の調査でも、深い土坑や、斜面に位置する土坑では底面でＫＰが確認されていた。一九九一年度の旧石器の調査では、ＫＰ層上面まで下げて調査し、黒曜石の出土を確認している。このＫＰがなぜ現在のローム上面より上位に、しかも一《メートル》近く上にあるのか、この疑問が盛土遺構を認識する発端であった。言い換えれば、縄文人がＫＰ層を掘り下げ、その土を盛り上げたことが判明したからこそ、盛土遺構が認識されたのである。

　「間の黒」の特徴は、報告でも漆黒色とよんだ

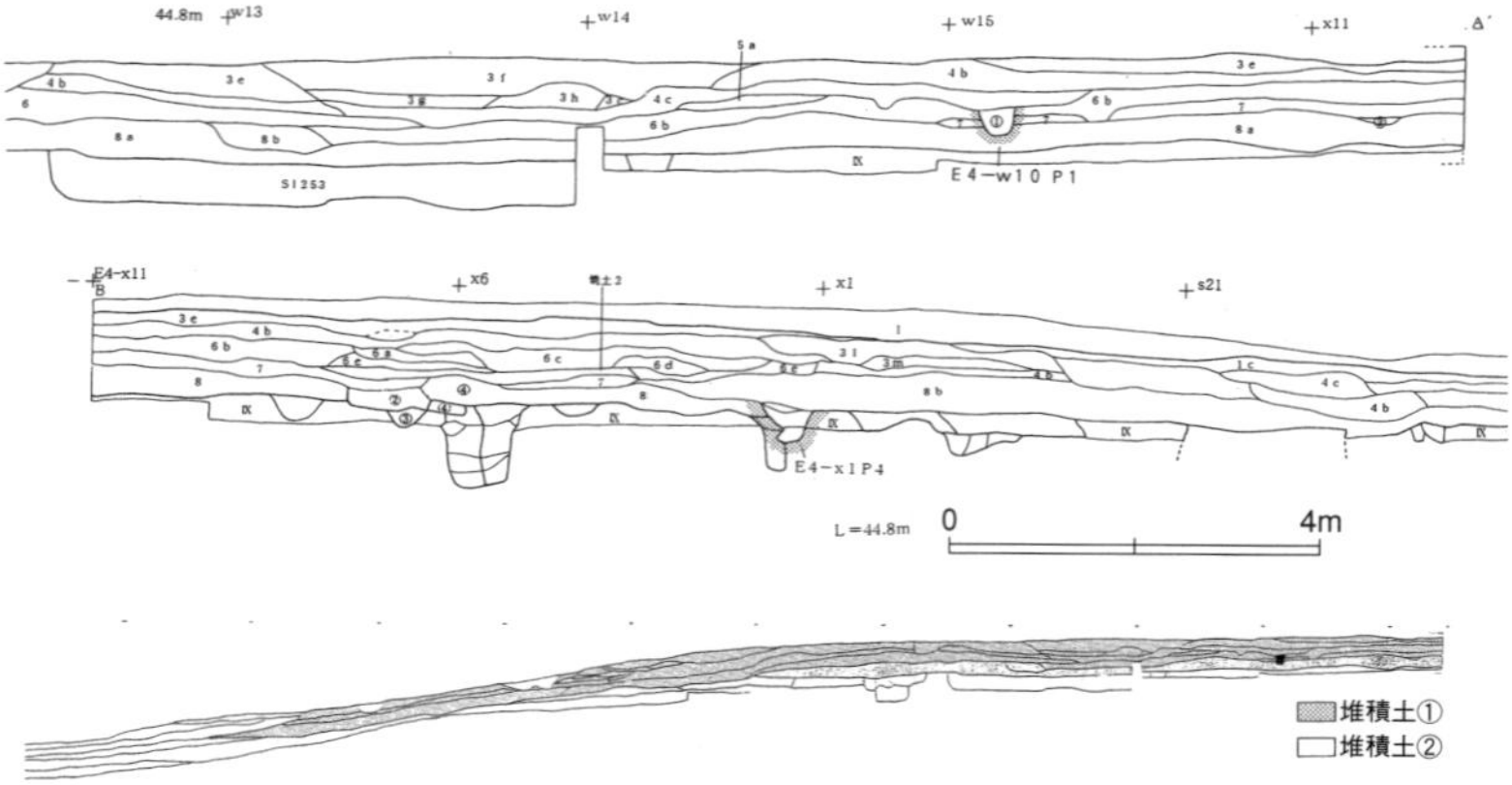

図20　H４区盛土断面図

ように、本当に真っ黒の土である。しかも、粘質性があり、通常の縄文時代の遺跡ではあまり見ないものといえる。この層中からは、小動物の骨片・骨粉が多く出る。また焼土も多い。骨片・骨粉はローム質褐色土中からも確認されているが、この黒色土中でとくに目立っていた。

これらの土のなかから出てくる土器を調査時に確認したかぎりでは、いろいろな型式（時間軸を示す単位）が混ざって出ており、層の時期判断がむずかしかった。通常私たちが住居跡等の遺構の時期を判断するのは、多くの場合がこの土器による。遺物が多量に出てくる層の形成時期も、土器から時期を判断するのが原則である。一般的に、複数の層が堆積する遺跡、たとえば貝塚では、より古い土器が下の方から、新しい土器が上の方から出土する。このことを利用して、土器の編年研究が、戦前から進んできたのである。

ところが、寺野東遺跡の盛土層からは、上位で新しい土器、より下層で古い土器が出る傾向もあるものの、かならずしも整然とせず混在がいちじるしかった。整理でも確かめられたこの混在は、人為的な土の移動を示す一つの証左と捉えている。土器型式の「混在」を人為的な盛土と判断する二つ目のキーポイントとしておこう。

もちろん、より下の層が古い時期に堆積したもので、上に向かうに従い新しく土が積み上げられていくという、見た目の層位的な関係と時間的な関係の対応という、考古学の原則には従うべきである。しかし、ここでの盛土遺構の認識は、本来より下方に存在していた土が上位に移動している、という「逆転現象」をとらえたものである。つまり土の移動にともなって、元の層中に含まれた土器もそのまま移動していることが推測されることから、層の時期決定がむずかしいのである。これは「削って盛る」という行為の過程で土器型式の混ざりも顕著になるのであろう。したがって、混在は土の移動を間接的に証明するのである。

さらに問題は複雑で、単純な削平盛土行為だけでは説明できないほどの混ざり、および小片主体の出土状態からは、更なる複雑な盛土の堆積過程・土の移動が予想される。報告書作成時に、土器を型式ごとに分類したが、ほとんどが型式不明の小片であった。おおまかに数えるとほぼ八割に上る。多量に出土した土器のうち多くが小片であることを示している。

表3　Ｈ４区盛土層の特徴

層名	色・呼称	分布・層厚	特徴
1層	褐色のローム質土	台地平坦面から斜面部	２層または３層上に堆積し、表土化している部分も多い。
2層	黒色土	狭い範囲に分布	層の厚さは10cm程度で、地形と逆方向に傾斜して堆積。
3層	「上の黄色」 Ｈ４区で広く分布するローム質褐色土。	３ｅ３ｆ層が広く分布。４層上や８層上に堆積。厚さ40cmを超える部分もある。	これらの層群は、若干黒味を帯びる層もあるものの、削平部のロームを起源とした褐色土を基本としている。３ｈ層のように、鹿沼軽石を多量に含むものもある。現況表土あるいは盛土最上層。
4層	「間の黒色」非常に黒味が強く、漆黒色土とでも言うべきもの。	４ａ層は斜面、これ以外は概ね台地平坦面に分布。厚さ20cm程だが、部分的には40cm近い。	骨片骨粉及び炭化物を多く含む、未分解の有機質土。土器片の出土も多い。削平部起源の盛土と捉えることは困難で、直下の層堆積後、人為的な活動に伴って形成された「遺構覆土」的な層。厳密な意味での盛土層とは区別すべき。
6層	「下の黄色」。褐色のローム質土	３層や８層に比べ分布は狭い。層厚はやや薄い。	ローム質土だが、３層と比して黒味が強く、６ａ層のように、炭化物が多い層もある。多くが上下を他の層に挟まれていることが純粋なローム質土ではない要因か。
7層	有機質黒色土とローム質土との中間的な層。	６層と８層との間で部分的に堆積する。	単一の層だが、一部８層に類似。骨片・骨粉及び炭化物粒やや多量。
8層	「下の茶色」。	ローム漸移層または後期初頭までの包含層（Ⅸ層）上に堆積。	骨片・骨粉・炭化物・土器・礫等を多量に含み、均質性に欠ける。純粋なローム質土ではなく、茶褐色土中にローム粒・ブロックを多量に含。風化（分解）が進んだ状態のローム質土。下位のローム漸移層・包含層との区別は困難。

2　南盛土ブロック

（一）　Ｈ４区

盛土の堆積状況

　盛土の堆積状況を簡単に整理しよう。盛土層の堆積過程を調べるには、まず第一に層を分けることから始める。層を分ける視点は、他の遺構覆土と同様、層の色・含まれているもの・しまり具合等であり、発掘調査の原則によっている。本来は各層の平面的な分布をとらえ、立体的に復元する必要があるが、今回の調査ではほとんどなし得なかった。土層断面の観察記録を表3に示しておこう。

　3～7層の盛土各層が重っているところでは、ローム質褐色土の3層等と黒色土4層等が交互に堆積している状況を確認できる。あるいは黒色土がローム質の層間に挟まれている部分を観察でき

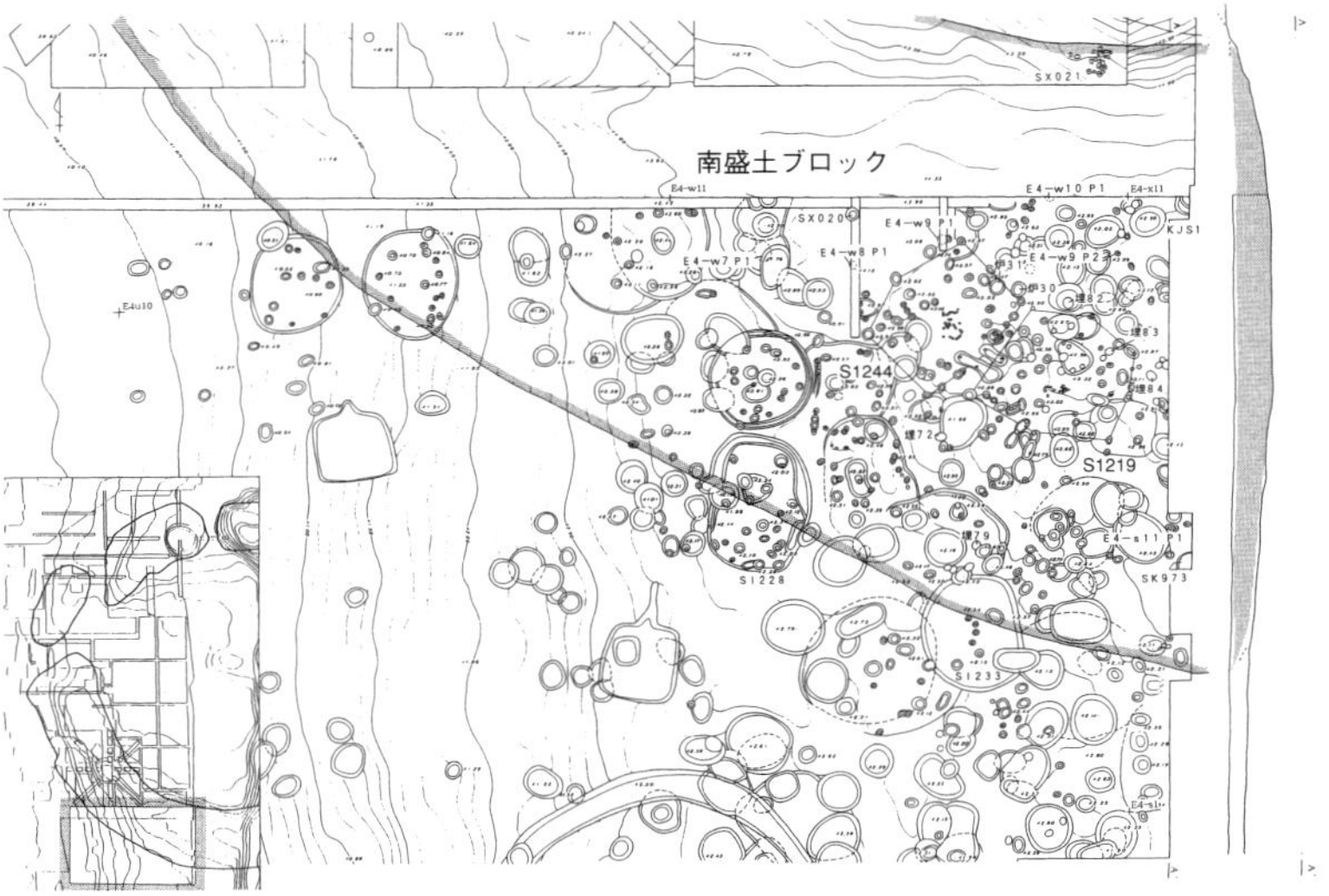

図21　Ｈ４区全体図

る。この境界は明瞭で、不連続な境界面を示している。一方6層と8層との間の境界等、やや不鮮明なところもある。

　広い範囲で比較的安定して見られるのは3層〜4層〜6層〜8層〜包含層Ⅸ層という関係で、とくに3層と8層は、Ｈ４区盛土範囲内における台地平坦面のほとんどで認めることができ、盛土の基本的な層群といえる。

　なお、このＨ４区では、対の耳飾りが至近距離で出土した例が三例ある。一例が４ｂ層中の出土、一例が3ｈ層中からの出土である。第二の例は対の耳飾りの片方に、別の耳飾りが上に重なり、さらに比較的近い位置でまた別の耳飾りが出土している。この対の耳飾り出土地点で若干黒色土の分布も見られたが、明瞭な掘り込みを確認できなかった。このような出土状態に対して「墓」の可能性を指摘することもできよう。

盛土中の遺構

Ｈ４区からは多数の遺構が確認されているが、その多くが後期初頭以前の遺構であり、盛土とかかわることが推定される遺構は少数に留まっている。列挙すると、住居跡二軒、土坑三基、ピット六基、埋設土器遺構六基である。このほか、炉跡のような焼土跡が比較的多く確認されている。ていねいな調査を行えば、より多くの遺構が確認された可能性もあるが、盛土中の遺構確認は層の分布を平面的にとらえていく必要があり、きわめてむずかしい。この「遺構確認のむずかしさ」も盛土の成因にかかわる重要なポイントである。

　また、土坑やピットのなかで、盛土中に掘り込まれたものが断面でのみ少数確認された。

　焼土ブロックについては、二基のみ遺構名を付した。これ以外の焼土についても、一定範囲に広がるものについては、その場で焼かれて形成されたものと判断している。

　以下、具体的な遺構をいくつか紹介する。

住居跡ＳＩ－２１９

　ＳＩ２１９の確認は盛土の確認と平行して行われた。当初ＳＩ２１９としていた部分は盛土上位での黒色土の落ち込みである。この部分での調査では、床面や壁、柱穴の確認はなされなかった。さらに掘り下げを進めたところ、当初のプランとはややずれる形で炉および柱穴から想定される住居跡一軒が確認され、これもＳＩ２１９とした。

　この住居跡は、一部ではあるが断面観察により盛土８層を切る壁（覆土部分）が確認された。最終的に確認された住居の形態は、主柱四本＋奥・左右壁三本壁柱を基本とする、当地域に特徴的な後期後半の住居跡となった。炉跡の手前前方には入り口部の対ピットがある。炉跡が二基確認されたことに加え、ピット六〇基のなかには重複例も

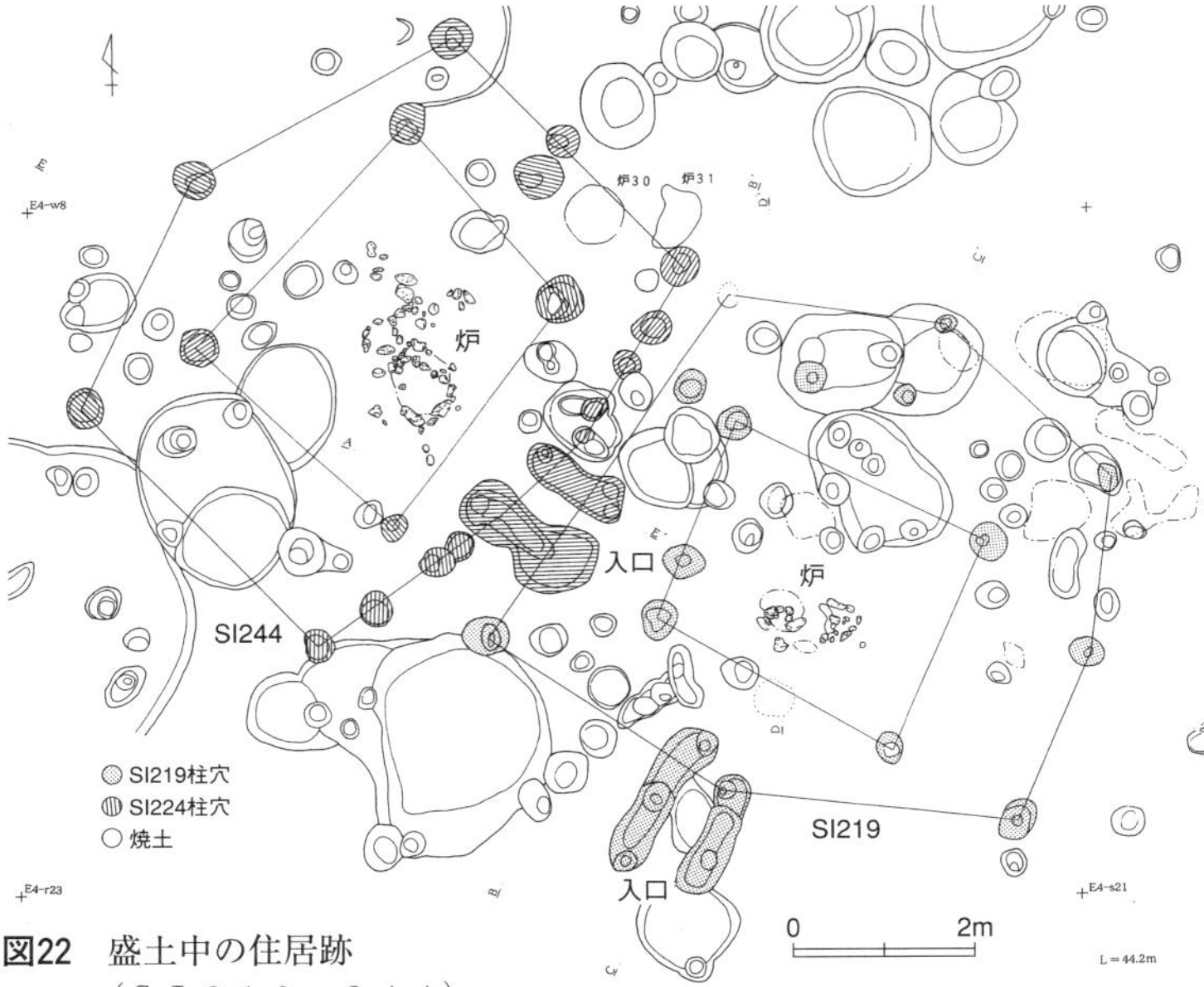

図22　盛土中の住居跡
（ＳＩ２１９・２４４）

あることから、二軒以上の重複住居であることは間違いない。規模は、竪穴の掘り込みが不明瞭なため、やや曖昧な数値だが、主軸長七四〇《センチ》、この直交軸長が五九〇《センチ》である。主柱穴を中心としてかなり深い柱穴があり、一《メートル》を越えるものもある。住居跡の覆土は4層からなり、この上位には盛土6層～7層が覆っている。混在もあるものの、床面近くや炉跡周囲の出土土器から、安行1式期の住居跡と考えた。

住居跡ＳＩ244　この住居跡も竪穴の掘り込みは不明で、炉跡と柱穴配置から判断した。入り口ピットはＳＩ２１９の西辺に接する。奥壁中央のピットから入り口ピット先端までは六四〇《センチ》、これの直交軸は六四五《センチ》である。柱穴配置は主柱四本＋奥・左右壁三本を基本とする。奥壁中央の柱穴は深さ七〇《センチ》を超える。炉跡は石囲炉で二基重複している。南側にある新

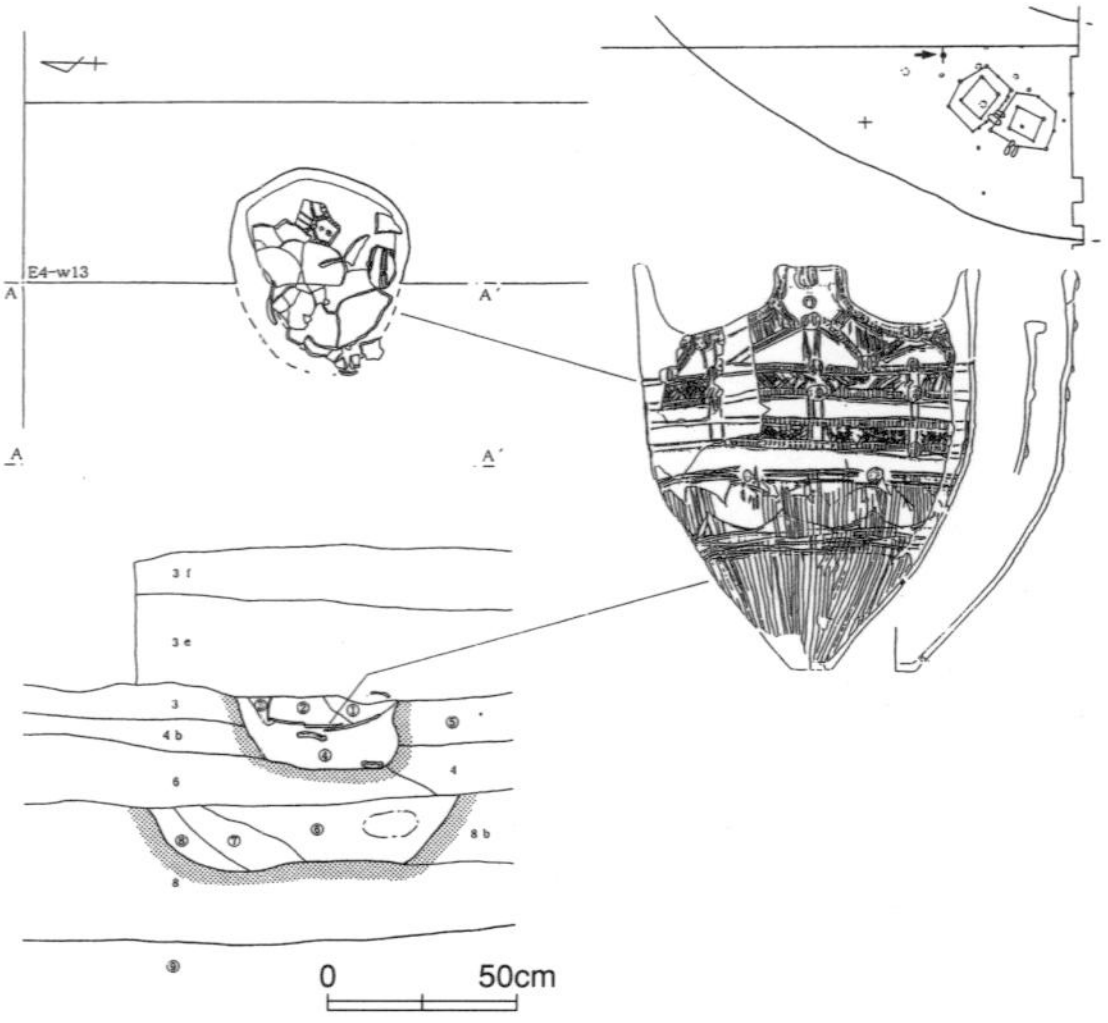

図23　盛土中の埋設土器

しい炉では、SＩ219同様、入り口側の炉石には石皿を用い、奥壁側では立石状に石を据えている。炉跡範囲内で安行1式の破片を確認しており、この時期の住居跡と判断している。位置関係からすれば、SＩ219との同時存在は困難であり、新旧関係が想定されるが、出土土器からの判断はできない。

埋設土器SX020　盛土の比較的上位で確認された土器を埋設する遺構である。ピット状の浅い掘り込み内に、内面を上に向けた土器片を平らに敷き詰めている。掘り方底面から土器に接する直下には、多量の炭化材・炭化物が敷いたかのように出土している。土器は大きめの安行2式の深鉢である。

埋　甕　後期初頭から前半の埋甕五基が盛土下層から下位にかけて確認されている。このなかには、8層あるいは上位の4層を切るレベルでの掘り込みや土器が確認されているものもあり、盛土とかかわる可能性がある。

土　坑　既述のように、土層断面でのみ確認された土坑・ピットがある。これら

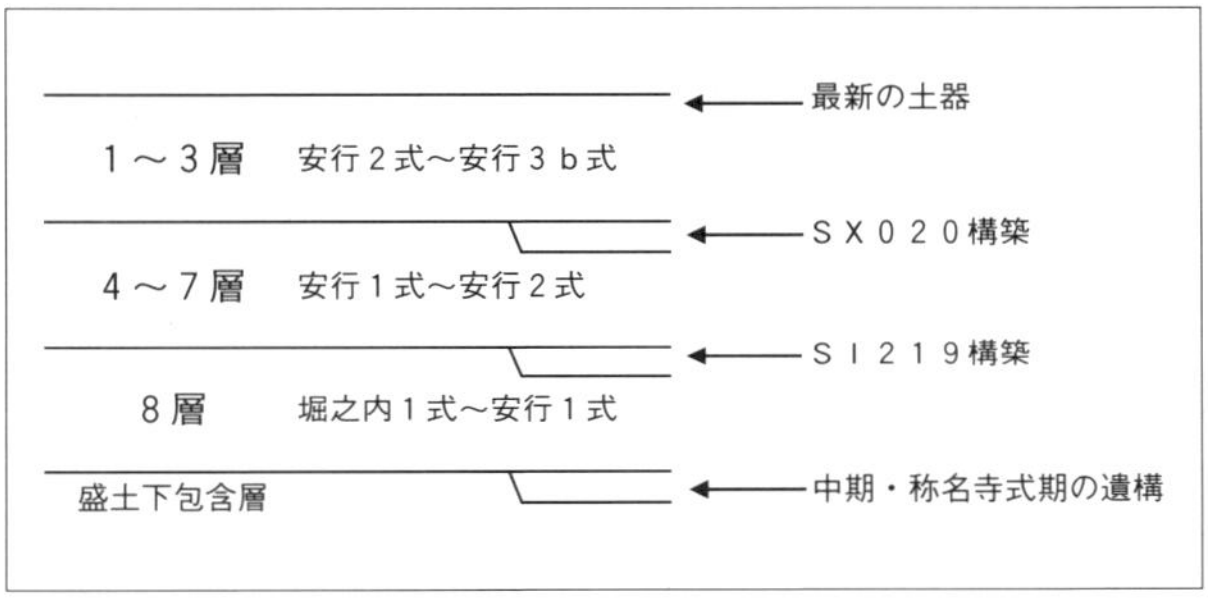

図24　H4区盛土層概念図

は盛土8層や6層・4層を切ってつくられていることが断面観察により確認されている。

なお、後の検討によって、SK877が後期安行式期のものであることが確認され、盛土形成中の土坑であることが判断された。

H4区の総括　H4区における土器の出土状態を確認すると、3~8層各層に複数の時期にまたがる土器が含まれている。このことは、削平—盛土行為にともなって土器片も移動していることを示している。この土の移動にともなう遺物の移動が、複数時期の土器が一定の層に混在する第一の要因であろう。また、一定の層が堆積した後、その場における掘削や整地、施設構築等の人為的活動にともなって、二次的~多次にわたる遺物の移動があったことも容易に想定し得る。

ただし、後期後半や晩期等のより新しい時期の土器は上位の層に多く含まれる傾向は認めてよい。一方で、後期初頭や前半等の古い時期の土器は、下位の層を中心とするものの、より上位の層からも出土している。

このH4区での縄文時代における最新時期の遺物は晩期中葉であるが、一定量の出土が認められ、大形破片として確認された土器では晩期前半の安行3b式までである。これらのことから、H4区堆積層の下限を安行3b式期と考えたい。

次に遺構との関係を見てみよう。まず、盛土以前、つまり8層より下位で確認された包含層および遺構のほとんどが中期および後期初頭の称名寺式期である。安行2式期の埋設土器ＳＸ０２０は、４ｂ層を切って構築され、３ｅ層には覆われている。称名寺式の埋甕では問題を残すが、確実な称名寺式期の土坑は8層に覆われている。つまり、8層の堆積は称名寺式期をさかのぼることはないと判断される。安行１式期の住居跡であるＳＩ２１９は8層を切ってつくられ、6・7層には覆われている。これらのことから、図24のような対比を考えた。既述のように、各層の時期を出土土器から判断することには限界があり、より慎重な方法と詳細な検討を必要としている。

(二) t12～t19の調査

南盛土ブロックの中央～南側では調査前の現況で高まりが観察され、Ｈ４区盛土からの連続が推定された。現況観察および等高線図の検討等から、この範囲のなかで最も高い部分に古墳があることも推定され、ここを墳頂部と想定したトレンチを設定し、調査を進めた。このトレンチ調査では、古墳の周溝および古墳築造にともなう盛土を確認するとともに、縄文期盛土の確認もあわせて行った。この結果、Ｈ４区とおおむね同様の盛土が連続していることが確認され、削平部にかかる断面の観察や、一部遺構の調査等も行った。さらに、墳頂部およびトレンチ周囲の表土を除去し、盛土上面の確認を平面的な観察により行った。

今回は、このトレンチｔ12～ｔ19のうち、特徴的な部分のみ示してみよう。なおここで確認された三一号墳は、縄文期盛土の上に若干の盛土を行ってつくられた六世紀初頭頃の円墳である（なお、以降トレンチ単位の解説が多くなるが、各トレンチの位置や形状などは図19を参照）。

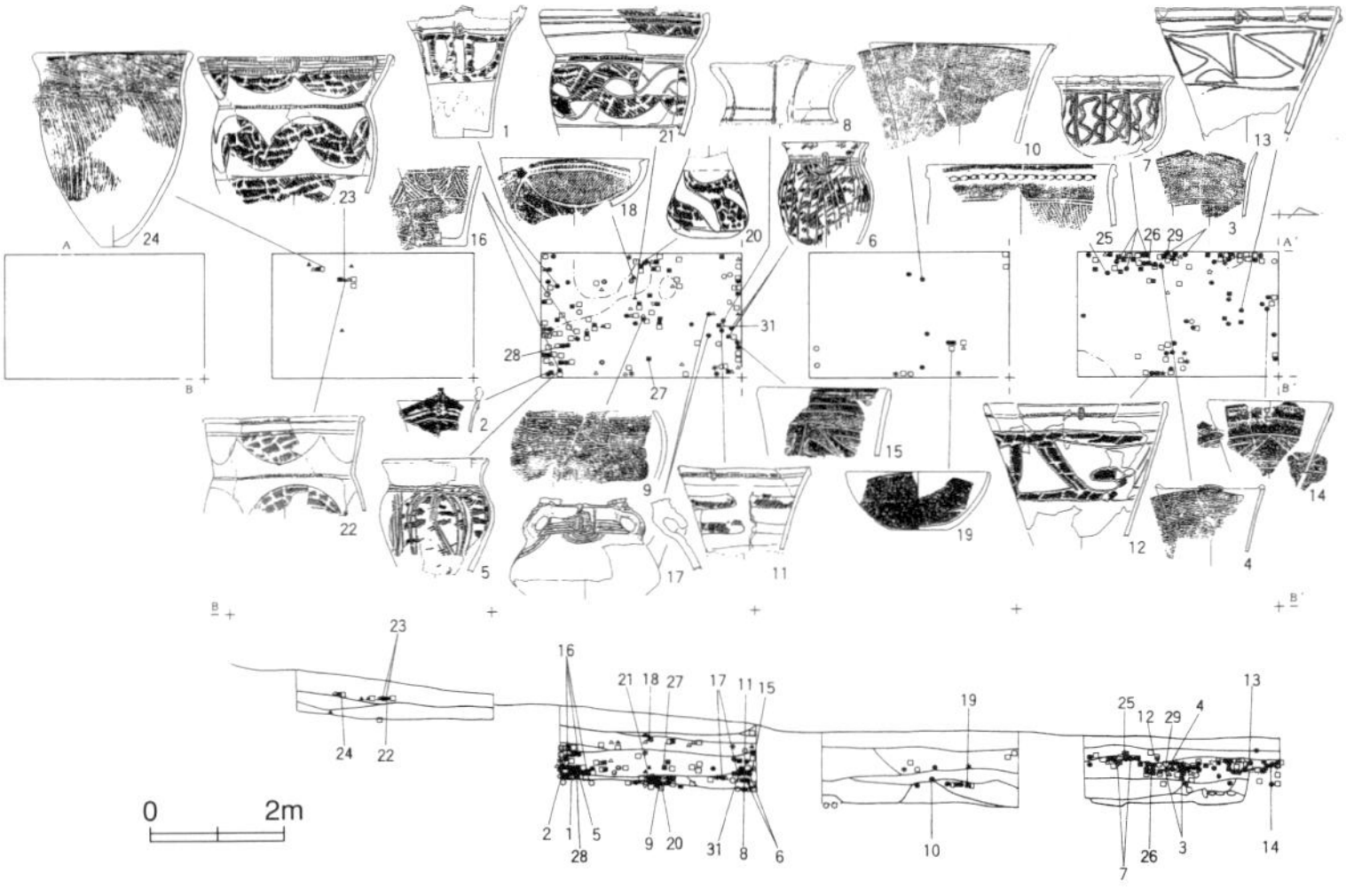

図25　t 16遺物出土状況

t13　このトレンチは、三一号墳墳頂部から南東に延びる幅一・五メートルのトレンチである。盛土幅に沿うような方向の設定である。盛土の堆積は、比較的層の厚みがある四つの層が中心で、これらは比較的水平に堆積している。全体的には変色したローム質の土と黒色土を中心とする。

遺物は、トレンチのほぼ全体からきわめて多く出土した。とくに後期中葉加曽利B式の完形・復元個体の土器が多く見られた。やや詳細に見ると、数ケ所に集中しているようにも見える。また、山形土偶の出土も目立っていた。上位の層中では後期安行式の遺物も多い。

t16　このトレンチは三一号墳墳頂部から北へ延びる幅二メートルのトレンチである。二×三メートルのグリッド四ケ所よりなるトレンチともいえる。ほぼ盛土下の地山ローム面まで掘り下げた

表4　t16遺構集計表

グリッド	遺構数	備考
b22	ピット２基	１基は断面での確認
g２	土坑１基、ピット１基	土坑は円形で深さがある
g７	炉跡１基、土坑２基、ピット16基、配石１基	g７－Ｐ１は深さ92cm、焼土も分布

が、現況で最も高い部分については、盛土上位の調査に留まっている。このトレンチでは盛土中および下位において炉跡や土坑等、多数の遺構が確認され、盛土と遺構・遺物の関係を考える上で注目される部分となった。

盛土の堆積は、南北方向で見ると、おおむね水平な堆積を示している。ローム起源の盛土であるが、全体的に変色変質がいちじるしく、地山ロームとはかなり異なる部分もある。

このトレンチ内で確認された遺構は表４のとおりである。グリッド北壁では、ＳＸ０２５とした石組み配石が確認された。

炉３５は、ｇ７グリッド東壁の盛土16層上面で確認された石囲炉である。長方形に石が組まれ、この内部に堀之内２式の埋設土器（炉体）がある。周辺に盛土と区別される「住居覆土」は確認されず、竪穴の掘り込みを示す立ち上がりの「壁」も確認されなかった。

このｔ16では完形復元個体を含む多くの土器が出土した。これらは、平面的・層位的にまとまる部分がある（図25）。曽谷式から安行１式にかけてのものが上位の層に多い傾向はあるが、かならずしも整然と層位的な出土状態を示してはいない。ただし、ｂ22グリッドでの下層およびｇ７グリッドでの中層で、堀之内２式の完形・復元個体が一括的にまとまって出土している点は注目される。遺構構築→利用→廃棄の過程を見出すことも可能であろう。これらの一括的に出土した土器群が、大きくは炉３５等の遺構とも同じ時期の堀之内２式である点に注目しておきたい。

t17

このトレンチは、三一号墳墳頂部から北西に延びる幅一・五メートルのトレンチであ

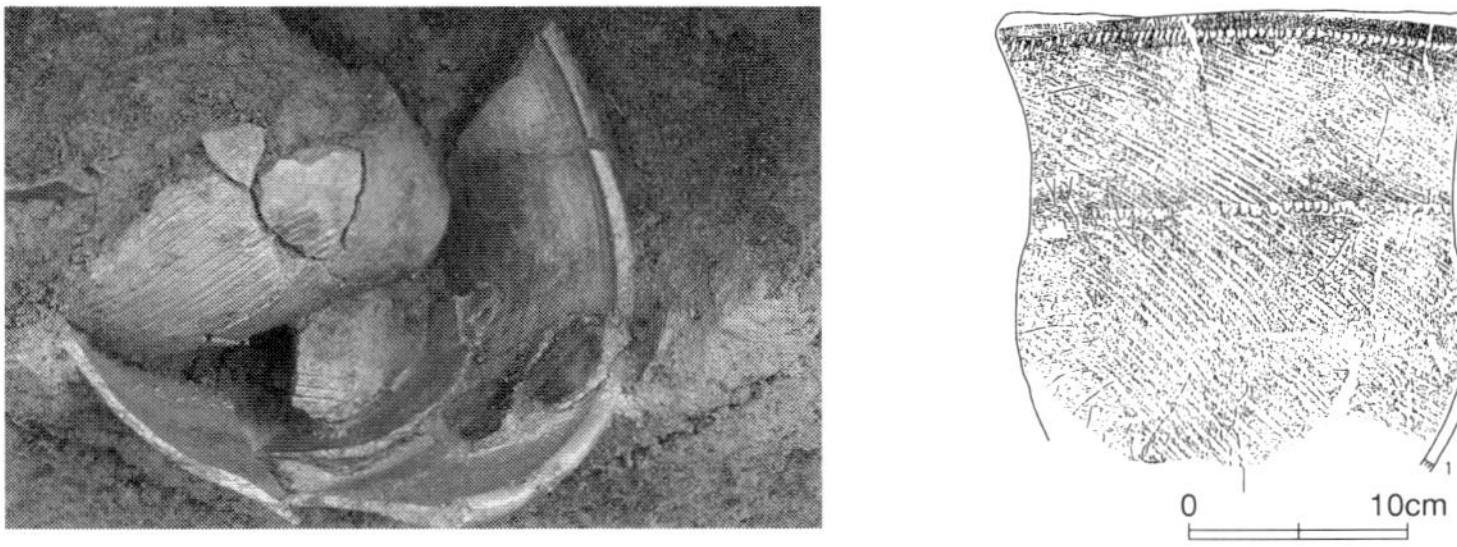

図26　ＳＸ０１８盛土中の埋設土器

る。盛土の帯状方向に近い角度で設定しており、帯状の盛土幅ほぼ中央における盛土の厚い堆積を確認できた。トレンチ南東端では盛土の高さが二メートルを越える厚さとなる。上位層群では焼土層や骨・炭化物の多い有機質黒色土、またＫＰを主体とする盛土層もある。

遺構では炉跡一基および埋設土器遺構一基の確認がある。

埋設土器遺構ＳＸ０１８　断面Ｕ字状を呈する浅いピット状掘り込み内に土器を埋設している遺構である。少なくとも二破片以上に分割され、口縁部破片を斜位に設置した後、底部～体部破片をこの上に置いている。分割されていた土器は曽谷式～安行１式の紐線文系土器。ＳＸ０２０同様、単純に個体を埋設するのではなく、破片に分割しての埋設である点が注目される。

t19　三一号墳墳頂部から南西に延びる幅一・五メートルのトレンチである。墳頂部に近いところでは比較的薄い層が複雑に重なるが、南西側の盛土端部付近では、一定の厚さの盛土層が比較的単純に重なっている。黒曜石の石核・剥片が集中して出土した部分がある。また、後期末～晩期初頭の「橿原系文様」を有する西日本系の鉢一個体が出土している（図41右下）。

t12～19のまとめ　t12～19の八本のトレンチ調査からは、盛土の複雑な堆積

図27　ＳＸ０２１

が明らかとなった。これらトレンチ間の層の対比はむずかしく、一定範囲に分布し厚みのある「キー層」がある一方で、狭い範囲にのみ分布する薄い盛土層も確認された。

なお、ｔ12～19付近の表土から、炭化した栗の実が集中して出土した。また、盛土上面～表土の出土土器では、後期の堀之内式や加曽利Ｂ式も含むものの、晩期安行式前半がやや多く、盛土形成時期を考える上で重要となる。

ほぼ削平部にかかる位置では、配石遺構ＳＸ０２１（図27）が検出された。この遺構は、一定範囲に平らな面を揃えるようにして石を設置しているものである。下位に土坑状の掘り込みはなく、狭義の配石墓である可能性は低い。

（三）　ｔ11

ｔ11は環状盛土遺構のほぼ中央西側で東西方向に設定したトレンチである。南盛土ブロックの北側を中心に、西は谷部調査区Ｃ５区に、東は削平部に連続する。東西四メートルごとに一メートル幅の南北ベルトを残している。つまりｔ11は、ほぼ地山（旧表土）まで掘り下げた南側一メートル幅部分と、これに連続しながら、一部を残して四メートル単位のグリッド掘り下げを行った部分の両者を示す。

このトレンチは、環状盛土遺構のほぼ中央における盛土の様相を把握することを目的として設定した。調査によって、ＫＰの確認等から、高まり部分が縄文期の盛土であることが判明するとともに、盛土下方ではピットや炉跡などの遺構も多数確認された（図28）。

t11の土層は1～23層の層群に分けられ、さらにそれぞれが細別された。ここでの分層も、大きくは他の地点と同様、色や含有物に注目したものである（表5）。ただし、一つの層やまとめて概念化した「層群」がかならずしも「盛土」の単位とはいえない。

t11の遺構について見てみよう（表6）。確認された遺構は、住居跡三軒、炉跡三基、石組遺構二基、ピット多数である。また西側斜面部における盛土は、谷部へ向かって比較的急な傾斜で盛土の堆積が順次なされている状況を確認でき、盛土形成の一代表地点といえる。

ＳＩ２４９は、石囲炉を含めた炉跡三基およびピット二〇基が確認されたが、床面や壁は不明瞭で、住居の形態も判断できない。一部の断面で掘り込みの壁が確認されている。炉跡やピット内、あるいは床面周囲からは堀之内1式～同2式の小片が出土しており、この時期の遺構と考えられよう。石囲炉以外の炉二基はいずれも地床炉で、ピットとの重複もある。ピットの深さは二〇センチ程度のものから九〇センチ程度で、総じて深いピットが多い。これらのことから、複数軒の住居跡が重なっている可能性が高い。

t11の遺構は、盛土下のほぼローム地山面上でつくられている遺構、あるいは最下層20層を掘り込む遺構（ＳＩ２４９等）が堀之内1式を主体とする。つまり、この時期から遺構が形成されつつ、盛土の堆積が進行している様相をうかがえよう。遺構覆土と盛土との区別が不明瞭である点は、これらの遺構構築・利用と盛土の形成が連続的・並行的で、明瞭な時間的断絶がないことを示している。

t11の出土土器を見ると、堀之内式が多い。谷

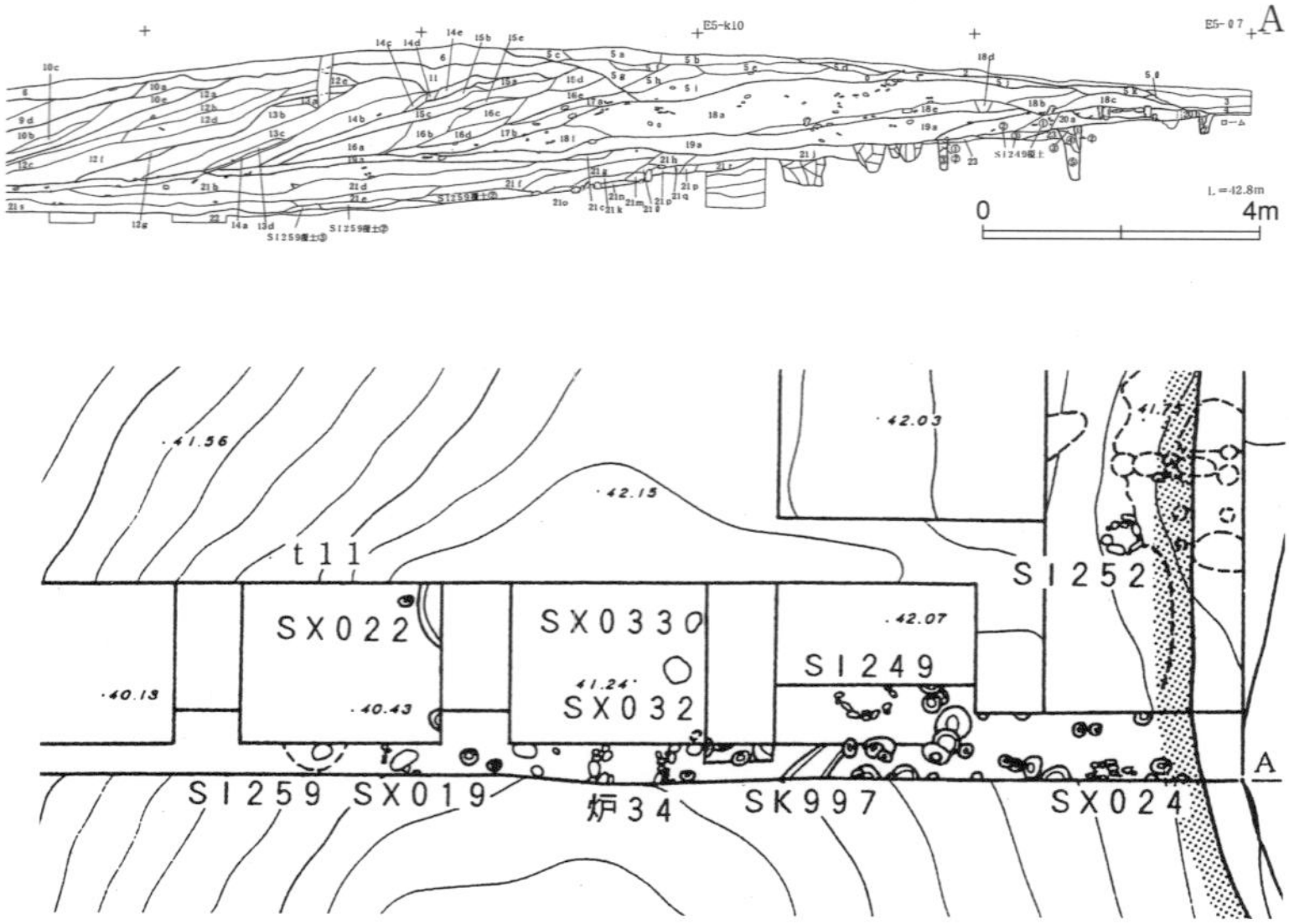

t 11の断面図・平面図

表5　t 11盛土層の特徴

層名	色・呼称	分布・層厚	特徴
1・2層	表土	斜面下方（1層）、及び上位（2層）	本来盛土層であったものが、表土化している部分も多い。全体的に明るいローム目立つ。
3・4層	黒褐色土～暗褐色土	t 11盛土東端部～削平部	削平部包含層。晩期を主とする。盛土後の堆積層。
5層	堆積土② b	台地側のみ堆積。下方の盛土と斜面盛土を埋めるように堆積。	ローム質の褐色土と黒色土が交互的かつ局所的に堆積。ローム質褐色土は削平部のロームを起源とする。ブロック状のロームも含む。現況表土或いは近くの盛土最上層。
（7～17層）	堆積土② a ローム質褐色土	斜面側で角度をもって堆積。厚さ10cm程度の薄い層の集合だが、一部厚い層もある。	大きく10単位に分けられ、更に細分される。7 b・8 c・10 e 層のように、ＫＰを多量に含む層もある。焼土・骨片・骨粉及び炭化物を多く含む層もある。かなり変色分解が見られるものの、削平部起源の盛土と捉える。谷5層は並行的に堆積している。堀之内式～後期安行式出土。
9・10層	堆積土② a ローム質褐色土	東西ラインでは比較的広い分布。	ＫＰを多量に含む層がある。よりプライマリーなロームに近い層と、かなり分解が進み再堆積的な層とがある。
12～14層	堆積土② a ローム質褐色土	谷へ向かう層群のうち、5～7単位目。	ＫＰの含有率は減少するが、炭化物の含む割合は増加する傾向にある。緻密な層と、不均一な層とがある。
15～17層	堆積土② a ローム質褐色土	谷へ向かう層群のうち、8～10単位目。	焼土を極めて多く含む層（15 c 層）もある。12～14層と比べて狭い分布。16層は明るいロームが目立つ。
18層	堆積土① 茶褐色土	台地側で厚く、広く分布。一部は削平部付近までのびる。18 a 層は最大65cmの厚さ。	不均一だが、全体に骨片骨粉や炭化物を多く含む。ロームの粒を比較的多く含み、削られたロームを起源とした人為的堆積土。地山ロームとほぼ同じ傾斜。堀之内式・加曽利Ｂ式を多く含む。
19・20層	堆積土①	いずれも比較的薄い層厚。	地山ローム直上での堆積部分もある。Ｓ１２４９覆土も類似する。19層は緻密さに欠け、堀之内2式が多い。
21層	堆積土①	斜面側で広く分布。7～17層とは堆積角度異なり、不整合面を為す。	上位はローム質褐色土だが、下位は緻密な黒色土でロームや炭化物の割合が少なく「自然堆積」に近い。厚さ一定で地山と同じ傾斜。削平部起源の土とは考えにくい。
22層	旧表土（地山）	遺跡内の谷へかかる斜面で広く分布する包含層。ロームの直上に堆積。	Ｈ４区の対応層ではアカホヤ火山灰を検出。早期後半の土器片を多く含む。緻密な黒色土。

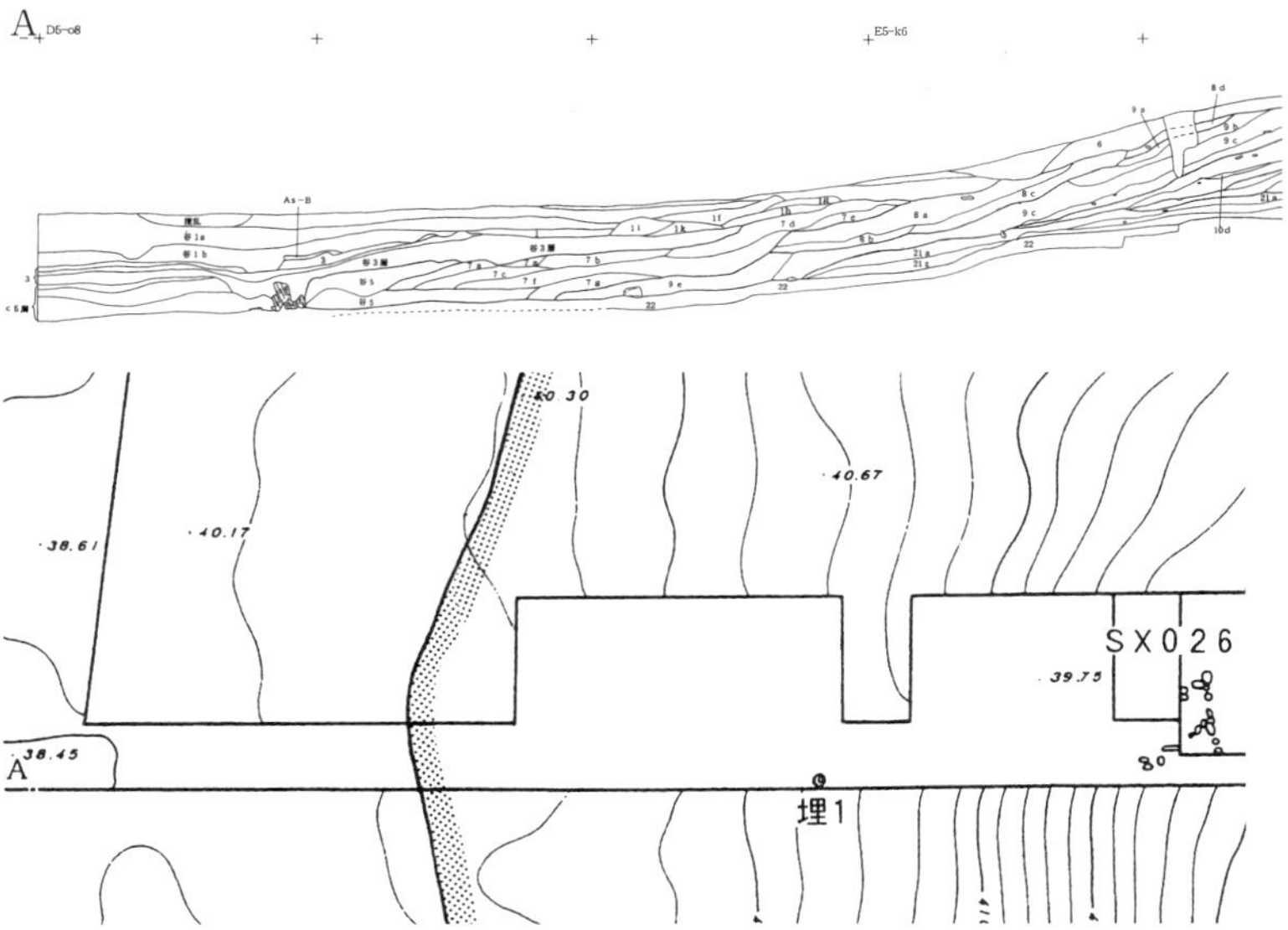

図28　南盛土ブロック

表６　t 11遺構集計表

遺構名	グリッド	内容	特徴	遺物
ＳＩ２４９	E5k10	炉３基＋ピット20基	床面･壁は不明瞭。	
ＳＸ０２４	E5l6	石組み遺構	20a層を掘り込む。外側の石は垂直に据えられる。	称名寺～堀之内
ＳＫ９９７	E5k10	溝状の掘り込み		堀之内１～２
ＳＩ２５９	E5k8	地床炉、焼土は多量	21層に覆われる。	加曽利Ｂ１
ＳＸ０１９	E5k8	焼土集中部分	端部に大きめの礫。	周辺で石錘多量
ＳＸ０２２	E5k8	焼土集中部分	21ｆ層を掘り込む。底面～壁の地山ローム良く焼けている。	
炉３４	E5k9	石囲炉、二重の石列。	21ｄ層に覆われ、ＳＸ０１９より古い。住居の壁･柱穴は不明。	称名寺～堀之内
ＳＸ０３２	E5k9	焼土跡、灰多量	19ａ層で確認。住居の壁や柱穴は不明。	堀之内＋加曽利Ｂ
ＳＸ０３３	E5k9	灰と粘土集中	ＳＸ０３２の近く。	堀之内＋加曽利Ｂ
ＳＸ０２６	E5k7	集配石、直線状の配列	21ａ層で確認。21ｄ層に覆われる。石の上面は揃えられる。	
t 11-埋１	E5o10	埋設土器	ローム～粘土面で確認。浅い掘り方内に土器を埋設。	時期不明
ＳＩ２５２	E5l6、l11	石囲炉＋ピット。炉跡は18b層上位。	表土･18層下で確認。ピットは上面確認のみ。覆土･壁は不明。	堀之内２式浅鉢。称名寺、加曽利Ｂもあり。

側のグリッドでは曽谷式以降も一定量出土していたが、台地側のグリッドでは堀之内式が多く、次いで加曽利B式も比較的多くを占める。層位的な遺物の取り上げを行っておらず、各層の時期を判断できないが、18層以下では堀之内式の出土がより目立っている。ただし後期後半や晩期土器片の出土も一定数確認されており、t11上位の盛土層については、後期後半~晩期までかかわる可能性も残している。

3　西盛土ブロック

西盛土ブロックの確認は、二本のトレンチと谷部調査区C6区およびC7区での平断面確認および現況等高線の検討や表土除去後の平面的な確認によっている。したがって、盛土の範囲についてもやや不確実である。このブロックは、全体では長楕円の形態で、南北(長軸)三九メートル、東西(短軸)=幅は一七メートルである。この長軸部分の北北東~南南西方向に尾根状の高まりがあり、これより東西方向に向かっては徐々に標高が下がる。西側谷部に向かっては比較的急な傾斜となるが、東側削平部側へはなだらかな傾斜である。盛土東端部と削平部端部との間は一六メートル程度の距離があり、ここは「盛土」も「削平」もなされなかった部分と判断している。南盛土ブロックとの間は七メートル程度の距離があり、ここには古墳時代の火山灰を含む黒色土が堆積している。北西盛土ブロックとの間も七メートル程度盛土のない部分があり、ここでも古墳時代の黒色土が堆積しているとともに、この下位では縄文期の遺物包含層も認められた。

t9は、西盛土ブロックの北側および北西盛土ブロックの南西側にかかる東西三六メートル、幅一メートルのトレンチである。中央より西側で盛土が認められ、東側では北西盛土ブロックの盛土層が確認された。西盛土ブロックの上面はほぼ水平で顕著な高まりとはなっていない。ここでの盛土はｗ１ａ～ｗ７層に分けられ、上位の４層までが盛土層に、この下位のｗ５～７は自然堆積の遺物包含層と考えた。上位の盛土層は薄い堆積だが、比較的ロームの割合が高い。

　この西盛土ブロックにかかわるｔ９の遺構は、断面でのみ確認されたピット一基のみである。ｔ９出土土器では、加曽利Ｂ式が高い比率を占めているが、比較的大形の破片では後期末～晩期初頭の安行式も目立っている。南端トレンチのｔ10でも加曽利Ｂ式が比較的高い比率を示すが、安行１式～２式もやや多い。西盛土ブロックの表土では後期後半～晩期中葉の土器があり、とりわけ晩期前半が目立つ。

4　北西・北盛土ブロック

北西盛土ブロックは、ｔ１～ｔ９の調査によって確認された。現況で観察される高まりについて、当初は古墳との予想がなされていた。ｔ１～ｔ４は、この高まりの頂部を中心に東西南北各方向へ十字に設定したトレンチである。

　調査によって、この塚状の高まりが縄文時代の盛土であることが明らかとなり、頂部に近いところでは南盛土ブロックと同程度の厚さであることも確認された。ｔ８・ｔ９に加え、グリッド掘り下げ部分の調査等もあわせて、北西盛土ブロックの範囲を推定した。この北西盛土ブロックは、窪地削平部約一〇〇《メートル》の距離を挟んで南盛土ブロックと対峙するもので、盛土ブロックの連続により環状構成が明らかとなった重要な地点である。

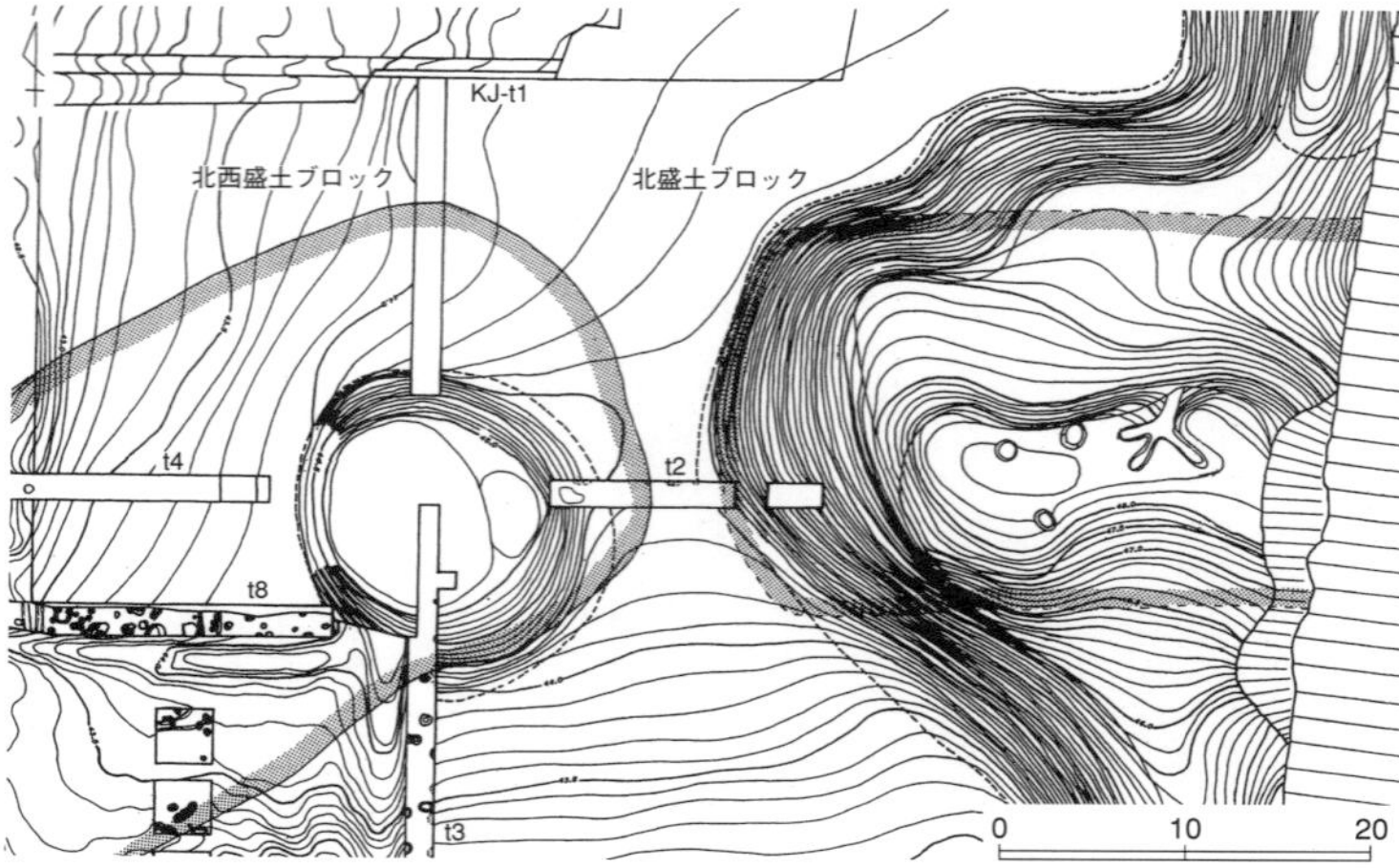

図29　北西・北盛土ブロック

北西盛土ブロック頂部から東方向に向かうトレンチであるｔ2の調査では、東端で見られた盛土と頂部の盛土とが層位的に連続しないことが明らかとなった。このことから、北西盛土ブロックが独立的な盛土ブロックで、ｔ2東で見られた盛土は別の単位であることが推定された。このｔ2東端部で見られた盛土については、東側に向かってより高くなっており、この部分を北盛土ブロックと呼称した。北盛土ブロックの盛土層は、このトレンチのみの確認であり、範囲・内容等についてはほとんど不明である。したがって、正確な形態把握は不可能だが、現況観察ではかなり高く、等高線図からもその高まりがわかる（図29）。ただし、台地東端部では、南北に連続する崖下用水掘り上げ土が土手状の高まりとなって縄文期盛土と複合していることを考慮する必要がある。

既述のように、これまでの調査では盛土の正確な範囲は確定しておらず、とりわけ北西・北盛土ブロックの範囲についてはいくつかの「点」と等高線図からの検討による。盛土の堆積状況についても不明な部分が多く、正確な範囲の確定は今後の課題である点、明記しておこう。

北西盛土ブロック概要

北西盛土ブロックは、全体では弧状〜三日月状をなしている。東西（長軸）で五五メートル、南北（短軸）＝幅は二六メートルである。最も高い部分の標高は四五・三メートル。この部分を中心に、径約一六メートルの範囲が塚状をなす。この塚状部分は、北西盛土ブロックのなかでは東端にある。塚状の頂部から南西方向に向かって弧状に高まりが延びているが、標高は徐々に下がる。盛土ブロックを帯状の形ととらえれば、この幅の中央が尾根状に高く、両脇裾部分に向かって徐々に低くなっている。このブロックの盛土層は、南盛土ブロックとくらべてやや緻密で均一的であり、面状の焼土や、盛土層中の炭化物・骨片も少ない傾向がある。

北盛土ブロック概要

北盛土ブロックは、長楕円もしくは端部が弧状となる帯状の形態が予想されるが、正確な形態は不明である。推定される幅（南北・短軸長）は二二メートル、東端を現存する盛土端部（台地縁の上端）で測ると東西（長軸）は三二メートルである。北盛土ブロックは大部分が用水掘り上げ土手の範囲内にあることから、盛土上面の確実な標高についても、推定できない。試みに、頂部での標高四八・三メートルから、他の地点における用水土手の高さおよそ三・八メートルを差し引けば四四・五メートル程度となる。

縄文期の盛土と用水掘り上げによる土手部分との複合は、南盛土ブロックにおいても観察することができる。すなわち、現況では、用水土手の高まりはおおむね南北で一定の高さを保っているが、この環状盛土遺構の盛土ブロック延長部分のみは、より高い標高となっている。

なお、表面観察ではあるが、用水土手東側の崖線においても、縄文時代の層と推定できる褐色土を確認することができる。そのなかから遺物の採集も可能であることから、盛土遺構が本来、より東側へ続いていたことはほぼ間違いない。

等高線図からは、最高標高点を示す部分に不自然な高まり・窪みが見られる。かつて「愛宕神社」がここに存していたようであり、この神社の設営・撤去にかかわる地形変更の可能性を示している。

以下でいくつかのトレンチを主とする調査部分について、細かく見てみよう。

t1〜t4

t1では、頂部付近に比較的厚く複数層が重なる盛土がある。ここから盛土端部までは徐々に層が薄くなり、境界付近では薄い単一層となる。ここでの盛土は、黒色土やローム質の茶褐色土と観察されたが、端部へ向かうに従い漸移的に緻密な層へと移行している。遺物量は少なく、土器では後期中葉〜後葉の破片が比較的目立っていた。

t2のトレンチ西端は北西盛土ブロックの頂部に近く、やや厚い盛土が確認された。ここからトレンチ中央近くまで盛土が連続し、盛土のない間隙部分を四《メートル》程度挟んで、東側に北盛土ブロックの盛土層がある。トレンチからは、土坑一基、ピット三基が確認されている他、比較的広い分布を示す面的な焼土の堆積も認められた。

北西盛土ブロックの盛土は3〜4層が重なる部分もあり、このなかには厚さ四〇《センチ》程度で比較的広い分布を示す層もある。最上位の層ではKP粒もわずかに含む。トレンチほぼ中央に堆積している「9層」は人為的な盛土層ではないと考えた

表７ 北西盛土ブロックのトレンチ

地点	遺構数	特徴
t 2	土坑１基、ピット３基	土坑ＳＫ３０５０は盛土７層を切る。ピット３基は盛土層または９層に覆われる。いずれも時期不明。
t 3	土坑１基、ピット13基	ピットの内７〜８基は土坑の形態。E6c5P3は65×53×深55㎝。浅いピット2基以外は削平部範囲内。削平部ピットでは晩期、盛土下ピットでは加曽利Ｂ式出土。
t 4	土坑１基、焼土ブロック	土坑は盛土下。焼土は９層中の確認で狭い範囲の分布。
t 8	住居跡１、ピット９基等	加曽利Ｂ式期の住居跡は２軒以上重複。配石のＳＸ０２３も住居に伴う可能性あり。
t 9北西盛土内	土坑１基	盛土下包含層に覆われる。
E6c2グリッド	竪穴状掘り込み、ピット９基	掘り込みは２基重複？。ピットでは良好な柱穴形態例あり。ピット内から堀之内式、加曽利Ｂ式出土。
E5w22グリッド	ピット８基	盛土除去後のローム面で確認。柱穴状の例と不整例あり。ピット重複例もある。
E5w22より南のグリッド調査分	ピット多数	平面確認のみ。削平部ピット群の一部か。

が、比較的ローム質であることから盛土の可能性も残している。仮にこの層が盛土層と判断されれば、盛土ブロック間の間隙はなくなり、「北西盛土ブロック」と「北盛土ブロック」は一連の連続する盛土ブロックになる。

　トレンチ東側で見られた北盛土ブロックの盛土は、N2〜N5の5層が確認された。盛土層のなかには最大の厚さが一五《センチ》以上の層もあり、北西盛土ブロック等で見られた五《センチ》程度の薄い層は確認されない。これらの盛土層は西側に向かって比較的角度をもって傾斜しており、とくに上位の層においてその傾向は顕著である。

　t3は北西盛土ブロックの頂部から南側に延びる一〜一・五《メートル》幅のトレンチである（図30）。南側は削平部にかかる。トレンチ北端では厚い盛土があり、ここから南一五〇《センチ》の範囲まで盛土が見られる。この辺りから南に向かって徐々にローム

図30　t 3盛土断面

面の標高は下がりつつ、ロームの上位が消失しており、盛土の端部付近がほぼ削平部の範囲と重なる。トレンチ南端近くではKP下のローム面上に削平部3層＝晩期包含層の堆積が認められた。トレンチほぼ中央近くの底面でKP層が現れていること、さらにこの南ではKP下のロームとなることから、南に向かって傾斜する地形が人為的な削平行為の所産であることが判断できよう。

盛土は1～7層が確認された。黒色系の土が褐色土系の土のなかに嵌入するような状態であり、南盛土ブロック台地平坦面の様相に近い。1～6層の堆積は比較的薄い層の重なりで、それぞれが複雑に堆積しており、塚状部分頂部近くにおける盛土の様相をよく示している。ここでは焼土や炭化物を多く含むほか、遺物も多い傾向がある。

t3の遺構は、トレンチ断面の壁面で確認されたものと底面の精査で確認されたものとがある。このうち三分の二程度は半分を掘り下げているが、残りは平面確認のみである。

トレンチ内出土土器全体を見ると、盛土範囲内では加曽利B式が最も多く（四・七％）、次いで堀之内式（二・五％）だが、削平部範囲内では晩期安行式の割合が最も高い（六・三％）。層位と遺物との対応を示すデータであろう。

t4は北西盛土ブロック塚状部分頂部から西側へ延びる幅一・五メートルのトレンチである。トレンチ東側は盛土範囲内となる。西側ではローム堆積状況確認のための深掘りを行っている。現況表土面・ローム上面とも自然地形の傾斜で西側に向かって下がっている。斜面下方へ向かうに従い、上位のロームが消失する傾向があるとともに、下位のロームはそれぞれ斜面下方に向かって傾斜しつつほぼ一定の層厚を保っている。この点はＫＰ層も同様であり、斜面・谷が、少なくともＫＰ層形成以前に形成されたことを想定させる。このようなローム上面の状況は、環状盛土遺構範囲内外の谷東台地平坦面〜斜面にかけての広い範囲でおおむね認めることができ、旧地形を検討する際のデータとして確認しておく。

　盛土の堆積状況は、他の北西盛土ブロック部分と対応する部分もあるが、ｔ3等でみられた茶褐色ローム質土や黒色土が見られない。

　トレンチ内の出土土器では堀之内式〜加曽利Ｂ式の量が多いが、後期安行式や晩期安行式前半の土器も少数認められている。

t8

　このトレンチは、北西盛土ブロックの中央から西盛土ブロック北側（盛土外斜面）まで延びる東西約五〇《メートル》、幅一〜一・五《メートル》のトレンチである。東半分は北西盛土ブロックの範囲内で、さらにこの内約四分の三はほぼ台地平坦面にあたる。最も層の厚いところでは、約一一〇《センチ》の盛土層が認められたが、西側斜面へ向かうに従い、徐々に盛土層も薄くなる。盛土範囲内では遺物量も多く、後期の住居跡ＳＩ２５１が確認された。トレンチ西半分における盛土外の部分は遺構もなく、遺物量も少ない。

　そもそもこのｔ8は、小山市教育委員会が調査区内全域にわたって設定した確認調査のトレンチである。この確認調査段階で、きわめて多量の遺物がローム質の土層中から出土し、地山ローム面まで掘り下げられなかった。その後、調査を進めたところ、最大一《メートル》を越える厚さの盛土が確認さ

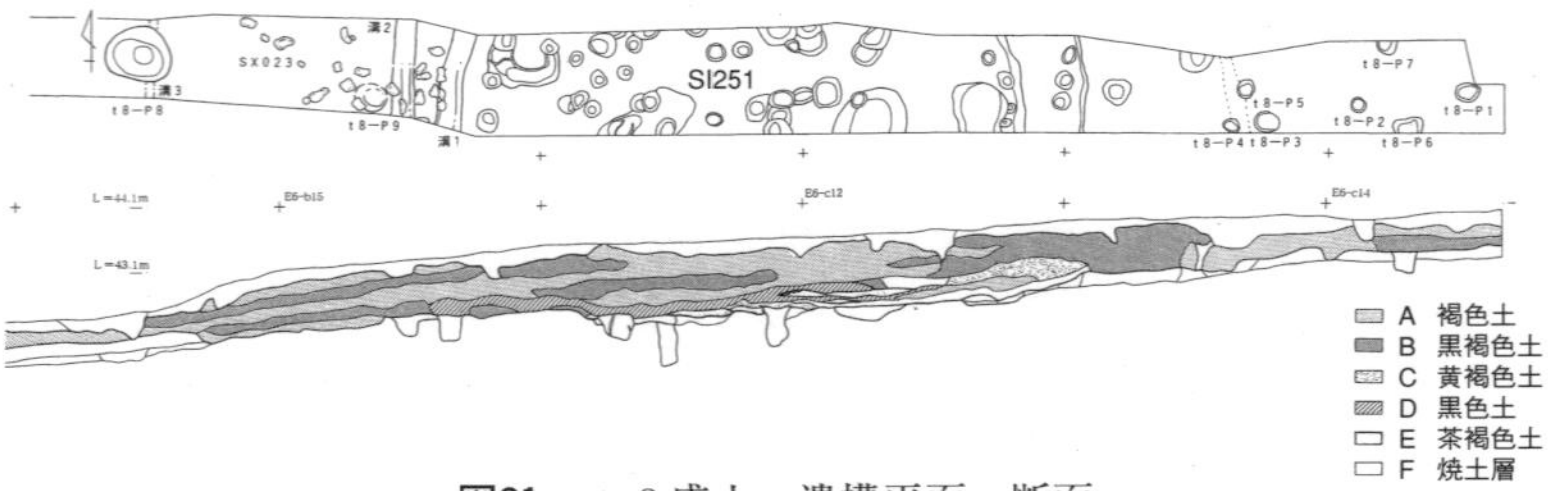

図31　t 8盛土・遺構平面・断面

表8　t 8盛土層の特徴

層名	色・呼称	分布・層厚	特徴
A層	褐色土	最大60cm。概ね上位に堆積。端部までのびる。	ローム質と、変色・変質のローム質土とから成り、均一性に欠ける。
B層	黒褐色土	厚さ20cm程度。A層中に貫入する部分あり。	有機質土だがロームの割合が多い部分もある。
C層	黄褐色土	狭い範囲に分布。	KPを多量に含む。
D層	黒色土	平均14cm程度の厚さ。SI251範囲に限定。	骨片・骨粉や炭化物を多く含む。6cm程度でE層と互層をなすところがある。上面で加曽利B2～3式が出土。
E層	茶褐色土	ローム面上または若干上で局所的に分布。	ロームを主体に炭化物を多く含む。
F層	焼土層	ローム面上、SI251東側に限定。	ローム粒・焼土粒集中。焼土は異地性の焼土。

れ、北西盛土ブロックの様相を示す重要な部分となった。

t8東側で見られた盛土は大きくA~Fの八層に分けられる。これらのなかには、削平部起源のローム質土だけではなく、黒色土や焼土層も含まれる。これらの盛土層は、地山ローム層あるいはローム漸移層の上位に堆積している。D層黒色土はSI251範囲にほぼ限定されるが、覆土として扱いうるかはむずかしい。いずれの層も台地平坦面ではほぼ水平な堆積を示すが、地山ローム面が傾斜する斜面にかかる部分では、この傾斜角度とほぼ同じ角度で傾斜している。

このトレンチからは炉跡三基および多数のピット、溝・集配石等の遺構が確認され、二軒以上重複する住居跡SI251を推定した。竪穴の掘り込みは部分的な段差があるのみでやや不明瞭だが、溝や「配石」もこの住居跡にともなう可能性がある（図31・32）。

　ＳＩ２５１の西側にはＳＸ０２３と呼称した広義の「配石」と溝二条がある。この溝については住居周溝と考えられ、「配石」についても「周提礫」や「周礫」あるいは入り口施設にかかわるものと推定できる。東側についてはローム面における若干の段差が三ケ所あり、この部分が住居範囲にかかわる。

図32　ＳＩ２５１

　住居跡全体の形態は不明だが、一部確認のプランから、円形または隅丸方形と推定されよう。東側の壁から西側溝までの範囲を測ると一〇《メートル》五〇《センチ》で、かなり大形の建物跡となる。床面は基本的に地山ローム面であるが、炉Ｂ直上からＰ３９にかかる部分までのＥ層がしまりの強い貼床状をなしており、Ｅ層上面を床面とする住居の推定も可能である。またＰ5は、Ｄ層上面から掘り込むピットで、Ｄ層上面を床面とする遺構が存していた可能性も否定できない。

　炉は三基確認され、ピットとの重複や、埋設土器遺構との重なりがある。炉Ａは住居範囲内東端に近い位置にあり、盛土Ｆ層が炉Ａを覆うように堆積している。

　ピットは四五基が確認され、深さが五〇《センチ》あるいは一〇〇《センチ》を超える例も比較的多い。住居跡範囲内全体に分布しているが、東側の壁二条に沿うように巡るピット列は壁柱穴ととらえてよい。盛土Ｄ層黒色土を覆土とするものや、覆土上位四〇《センチ》程度の部分がＫＰで占められる例、焼土や灰、骨粉を含むもの等も認められた。

住居跡床面で比較的大型の石棒の出土がある。この石棒上位には盛土Ｆ層の堆積が認められている。ｔ８からは多量の土器が出土しているが、住居跡にともなうものは少ない。住居跡の時期については加曽利Ｂ２～３式期と判断する。ただし、ピット内出土土器ではより古い時期の土器もあり、複数時期が想定されるＳＩ２５１のなかで最も古い時期が加曽利Ｂ１式期や堀之内式期にさかのぼる可能性もある。

t9

ｔ９の北西盛土ブロックは、トレンチの東側八《メートル》の範囲にわたって確認された。ここでの盛土は１～10層が確認され、比較的薄い層が重なって堆積している。多くがローム質褐色土で、有機質黒色土やロームの多い黒褐色土がある。褐色土と黒褐色土が交互に堆積するような状況を示す。ロームや炭化物・骨片等の含有量は、南盛土ブロックと同程度だが、遺物量はやや少なく、復元可能な土器大形破片はほとんど出土しなかった。

グリッド掘り下げ部分

ここは、北西盛土ブロックから削平部へいたる南北ラインの土層確認を目的として設定し、遺構確認を行った部分である。地山～削平部削平面のローム層は、南に向かって緩やかに下がる。徐々に上位のローム層は薄くなり消失してゆく過程を観察でき、人為的な掘削が判断できた重要な地点である。

グリッド掘り下げ六マス分のうち、北側二ケ所が北西盛土ブロック範囲内で、ここでは確認された遺構の掘り下げも行った。盛土は三層に分けられ、変色変質した茶褐色土～暗褐色土である。

北から二マス目のグリッドでは竪穴状の掘り込みが二重に確認された。内側の掘り込みは竪穴住居跡と判断でき、また外側の掘り込みについても、住居跡の可能性が高い。

5　削平部

Ｈ４区における盛土確認の後、盛土のトレンチ調査と平行して高まり部分内側の低い部分について調査を行うこととした。この部分は、現況において明瞭な皿状の窪みを観察することができたが、人工的な地形と予想してはいなかった。調査は四《メートル》単位のグリッド掘り下げ方式で、南および西側の一《メートル》幅部分を土層観察のためのベルトとして残しながら、表土および包含層を掘り下げた。

場所により異なるが、おおむね現況表面より下六〇《センチ》の部分で地山ロームが確認され、この間に表土および包含層の堆積として大きく三層に分けられる土層が確認された。また、この範囲における出土土器の主体が晩期であること、「特殊遺物」についても独鈷石や土版等晩期と考えられるものが主体であることが明らかとなった。

また、地山ロームについて、深掘り部分を設定し、層序を確認した結果、通常の台地平坦面では表土下約一《メートル》下位のところで安定して堆積しているＫＰ層を検出することができず、地点間の層位の比較から、窪地ローム面の多くがＫＰ層より下位のロームであることが確認された。後にこのローム層序について、テフラ分析を行い、確実な証拠を得た。

これらの検討により、窪地部分における上位の消失したロームは、縄文人によってこの外側に盛土され、この行為の連続により環状盛土遺構が形成されたものと判断ができた。そして、この人為的な窪地地形の部分について、削平部と呼称することとした。

遺構確認　包含層から出土した遺物の取り上げを終了した時点で、遺構の確認を目

図33　削平部ピット検出状況

的として地山ローム面の精査を行った。この結果、多数のピットが確認され、できるだけこの穴を調査することとした。調査では、原則として半分のみを掘り下げ、それぞれの穴の覆土・堆積状況を観察・記録した。一部の遺構については半截掘り下げすら行い得ていない。遺構分布を見ると、盛土に近い部分で集中する一方、窪地の中央では希薄となることも確認された。

ピットの多くは五〜一〇センチ程度の浅いものであるが、いくつかのピットについては深さ五〇センチを越える良好な柱穴状の例も認められた。これらの深いピットを中心に、ピットの配置を検討したところ、いくつかの掘立柱建物跡や住居跡を推定することができた。ピット内からの出土遺物は少量だが、いくつかのピットで見られた有文土器の破片では晩期中葉が多く、多くの遺構の時期について、晩期中葉につくられたものと判断した。

削平部の範囲は、調査区外にも広がっており未確定の部分を残すが、おおよそ南北一一〇メートルの円環部分である。削平部堆積層の厚さは、1層が一五センチ程度、2層が三〇～四〇センチ、3層が一〇センチ程度である。2層は古墳時代の火山灰（FA）と考えられる白色粒を含む層で、縄文時代の包含層は3層にかぎられる。土層断面の観察では、削平部3層を切ってつくられているピットも認められた。つまり、一定数のピットは、削平部包含層の堆積後につくられたことを意味している。

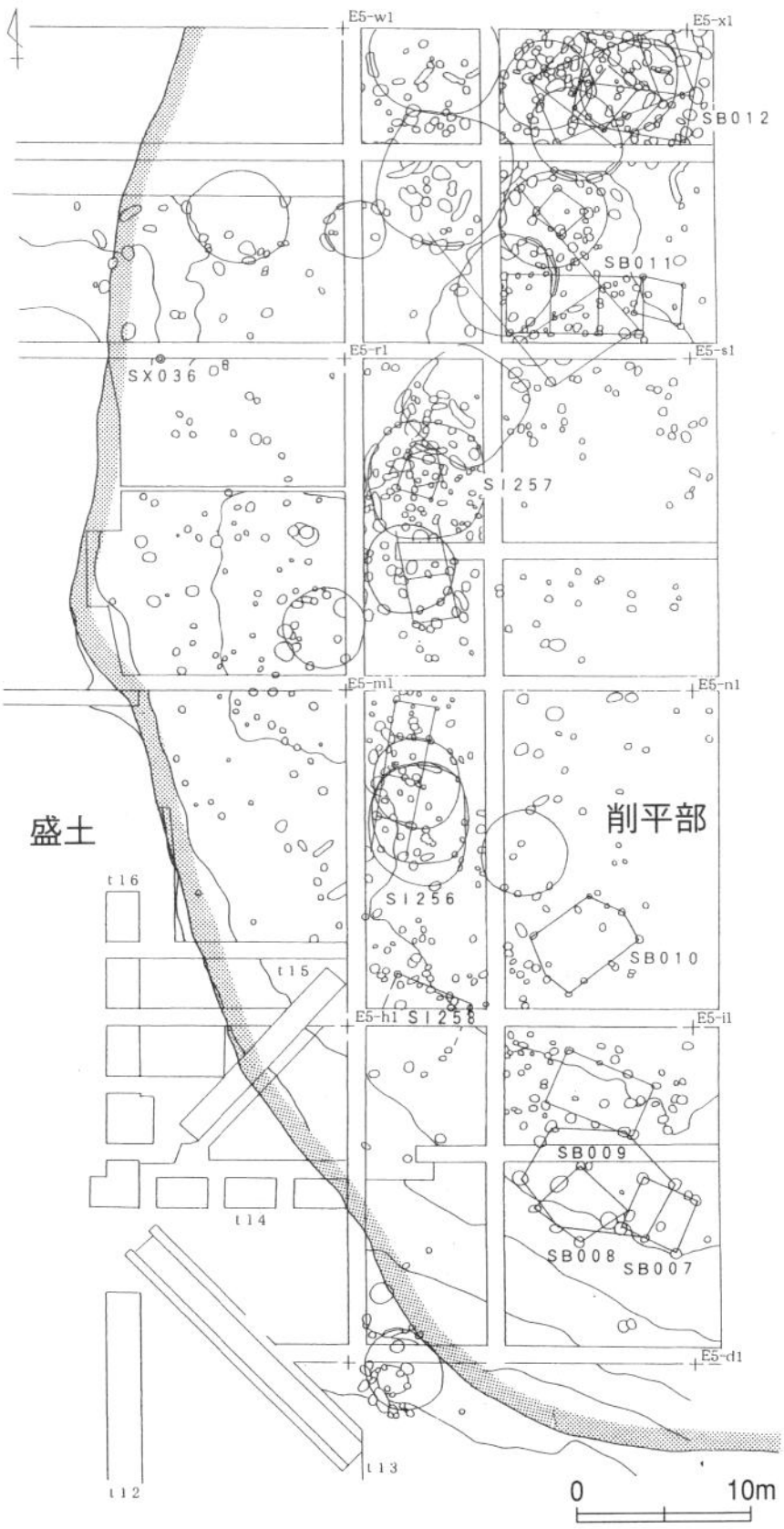

図34　削平部建物跡復元図

削平部の遺構

削平部で確認された遺構は、土坑・炉跡・埋設土器遺構および九一四基のピットである。未調査および断面観察のみの例を含めた総数は一〇一〇基となる。未調査部分を考慮すれば、削平部範囲内にはこの倍程度のピットがあることも予想できよう。ピットは盛土に近い弧状範囲に集中し、深さ五〇センチを越えるような良好な柱穴状の例はその南側に多い。土坑一基（SK999）は削平部やや中央西よりの

表9　削平部主要遺構集計表

遺構名	内容	柱穴	規模(cm)	特徴
SB007	1×1間の建物跡	径70cm、深さ100cm程度	350×340	住居跡の可能性残る。
SB008	1×1間の建物跡	3本は径50cm、深80～90cm。1本は浅い	406×326	4本の柱配置歪みあり、検討必要。P857から耳飾り出土。
SB009	六角形(亀甲形)建物跡	2本を除き、深さ70cm以上。ピット深さ不定。	880×632	「棟持ち」の柱穴浅く、柱間間隔も不定、建物復元問題あり。
SB010	9本のピットから亀甲形建物跡復元	2本を除き深さ30～60cm。柱間不定。	532×364	別復元又は、住居跡の可能性考慮すべきか。周辺もピット有。
SB011	1×1間の建物跡	いずれも浅いピット。	218×230	住居跡の可能性残る。
SB012	3～4×2又は2×2間の建物跡、複数？	ピット密集、いずれのピットも浅い。	900×412 460×288	円周上に巡る柱穴群及び溝から、住居3軒復元案も想定。
SI256	壁柱穴構成の楕円形住居。円形案あり。	深さ15～20cm主体。60～70cm例も有。	720×600	直線的ピット配列から1×3～4間建物跡復元も可。複数重複？
SI257	炉+円周状柱穴群から住居推定。	ピットの密集、ピットの深さは10～20cmが多い。	630×490	弧状溝群もあり。4本主柱案等、別復元も可能。
SI258	5本のピットから住居跡推定。	いくつかは深さ30cm以上、70cm近い例有。	?	円形プラン案、掘立柱建物案いずれも問題残す。
SK999	平面円形・断面皿状の浅い土坑。	削平ローム面で確認。	88×84×20	晩期中葉土器多量。
SX036	深い土坑状掘り込み+土器埋設の遺構。	部分的にオーバーハング。	47×?×88	3回の埋設、晩期中葉4～5個体分。中位は完形壺正位埋設。

部分で確認され、埋設土器遺構（SX036）は中央やや北側の部分にある。

　多数のピットについて、上屋のある建物跡と予想したが、配置からの復元は困難であった。調査時には、掘立柱建物跡六棟・住居跡三軒を判断した。さらに、報告時に再度検討したところ（図34）、掘立柱建物跡と当初考えた部分で住居を推定し得た例や、複数遺構の重複部分等と考えられる例もあった。いずれにしても、削平部中央よりやや距離を置いた円周帯状の範囲に遺構が集中している点は注目したい。ピットから出土した土器の多くが晩期安行式、前浦式、大洞C2式であり、遺構の時期も多くは晩期中葉と考える。当初判断の遺構については、表9を参照されたい。

　次に、いくつかの遺構を具体的にみてみよう。

　SB007は四本の主柱からなる建物跡と推定したもので、四本の柱穴は径七〇センチ程度、深さ一

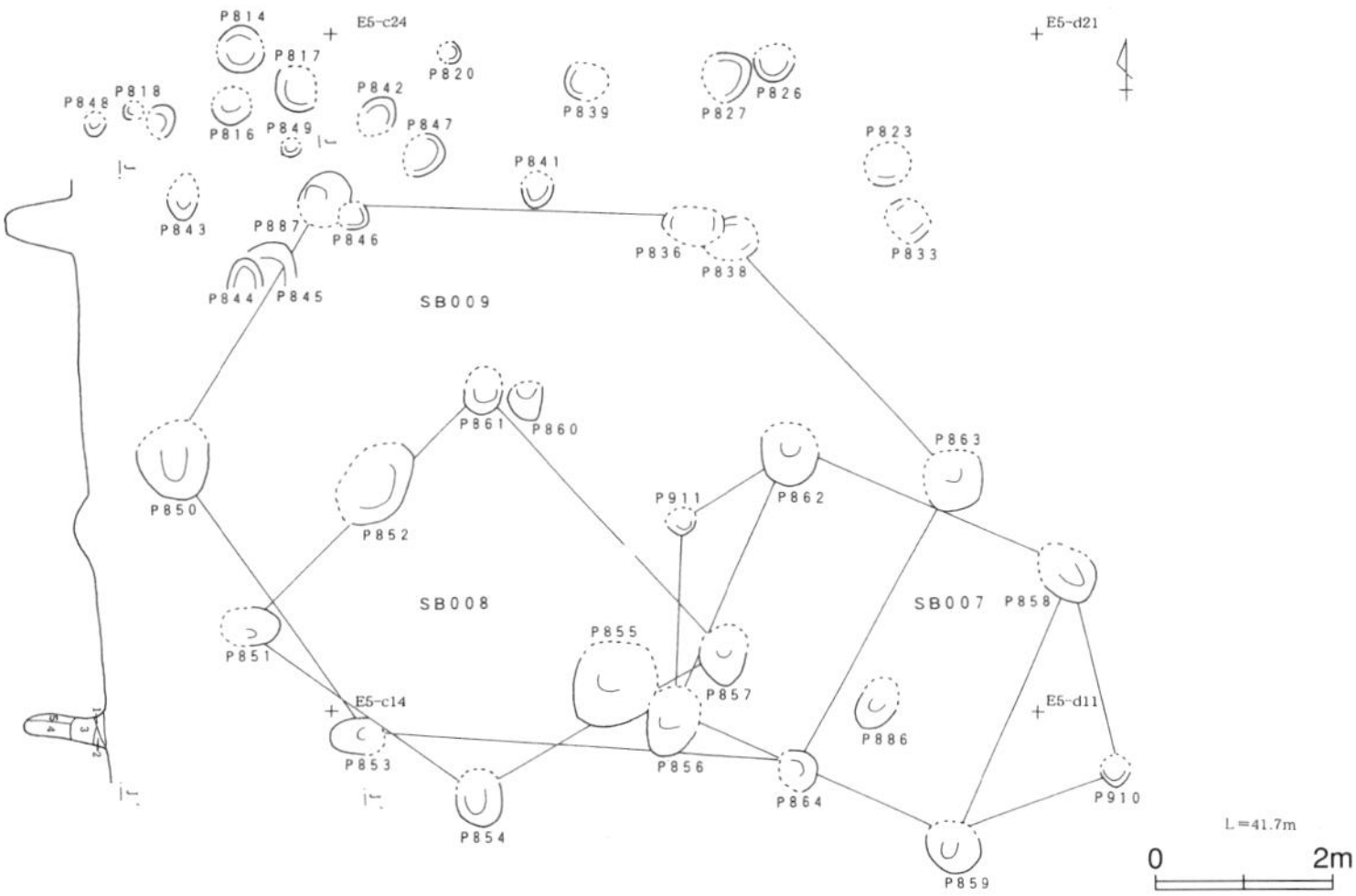

図35　ＳＢ００７〜００９

○○センチ程度の良好な形態である。掘立柱建物跡と推定したが、住居跡の可能性も残る。ＳＢ００８は一間×一間の建物跡と推定したもので、柱穴より晩期の遺物が出土している。ＳＢ００９は六本の柱穴を結んだラインが亀甲形となる建物跡と推定したものである。長軸八八〇センチ、短軸六三二センチとかなり規模の大きな建物跡となり、復元には問題を残している。

ＳＸ０３６は、深い土坑状の掘り込み内に複数の土器個体を三回にわたって埋設しているもので、上端から底面までは八八センチある。上位埋設部と下位埋設部は重複関係にあるが、連続的な行為による可能性もある。上位埋設部の土器は掘り方底面に接して、大形破片を重ねるような置き方である。中位埋設部には、ほぼ完形となる壺状の深鉢を正位に埋設している。下位埋設部は、土坑状部分下方で径一〇〜三〇センチの範囲に大形の数破片

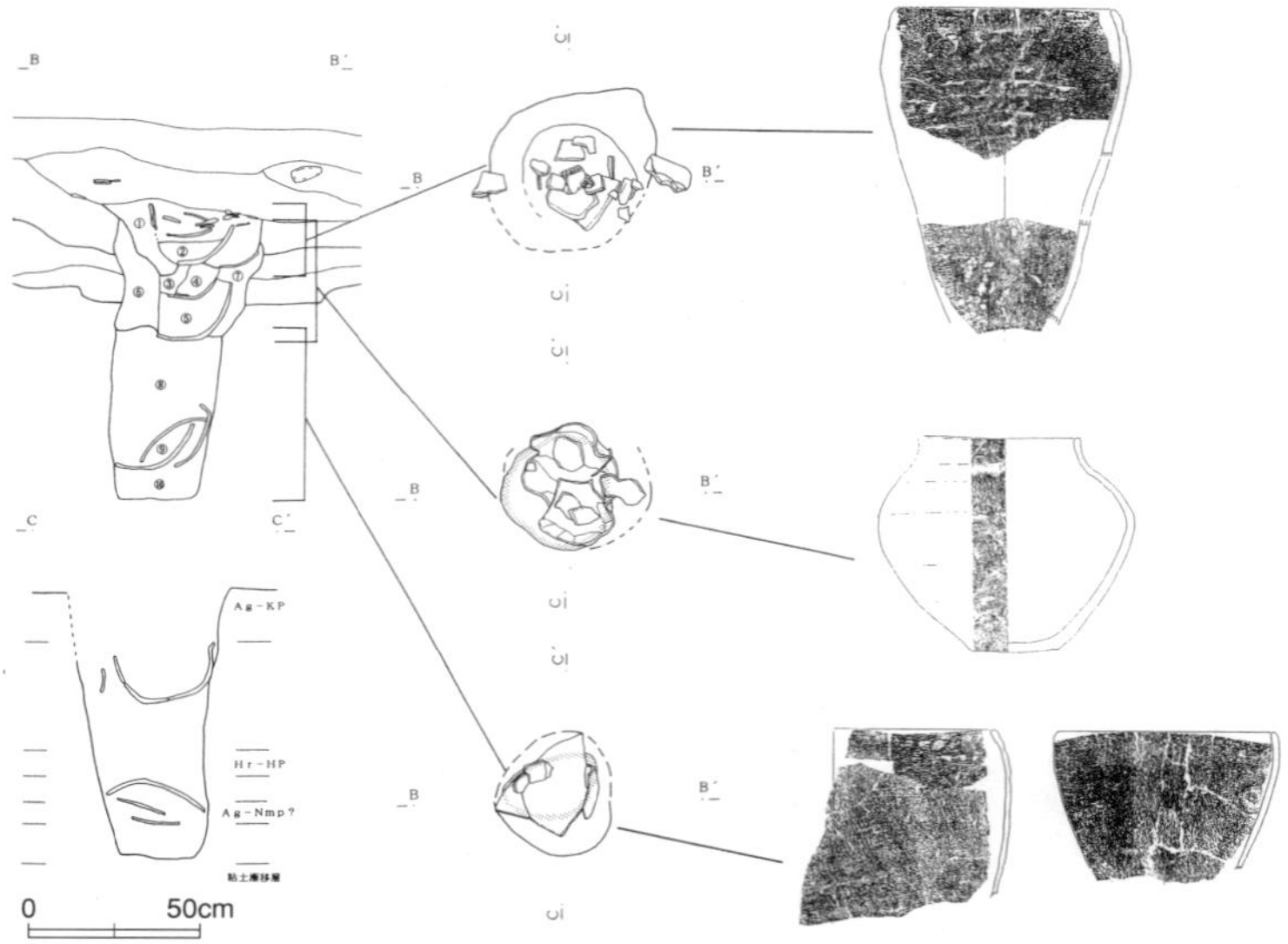

図36　ＳＸ０３６埋設土器遺構

を重ねるように置いている。埋設はもともとあった土坑を転用している可能性も考えられた。周辺からは、比較的多くの土器・石器とともに石棒(石剣?)の出土や、白色粘土の集中も見られた。

削平部の遺物　削平部からの遺物はかなり多いものの、きわめて特異な出土状況を示すものはなく、おおむね一般的な包含層出土状況と変わらない。注目される例として、独鈷石がややまとまる部分、数片に割れた石棒が比較的近くから出土した例などがある。

遺物の分布は、おおむね削平部ピットの分布と重なる。全体的に大洞C1式～C2式が多い。また晩期前半の安行3a・3b式・姥山Ⅱ式は盛土に近い外側での分布が目立つのに対して、前浦式や大洞C2式等は、より中央での分布が目立っている。

盛土部にくらべ遺物量は少ないようにも見える

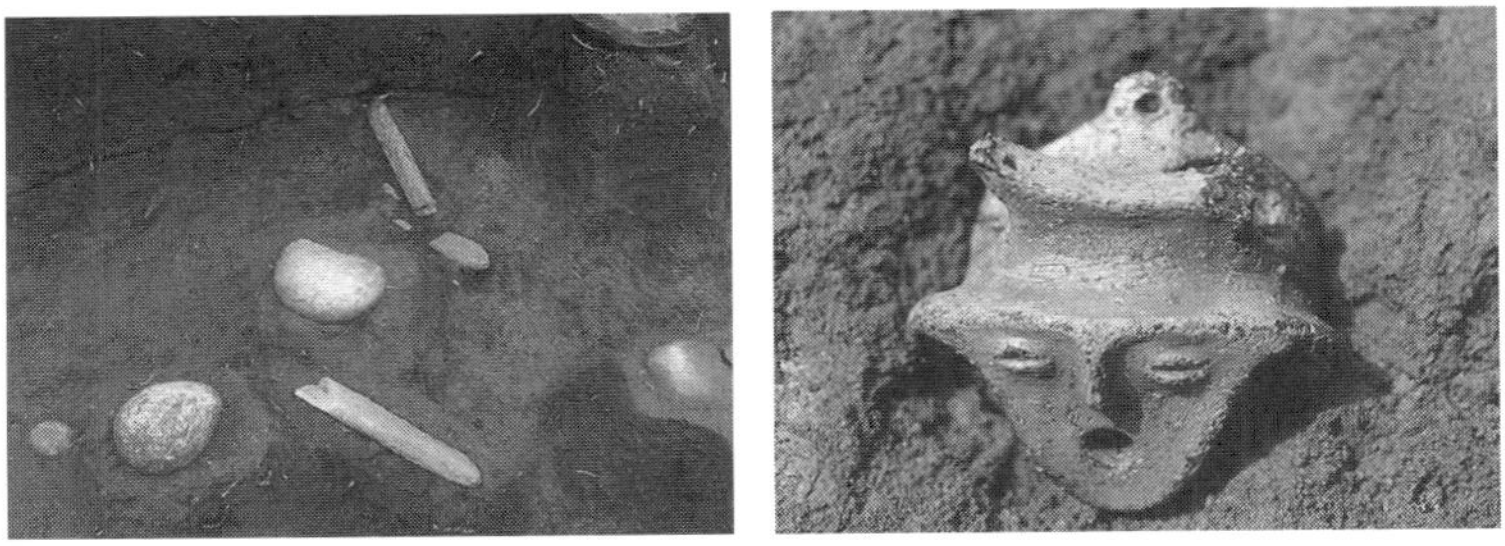

図37　削平部遺物出土状況（左：石剣・右：土偶）

が、盛土が複数層で構成され、層自体もかなりの厚さであることを考えれば、両者にさほど大きな違いはないようにも思える。石器も削平部南半で比較的多く出土している。また、後期の土器片も比的多く、中期土器片の出土もあった。このことは、本来ここに中期〜後期の遺構があり、削平によりそれらの遺構が失われた可能性をも考えさせる。とはいえ、接合率・復元可能となった土器の数量では、晩期前半から中葉の土器が圧倒的に多く、削平部が晩期の主要居住・活動域であることを示している。

石敷台状遺構

削平部中央やや北側に位置する。

この遺構は、本来削平の行われている部分にもかかわらず、削り残されて台状の高まりとして残った部分である。まわりを削ることにより、意図的に高まり部分がつくり出された遺構ともいえる。

現況で塚状の高まりが観察されたことから、当初古墳であることを予想してトレンチを設定し、調査をはじめた。現況表土面の下一二センチ程度で礫の密集が確認され、この下位については掘り下げていない。石敷きを構成する礫は五〜一〇センチ前後の河原石で、流紋岩、安山岩等で構成される。

各トレンチの調査から判断する遺構の形態は、平面楕円形で、削り残しの端部間を測ると、東西二二メートル、南北一七メートル、頂部までの高さ一・七メートルの

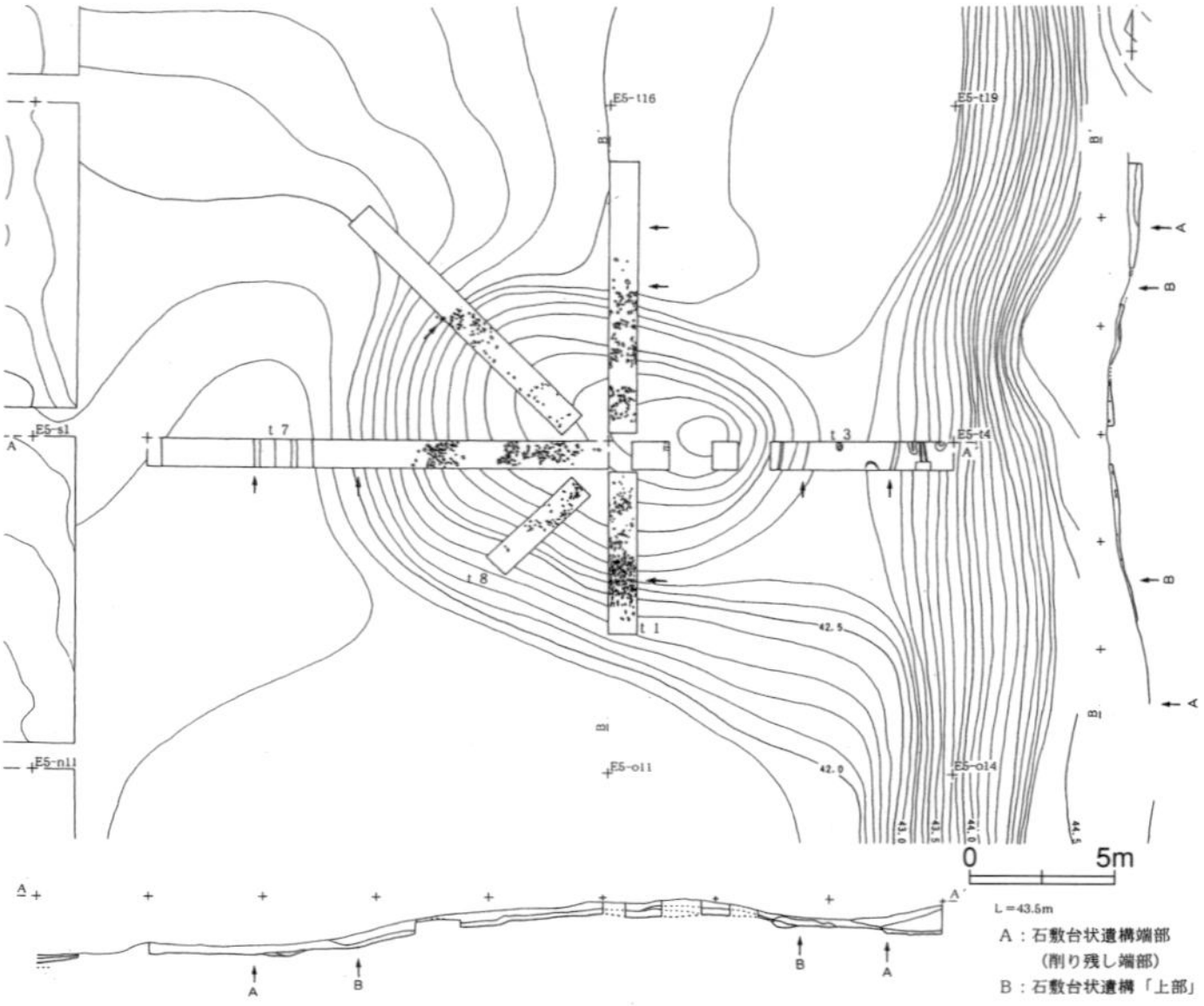

図38　石敷台状遺構

規模となる。このなかでも東西約一五メートル、南北約一〇メートルの範囲はより高く、石敷きはおおむねこの範囲内である。石のない部分の掘り下げにより、頂部近くではKPより上位のローム、以下ほぼ通常のロームの堆積が観察され、この高まりが盛土ではなく、削り残しによることが判明した。石敷きはロームの上位で、炭化物や焼土を含まない暗褐色土上にある。また裾部には削平部3層の堆積も確認される。つまり、頂部周辺は本来のロームを残し、この上に石が敷かれたと判断される。

遺物は、ほぼ表土中の出土で、きわめて少数である。調査面積や層が薄いことを考慮してもなお、他とくらべて圧倒的に少ない。土器では中期から晩期までの小片が少量である。土製品では土偶一点、石剣三点、石棒一点がある。石器も少なく、石錘四点、打製石斧三点、磨石二点等、原石を含めても総数一五点に留まる。つまり、遺物ではこの遺構を特徴づけるものは見られず、普遍的な遺物が少数に留まることが逆に注意すべき点となるかもしれない。

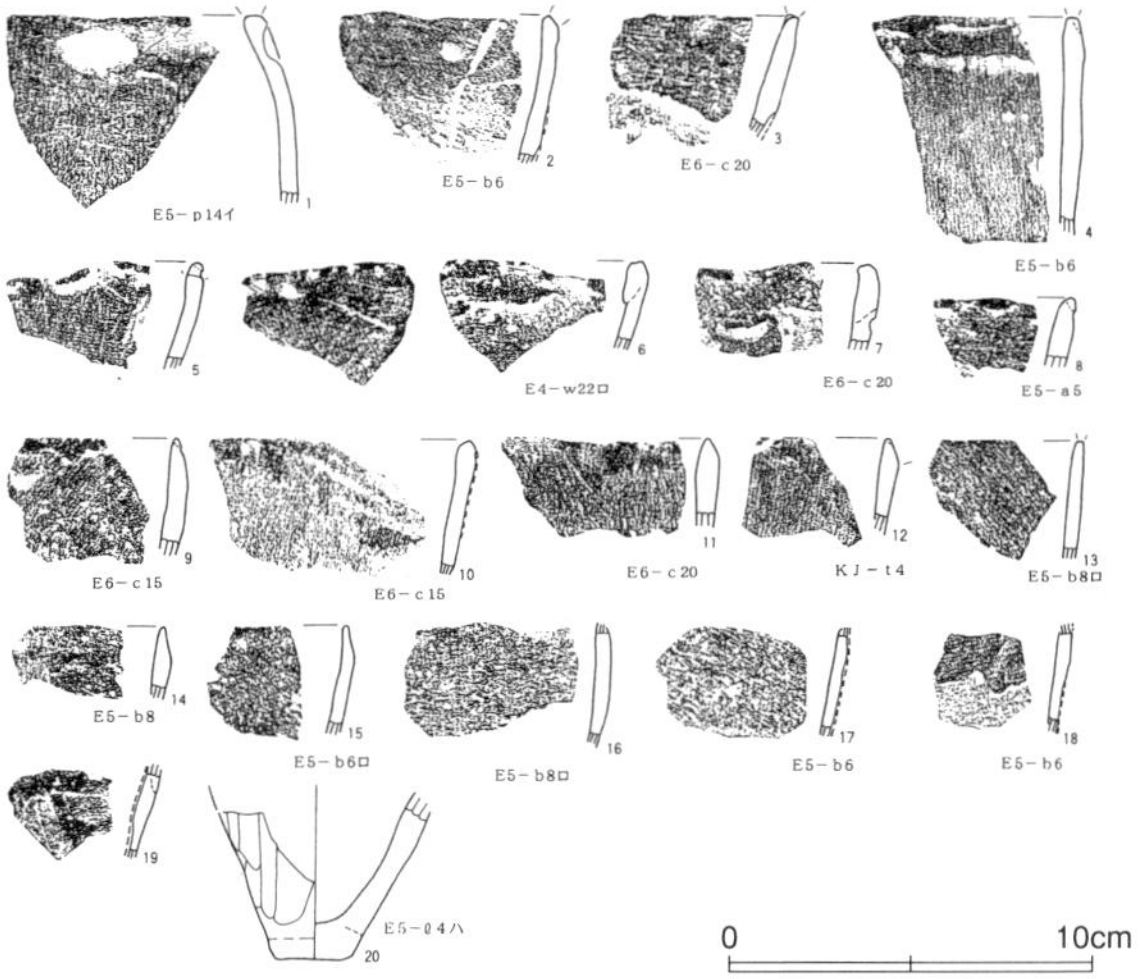

図39　製塩土器

6　環状盛土遺構出土遺物の特徴

土器

土器では、第一に製塩土器の出土に注目したい。関東地方における塩づくりは、縄文後期後半から霞ヶ浦沿岸ではじまる重要な事象である。海水を煎じて塩を取り出すための専用の土器で、熱効率を上げるため、きわめて薄く作られている。もちろん寺野東集落で塩づくりはできないことから、塩生産地域から運ばれてきたものであろう。

異系統の土器は豊富に出土しているが、とくに後期後半以降顕著である（図41）。後期後半では、中部高地から群馬県地方に主体のある「高井東系」や、西日本の凹線文系とされる土器に近似する例の出土がある。また瘤付土器とよばれる後期後半東北系の土器も目立っているが、北関東とし

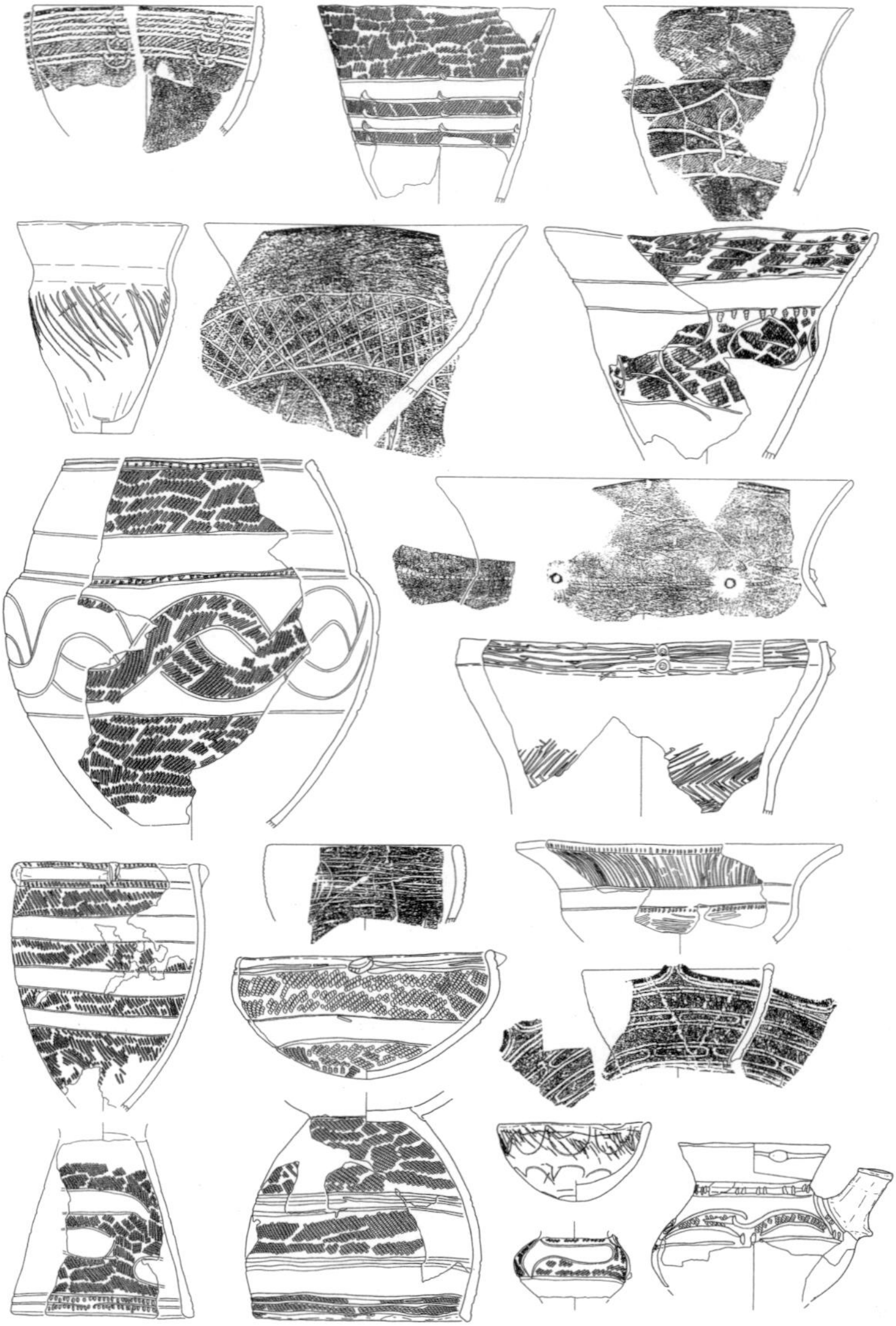

図40　環状盛土遺構出土後期土器

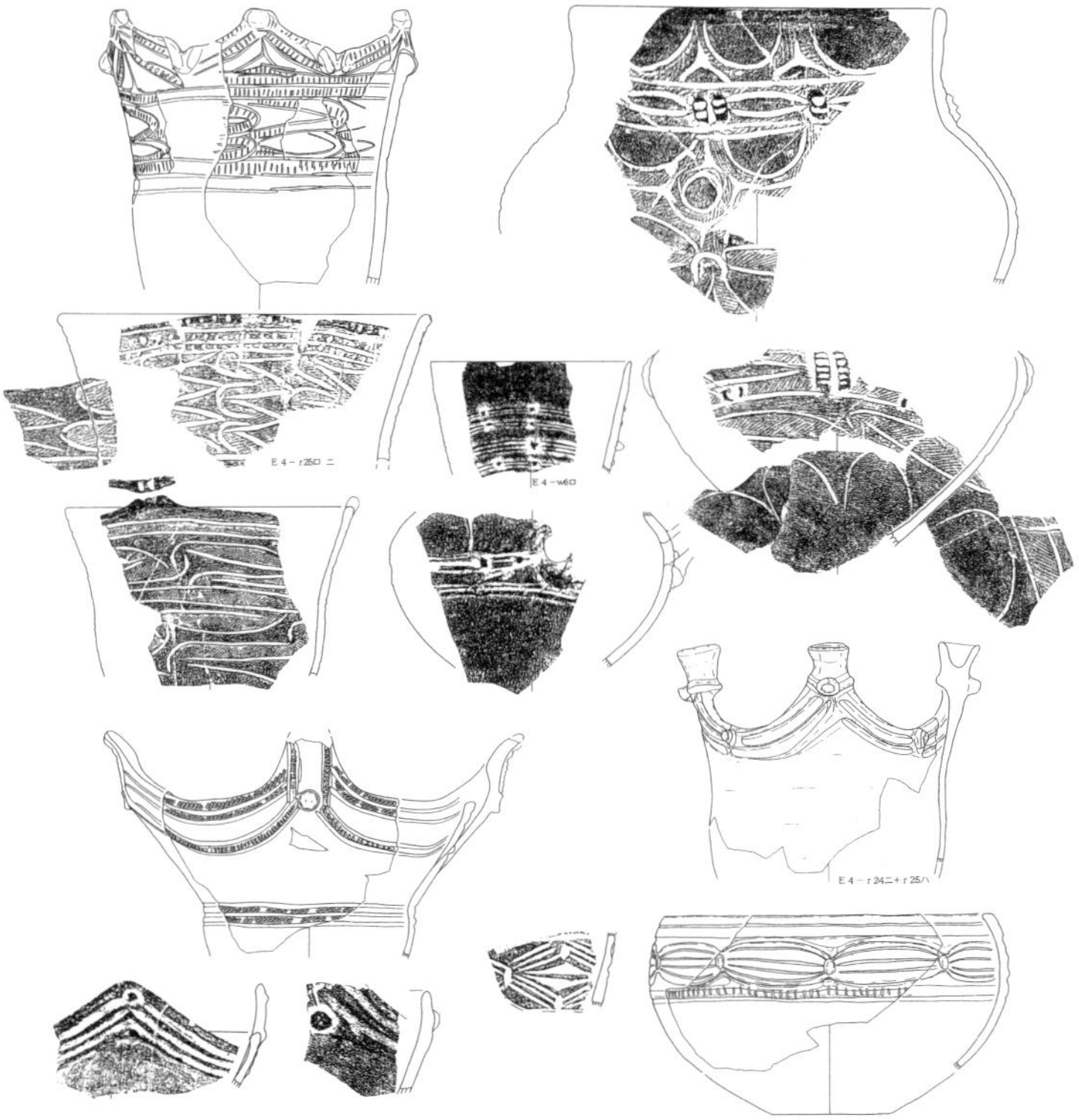

図41　環状盛土遺構出土異系統土器

ては比較的少数といえるかもしれない。この瘤付系については、壺や注口土器等の深鉢以外の器種が多いが、後期終末では深鉢も一定数認められる。また西日本系の櫃原文様を有する良好な例が出土している。

組成について詳細な検討はしていないが、加曽利B式や安行式では、粗製土器の比率が高い。全体に土器群の様相は普遍的で、器種や文様類型の偏りもさほど目立っておらず、きわめて異質な様相との感はない。つまり、大雑把にいえば、南関東～東関東の資料に対比可能な土器群で占められる。土器文様を

図42　環状盛土遺構出土土製品１（土偶・土面）

見ても、後期はこの地域の一般的な様相のように見える。ただし晩期に入ると特徴的なものがあり、この地域の、またはこの遺跡の特徴が表れているようにもとらえられる。

寺野東遺跡の晩期土器では、安行式に加え、「天神原式」とよばれる北西関東に分布するものと、東関東に分布する姥山Ⅱ

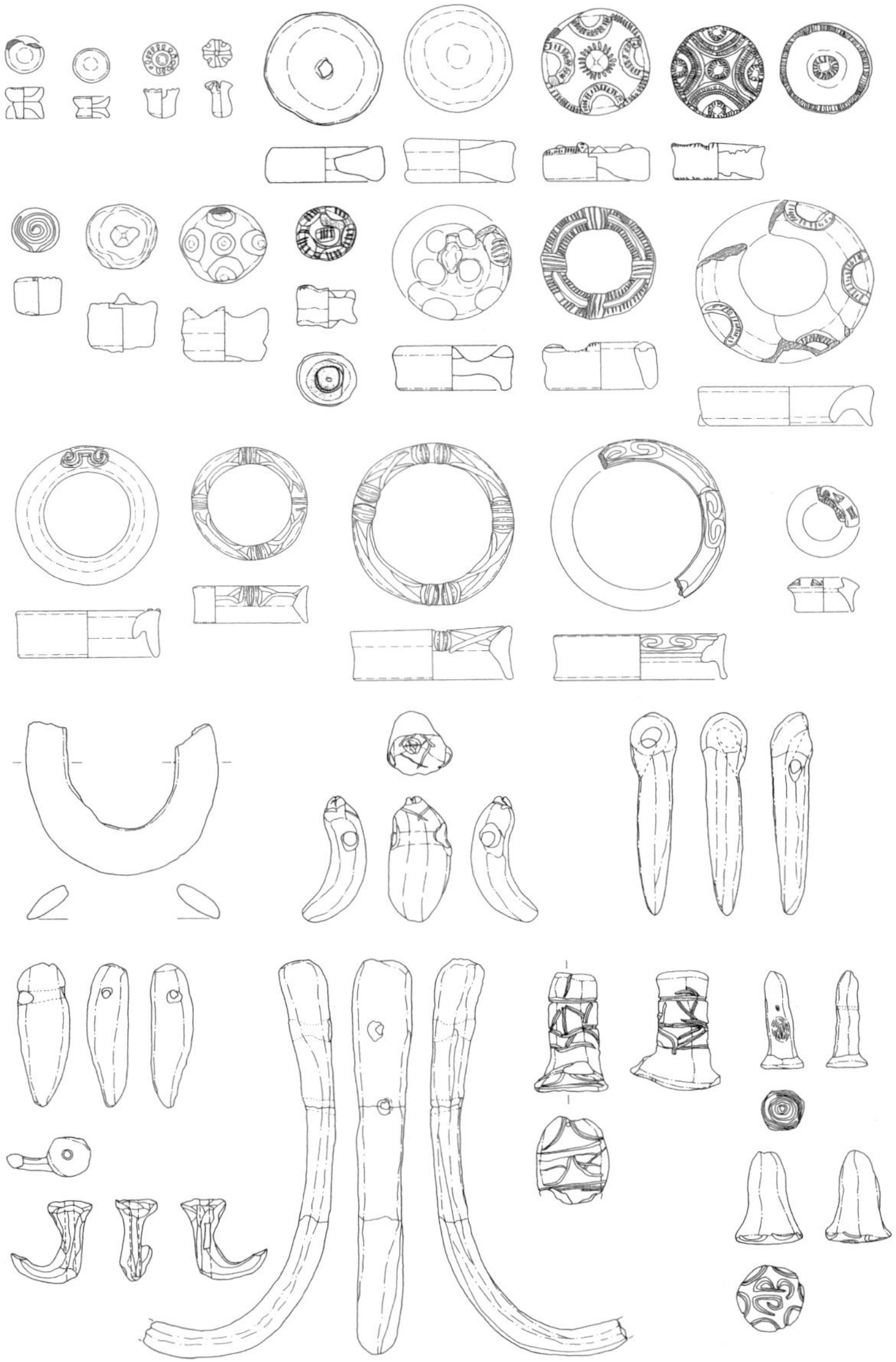

図43　環状盛土遺構出土土製品２（耳飾り・棒状土製品等）

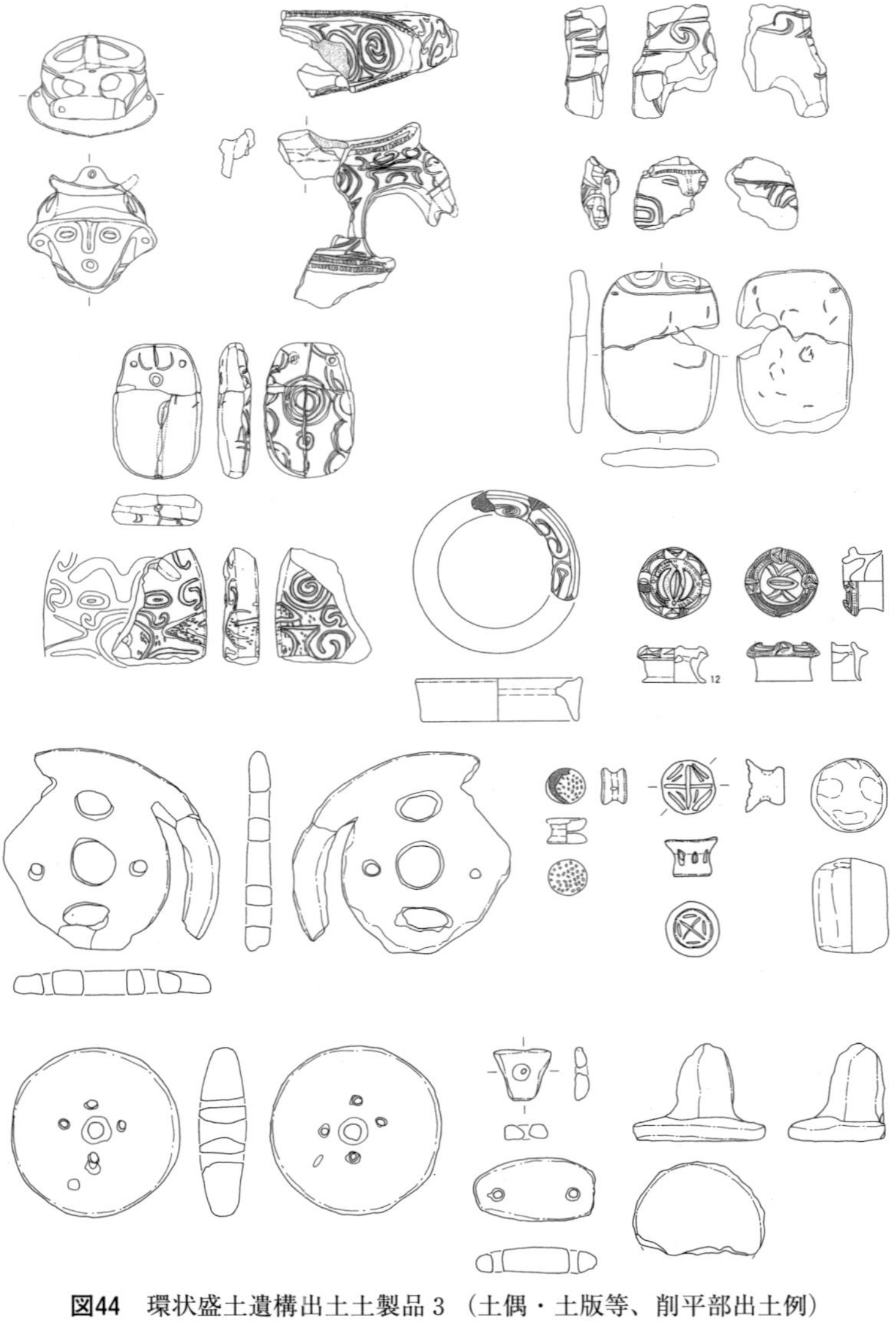

図44　環状盛土遺構出土土製品３（土偶・土版等、削平部出土例）

式、前浦式、東北地方の大洞式など多数の「型式」が見られるとともに、いくつかの「型式」の文様が複合したような文様をもつ土器がある。晩期中葉以降では、安行３ｃ式、同３ｄ式はほとんど見られず、大洞式が主体を占めるようになることも重要であろう。

土製品

土偶や耳飾りについては、この時期の北関東地方の遺跡では多出するのが一般的である。それにしても、寺野東遺跡出土の土製品はきわめて多種多量で、注目すべき例も多い。遺跡内全体を見ても、棒状土製品や蓋形土器などを除けば、土偶や耳飾り等の後期中葉以降に特徴的な土製品は、環状盛土遺構からの出土がきわめて多い。

全国的にも出土が希少な例として「土面」がある（図42下）。祭祀行為の際に顔面に付けるものと想像されているもので、完存ではないものの、装着時の姿を想像することもできる。

棒状土製品の多出も注目される。多くが骨角器の模倣と推定され、しかも後期前半と考えられるものが多い。「貝輪状土製品」と呼称した腕輪も多量に出土している。これは、北関東地方から中部地方といった内陸での出土が目立っているが、寺野東遺跡と栃木県藤岡町藤岡神社遺跡での出土量が他を圧倒している。なかには、模倣もとの貝を思わせる形の例、白色顔料を塗っている例などがあり、貝製腕輪との関係をうかがわせる。

Ⅳ　谷部の調査

1　谷部の概要

一九九四年度の寺野東遺跡では、環状盛土遺構西側谷部の調査を行った。この部分からは、環状盛土遺構とともに寺野東遺跡の縄文時代を考える上で、また東日本の縄文時代を研究していく上で重要な遺構が発見された。

遺跡内を南北に縦断する谷は、台地から緩やかに傾斜し谷底へといたる浅いもので、谷底と台地平坦面との比高差は二～四《メートル》である。環状盛土遺構北西の「湧水点」と呼称した部分から南に向かって徐々に低くなり、谷幅もやや広くなる。湧水点付近と谷部調査区で最も南のC10区との比高差は二《メートル》である。この谷は調査区外の茨城県側につづき、ほどなく鬼怒川支流の田川に合流する。縄文時代以降この谷は埋没が進んでいたが、調査時においても谷として低くなっていた。

縄文時代の遺構検出面および包含層は、粘土化したローム面の上位にある。縄文後晩期の包含層（5層）は谷底で約三〇～五〇《センチ》程度堆積し、この上位には古墳時代前期および後期の火山灰を含む層がある。この古墳時代以降の層〜表土までは四〇〜七〇センチ程度である（図45）。縄文時代包含層の平面的な広がりは、谷のなかでも東西幅一〇〜一五メートルの範囲にほぼ限定され、また南北ではほぼ「湧水点」より南にかぎられる。遺構や遺物は、この縄文期包含層のある、谷のうちでも一段深くなる流路状部分（小川状部分）に集中する。この範囲は、珪藻分析の結果などから、常に水が強く流れるような「川」ではなく、滞水的な環境であったことが推測されている。

環状盛土遺構西側谷部の調査区は、当初最も南をＣ１区とし、以下北へ向かってＣ９区まで設定した。最も北側のＣ９区に「湧水点」がある。湧水点以北の谷部範囲内では、明確な縄文時代の遺構は稀で、遺物もきわめて少ない。後に詳述する「水場の遺構」ＳＸ０１７はＣ１区の南三六メートルの位置にある。広い意味での「谷」は湧水点付近でも八〇メートル程度の幅を有しているが、縄文時代包含層のある一〇〜一五メートル幅の部分を狭義の「谷」とよんで、広い「谷幅」とは区別する。なお、谷部内の縄文時代包含層は、大きく木質繊維を多く含む茶褐色の5層と、砂利に近い灰色砂礫層の6層とに分けられる。

谷部の包含層では、土器小片・礫・木材の出土が顕著であった。5層出土の土器では晩期、次いで後期安行式が目立ち、一方6層砂礫層では複数型式の土器が混在して出土した。ＳＸ０１７谷部調査区やＣ10区で比較的多く見られた中期の土器は、Ｃ５区やＣ８区ではほとんど出土していない。

また、この包含層からは、通常の台地上の発掘調査ではほとんど確認されない弓や櫛などの木製品・漆製品も見つかった。さらに植物の種子や木材・繊維などの植物遺存体、珪藻・昆虫といった

図45　谷部の層序模式図

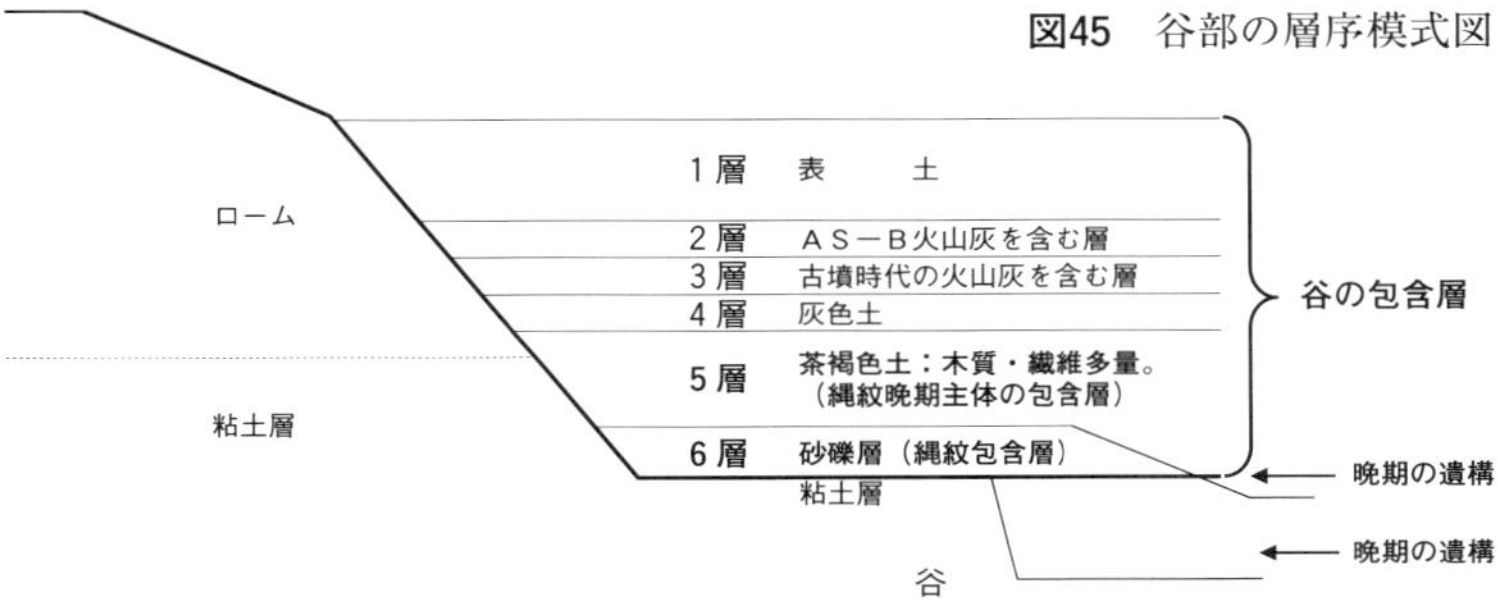

動物遺存体も多く見つかっている。これらの資料は、寺野東遺跡縄文期集落周辺の環境を復元する際の貴重なデータとなっている。種子ではクルミ・トチの出土が目立ったが、土壌水洗によってニワトコなどの微細な種子も確認され、とりわけリョクトウなどのいわゆる栽培植物とされる豆類も検出されたことは特筆に値する。トチは分布に偏りが見られるとともに、破砕された種皮の破片が多い場所もある。

　さて、谷部からは多くの遺構が集中して確認された。これらの遺構は、木を使って明瞭に施設をつくっているものと、谷のある部分を掘り込むという、人為的な造作という側面の強い遺構とがある。木や石を用いている前者は比較的形態を把握しやすいが、後者については、人為的に作った結果が明確ではなく、確実に判断し得なかったものも多い。

　谷部の本格的な調査は一九九四年度に行ったが、これ以前にも数回の調査を行っている。第一はＳＸ０１７の前面の谷部である。この調査によって、縄文期集落範囲内では谷の湧水を利用する施設がつくられていたことが確認されるとともに、狭義の谷部内に多くの遺物を含む縄文期包含層が堆積していることが明らかとなった。また、環状盛土遺構の調査トレンチで、谷への延長部分

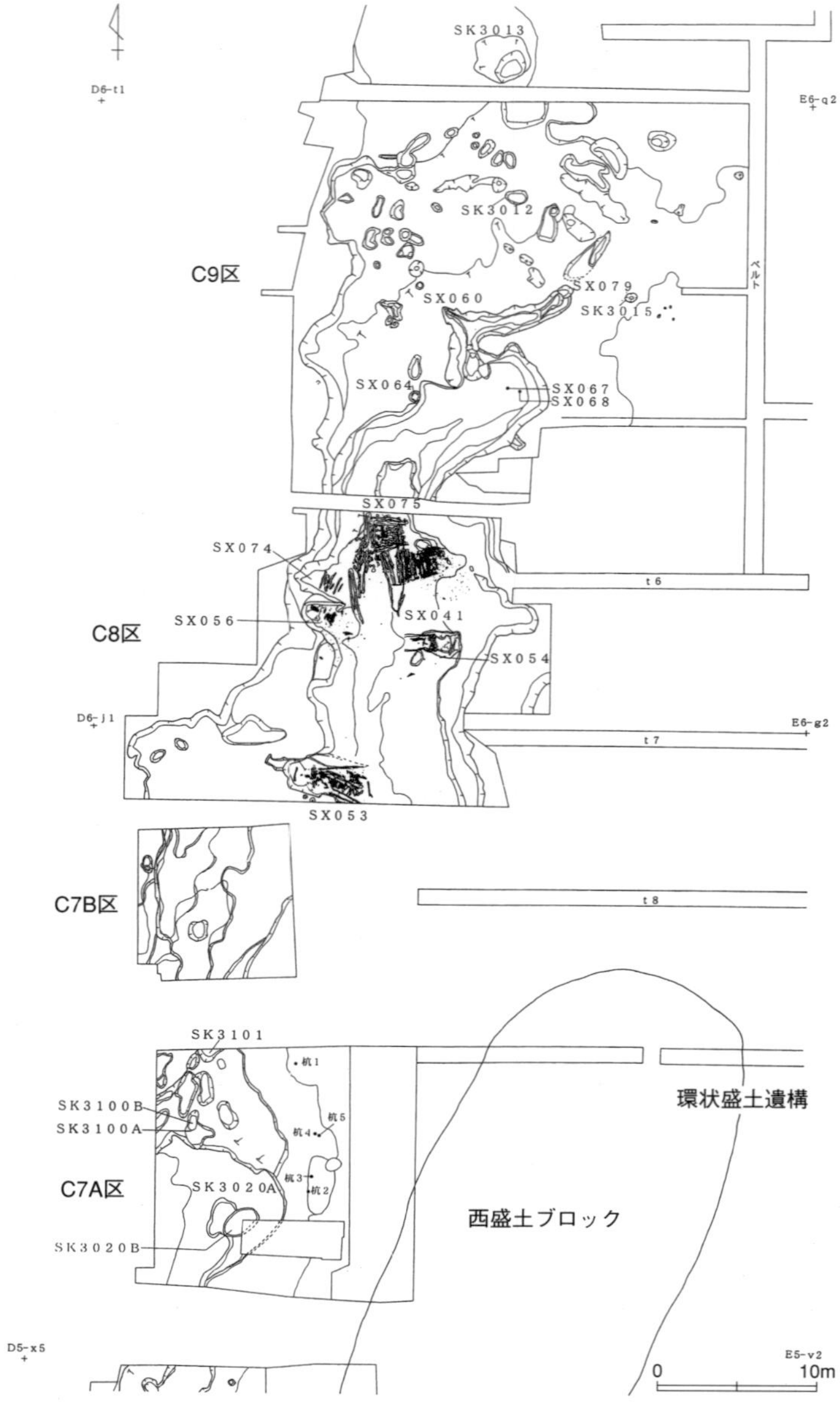
D6-t1
E6-q2
SK3013
SK3012
C9区
ベルト
SX079
SK3015
SX060
SX064
SX067
SX068
SX075
SX074
t6
SX056
SX041
C8区
SX054
D6-j1
E6-g2
t7
SX053
C7B区
t8
SK3101
杭1
SK3100B
SK3100A
杭5
杭4
環状盛土遺構
C7A区
杭3
杭2
SK3020A
西盛土ブロック
SK3020B
D5-x5
E5-v2
0
10m

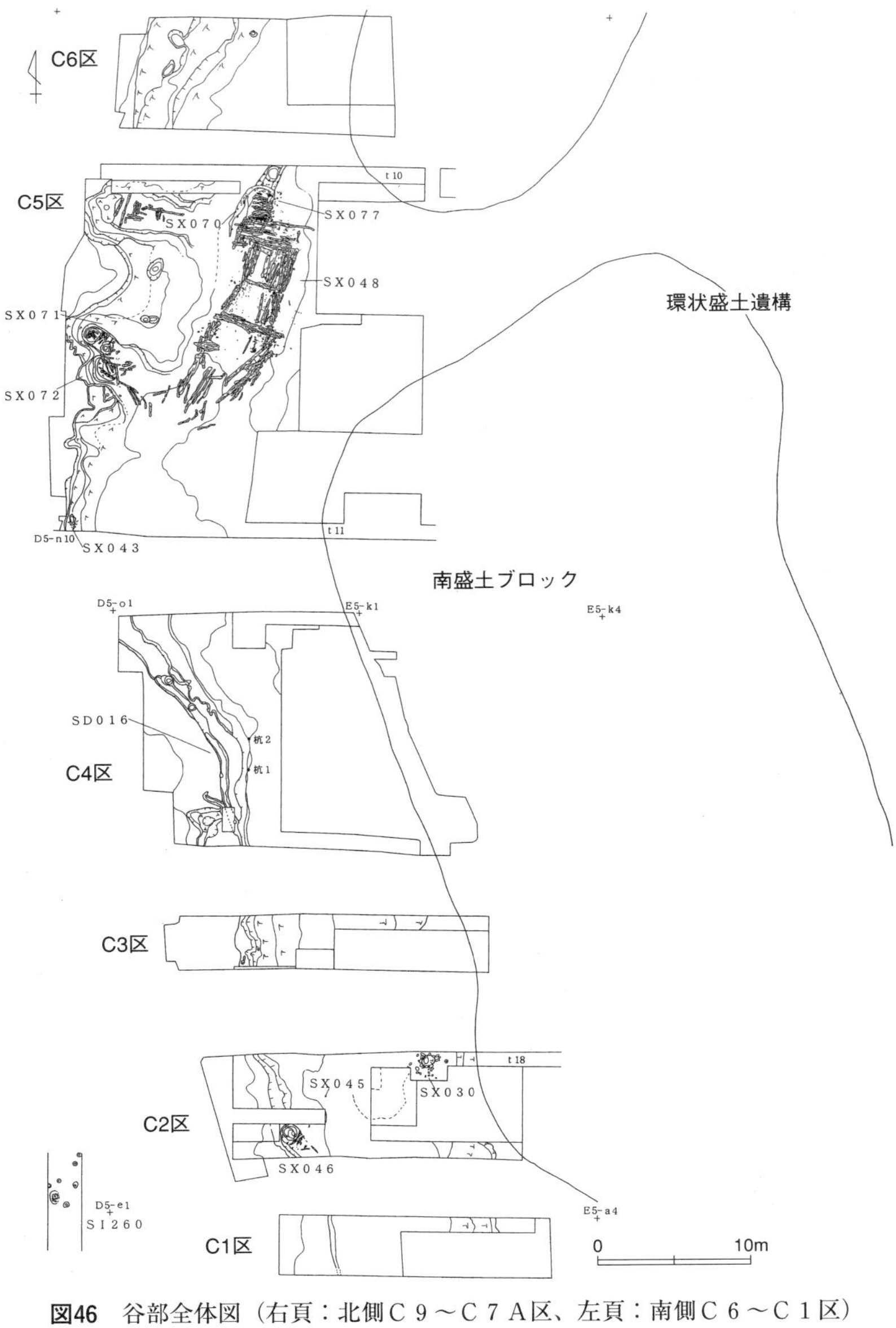

図46　谷部全体図（右頁：北側Ｃ９～Ｃ７Ａ区、左頁：南側Ｃ６～Ｃ１区）

二ケ所がある。t18延長部分でのC2区と、西盛土ブロック延長のC7区である（なお、SX017「水場の遺構」は前頁の谷部全体図よりさらに南にある。図2を参照）。これらの調査結果から、谷の中央部に縄文時代の遺物を含む層があり、調査の必要性が認識されることとなった。

一九九四年度になり、環状盛土遺構の西側、これまで調査および造成工事の進入路としていた谷部分について調査が可能となり、環状盛土遺構トレンチを延長する形で、手掘りによる調査を開始した。このとき、後にSX041と呼称する木組遺構の一部が確認され、人為的な遺構と判断された。この遺構の確認により、この周囲およびこれより南の谷部について、トレンチまたは面的な調査区を設定し、掘り下げを進めることとした。なお、縄文包含層もほとんど見られないC9区以北については、粘土面での遺構確認に留めた。

以下では、おもな遺構を中心に、寺野東遺跡谷部の内容について見ていこう。

2 「水場の遺構」SX017

調査の経緯と方法

SX017の検出は、一九九二年度、南側より進めてきた斜面部包含層の調査を契機とする。この調査が、調査区ほぼ中央にさしかかったところ、これまでとは様相を異にした状況が確認された。すなわち大形破片や完形に近い土器を含む多量の土器が一定範囲内から出土したのである。記録をとりながら順次下方へ調査を進めたところ、竪穴状にローム面の下がる半円形の範囲が認められ、遺構を推定するにいたった。この人為的掘り込み部分について、住居跡や土坑とは異なる遺構と判断し、SX017「水場の遺構」と呼称した。

図47　「水場の遺構」ＳＸ０１７

その後、この前面に位置する谷部分も調査し、縄文時代包含層の調査を行った。ここでは粘土層より上位の層から、土器などの人工遺物とともにクルミなどの植物遺存体が多数出土した。

一九九三年度には、ＳＸ０１７の補足的調査により、掘り込み底面において小ピット群が検出された。また谷部の調査も進め、谷やＳＸ０１７の正確な範囲や深さについての把握を進めた。

竪穴状の掘り込み

谷の斜面への掘り込みは、斜面下方側がＵ字状に開く形態である。斜面上方Ｕ字状となる基部幅は約一二メートル、谷側Ｕ字状の先端

図48　ＳＸ０１７の溝と小ピット

部分は幅約二〇メートル、基部から先端までの奥行きは約一七メートルである。斜面上方の掘り込みにより生じた壁は垂直に近く、最大壁高は〇・八メートルとなる。斜面下方の壁は低く掘り込みもやや不明瞭となる。

　U字状掘り込みの外側には幅約三〇センチ、深さ二〇〜三〇センチの溝が掘り込みを囲むように巡っている。

　U字状掘り込みの内部は、ローム面を底面とする三日月状の部分と、これより一段下がる平面V字状の掘り込み部分とからなる。前者の三日月状部分は、ほぼ水平な底面で、東側で竪穴状の壁と接する。後者のV字状範囲は粘土面まで掘り下げられ、谷軸部側に向かって緩やかに傾斜している。両者の境に当たる斜面部では、径五〜四二センチ、深さ三〜二七センチの小ピット五九基が検出された。またV字状掘り込み南辺中央には二・二メートル×一・五メートル×深さ約六〇センチの土坑状掘り込みがある。

　この掘り込みの上位では、遺物が多量に出土しており、この施設が使われなくなった後に、「捨て場」ともいうべき遺物廃棄の場所となったことが判断された。土器では加曽利E式後半期の土器から堀之内式までが多く、なかでも称名寺式後半の土器が主体を占める。なお、ＳＸ０１７掘り込み底面出土の土器も称名寺式を主体としており、遺構の時期についても後期初頭称名寺式期ととらえている。

図49　ＳＸ０１７出土土器

一方谷部出土の土器は、より時期幅が広く、また摩滅した小片が目立っていた。植物遺存体の出土についても当初遺構との関連で注目していた。しかし、後のＣ区の調査によって、谷部全体に植物遺存体が多数出土することが判明したことから、ここでの遺物出土について、遺構との関連を強く考えることはできない。

ＳＸ０１７遺構内に加え、遺物廃棄ブロックやこの範囲の谷部から出土した遺物はきわめて多量である。土器は収納用テンバコで約二〇〇箱に上り、完形・復元個体は五〇点以上である。石器は二一器種・二三七五点で、石鏃・剥片・打製石斧・磨石・多孔石が目立っている。土製品も土偶四点、耳飾り七点、貝輪状土製品二一点をはじめ、多数出土している（表10）。また石製品として石剣・石棒の破片二五点が出土している。

表10　ＳＸ０１７の石器・土製品数量

石　器	
石鏃※１	84
石錐	5
スクレイパー	25
原石	50
石核	27
剥片	1,091
石錘	138
打製石斧	403
礫器	48
磨製石斧	11
磨石・凹み石	261
石皿・台石	75
多孔石	122
敲き石	17
砥石	10
その他※２	8
合計	2,375

土製品・石製品	
土偶	4
耳飾り	7
貝輪状土製品	21
土製垂飾品	24
舟形土製品	1
焼成粘土塊	14
その他	44
土錘	1
蓋	37
ミニチュア	8
土製円盤	50
石剣・石棒	25
計	236

※１：未製品含む
※２：石槍・浮き・不明など

３　Ｃ５区の遺構

Ｃ５区は、環状盛土遺構西側の谷部調査区のほぼ中央に位置し、南北約二五メートル、東西約一三～一七メートルの調査区である。南壁は南盛土ブロックのt11トレンチに接続する。Ｃ５区中央東側は、盛土ブロック間の盛土が途切れる部分である。

Ｃ５区から検出された縄文期の主な遺構は、谷軸部で検出されたＳＸ０４８、ＳＸ０７７と、谷西斜面で検出されたＳＸ０４３、ＳＸ０７０、ＳＸ０７１・ＳＸ０７２で、これに杭多数が加わる。

遺物は5層を中心に多量に出土した。土器では完形あるいは完形に近く復元し得た個体も多く、とりわけ炭化物の付着が顕著なものや、赤彩の残っているものも多い。石器も磨石類をはじめ多く出土した。櫛片などの漆製品もＣ５区の5層中から多く出土している。木製品についても、遺構構築材および杭を中心に、加工材が多く見られた。植物遺存体も多いが、特定遺構に集中する様相を示すものと、ニワトコなどのように、調査区内からまんべんなく出土したものとがある。

SX048

Ｃ５区北側の谷軸部に位置し、九〇三本の構成材と四四四本の杭か

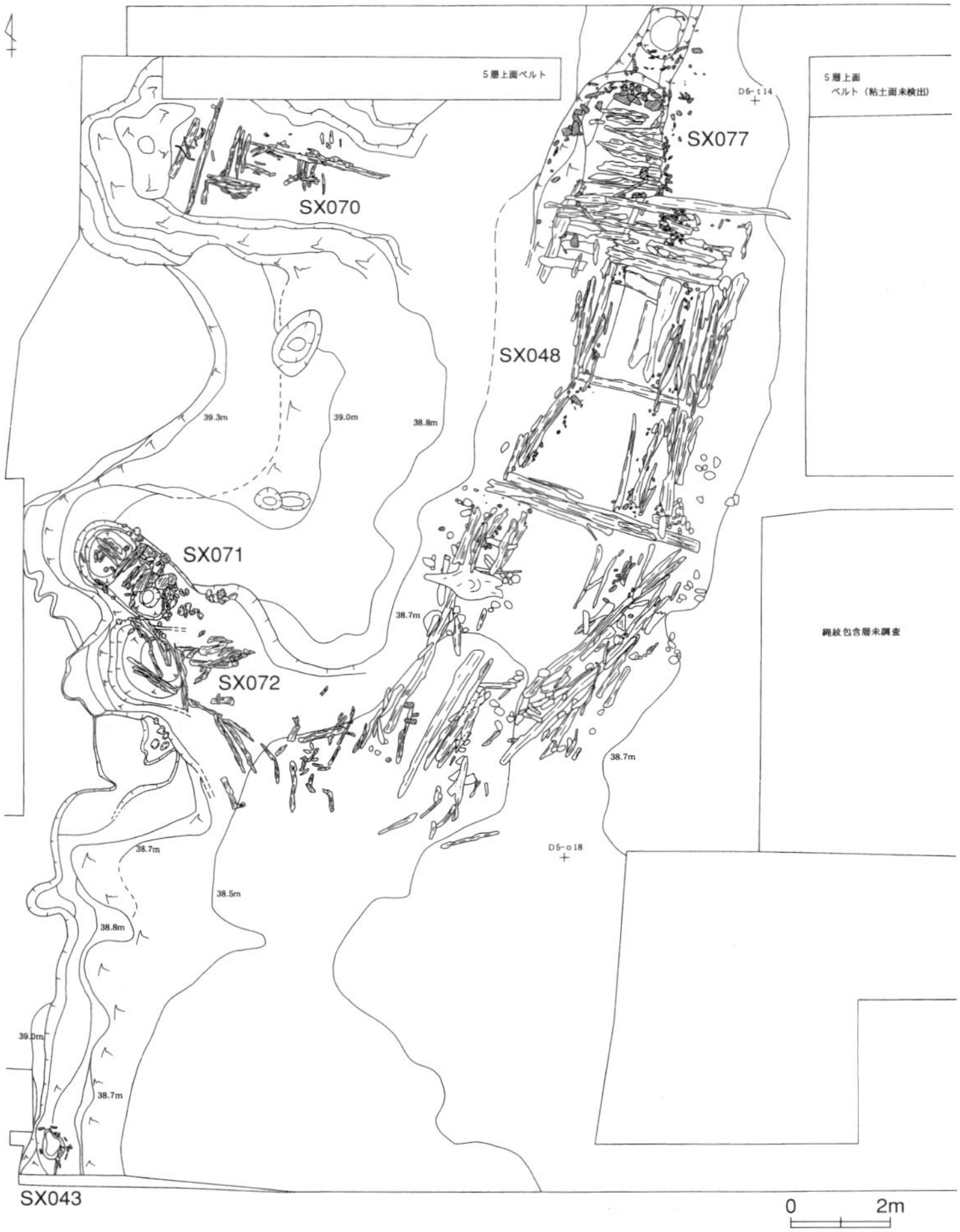
5層上面ベルト
5層上面
ベルト（粘土面未検出）
D5-t14
SX070
SX077
SX048
39.3m
39.0m
38.8m
SX071
38.7m
縄紋包含層未調査
SX072
38.7m
D5-o18
38.7m
38.5m
38.8m
39.0m
38.7m
SX043
0
2m

図50　C５区全体図

らなる遺構である。調査では大きく三面にわたって材の検出↓記録↓取り上げを行っており、垂直方向でも材が重なる立体的な構造である。

ＳＸ０４８の規模は、長軸（南北）一四・五メートル、短軸（東西）四・六メートルである。長方形〜台形状の枠状部分とこれより南における東西両辺で材が延びている部分からなる。さらに南に延びる部分では東西方向の長い材は確認されず、南側（下流側）に向かって開放的な形態といえる。北側の長方形〜台形状部分は、そのほぼ中央にある東西方向の材によって仕切られている。

おおむね枠部両端を結ぶ長さ二・二メートル程度の主要構成材が枠の各辺それぞれに最低一本は設置され、ほかの構成材がこれを補っている。つまり、各辺の主要材（枠部六本＋内部仕切一本、枠外南で二本）が基本で、これにほかの材を加えるような形である。各辺を構成する材同士の交差部分を縄などで縛っている例は見られなかった。

枠内には主要構成材にほぼ接して杭が密に打ち込まれている。この杭は、とくに枠の各コーナー部分に集中するほか、南北方向の辺に接してより密に打ち込まれている。

遺構は材や打ち込み杭による設置部分とともに、礫を効果的に置いている部分もあるようだ。また、上下あるいは平面的に隣接する材と材との間に土器片や礫が嵌め込まれているかのような部分もある。これらの遺物については、材の安定・施設を強固に保たせるための「裏込め」的な機能を果たすためのものと判断している。

北枠部内には主要構成材の内側で五枚の底板がある。この底板の敷かれている部分は南北三・〇メートル、東西二・四メートルの長方形状範囲である。底板上面から主要構成材枠上端までのレベル差は約七〇センチである。底板の周囲には、一〇〜二〇センチ程度の

図51　ＳＸ０４８枠内の底板と杭

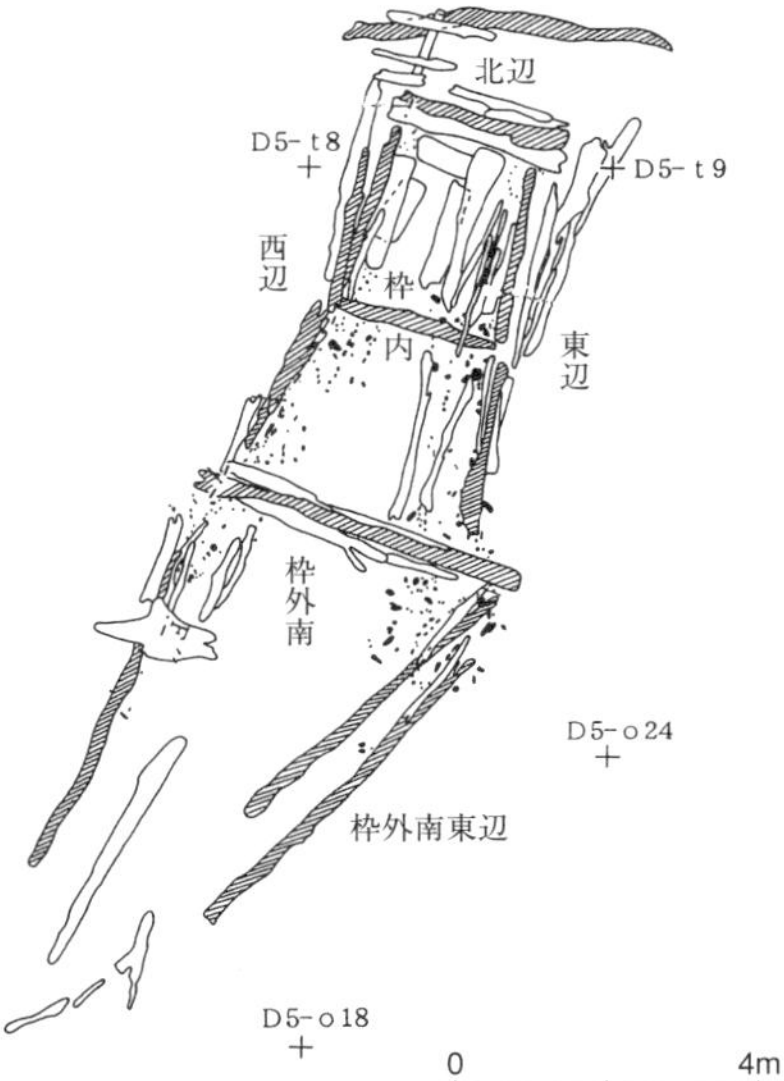

図52　ＳＸ０４８の主要構成材

礫が集中しており、底板とともに敷かれた可能性がある。底板を取り除いた下位は掘り方粘土面が広がっている。つまり、土坑状に粘土面を掘り下げ、ここに底板を敷いたことが判断できる。この基底粘土面への掘り下げ＝掘り方掘削後、底板や基軸材の設置といった施設の構築が進められたものと推定できよう。つま

材は、垂直方向での重なりも顕著である。

図53　ＳＸ０４８の第３面

図54　ＳＸ０４８の杭列とＳＸ０７７

り「基軸材」を基本として、この近辺および上位に徐々に積み重ねられている。また各枠の最も下で検出された構成材では、砂礫層上に置かれているものと、粘土面上に置かれているものとがある。長い材がほぼ水平に置かれている例からは、砂礫層のレベルを水平に整えている可能性も考えられる。

枠内の層中では繊維や炭化物をほとんど含まないのに対して、南側の枠外では繊維や炭化物をやや多く含むという特徴がある。枠内～周辺で粘土面上に堆積している砂礫層について、施設構築にあたっての、基盤整備的な敷石行為の可能性があろう。つまり、水をできるだけきれいに保つための工夫と考えられるのである。

次に、杭についてみていく。まず、遺構構成材すべてを取り除いた後に、杭の打ち込み状況を確認する断ち割り調査を行った（図54）。これらの

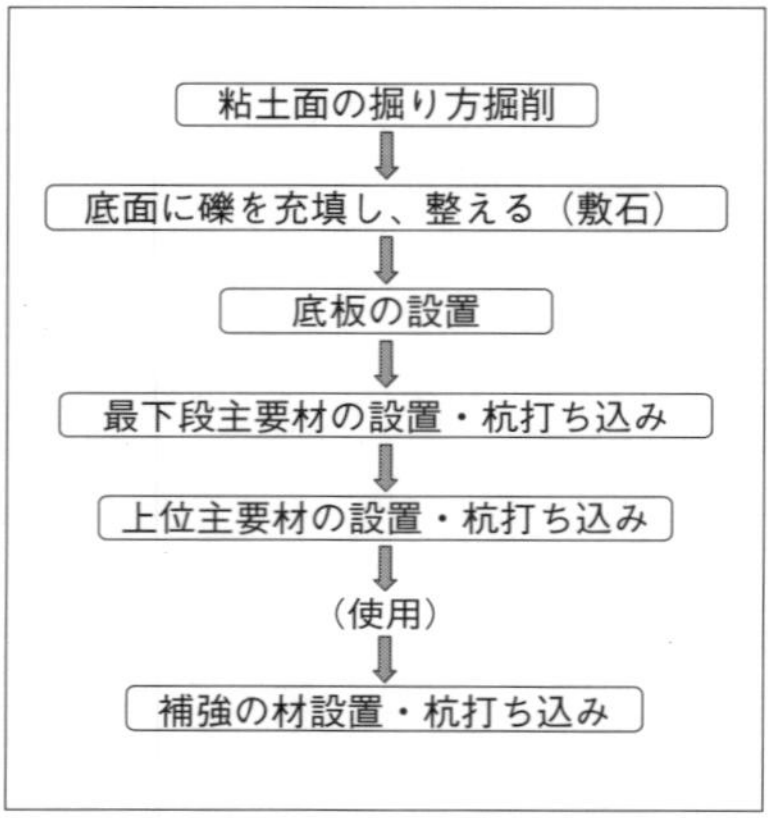

図55　ＳＸ０４８構築過程

調査によって確認したＳＸ０４８遺構の杭総数は四四四本で、すべて打ち込み杭である。杭には丸木、分割材、板材があり、放射分割材（いわゆるミカン割り）が最も多い。丸木や放射分割材のなかには樹皮が付いたままのものや下端先端部加工がほとんどないものも見られた。

五〇センチ以上の比較的長い杭は、顕著な端部加工がされている傾向がある。この加工には、削り・焦がしあるいは両者の複合例がある。数回の切断加工により鋭角に尖らしている例もある。

杭の出土位置を確認すると、枠内の主要構成材脇に集中している。枠東辺では、主要基軸材を挟み込むように、材の両側で密接させて打ち込んでいる部分も見られた。主たる杭は、確実に構成材の位置の移動を防ぎ、安定した施設の構築・補強を目的としたものといえる。

さて、調査手順とは逆に遺構構築の手順を整理すると、図55のようになる。底板の設置から最上面の材設置まで、一気につくられたものか、使いながら徐々に追加されていったものかは判断がむずかしい。しかし多数の杭が重複して設置されている状況などから、追加的に構築されていった可能性を考えている。

遺物の出土状態をみてみると、土器・石器とも、平面的な出土状態では主要構成材の外側で多

図56　ＳＸ０４８遺物出土状況（左：石棒、右：トチの実）

い傾向がある。とくに復元できた土器の出土は、枠南西コーナー、北辺、枠外南東西各辺のほぼ中央などの集中箇所が認められる。なお土器では精製土器の出土が目立つ。

　石器の分布は土器とやや異なり、枠内にやや多く、枠南西コーナーでは少ない。また、磨石類がやや多い部分もある。とくに第二面の南東コーナーで磨石・石皿が目立っていた。石器の器種別では、磨石・石皿類が多く、石斧・石鏃が少ない傾向にある。

　植物遺存体については、北側の枠内や枠外南の東辺内側でトチの種皮が比較的集中して出土した。しかし、トチ塚といえるほどの集中部分は認められない。

　最後にＳＸ０４８の時期と性格を考えてみたい。時期の判断はむずかしいが、最終的な時期は大洞Ｃ２式、前浦式の時期と考えている。ただし土器では安行３ｂ式も比較的多く、広い幅の使用時期を考えた方がよいかもしれない。

　ＳＸ０４８の構造は、三つの空間よりなる複数の枠部が連接するものである。とくに谷中央軸部での構築であることと、規模の大きさに注目したい。北側の枠内が深い掘り方を有し、ここに底板の設置や敷石があることは、この部分が遺構の主要な機能を果たす役割を有していたことも想定できる。また、各辺における複数材の設置、枠内部で極端なまでに多く打ち込まれる杭の存在から

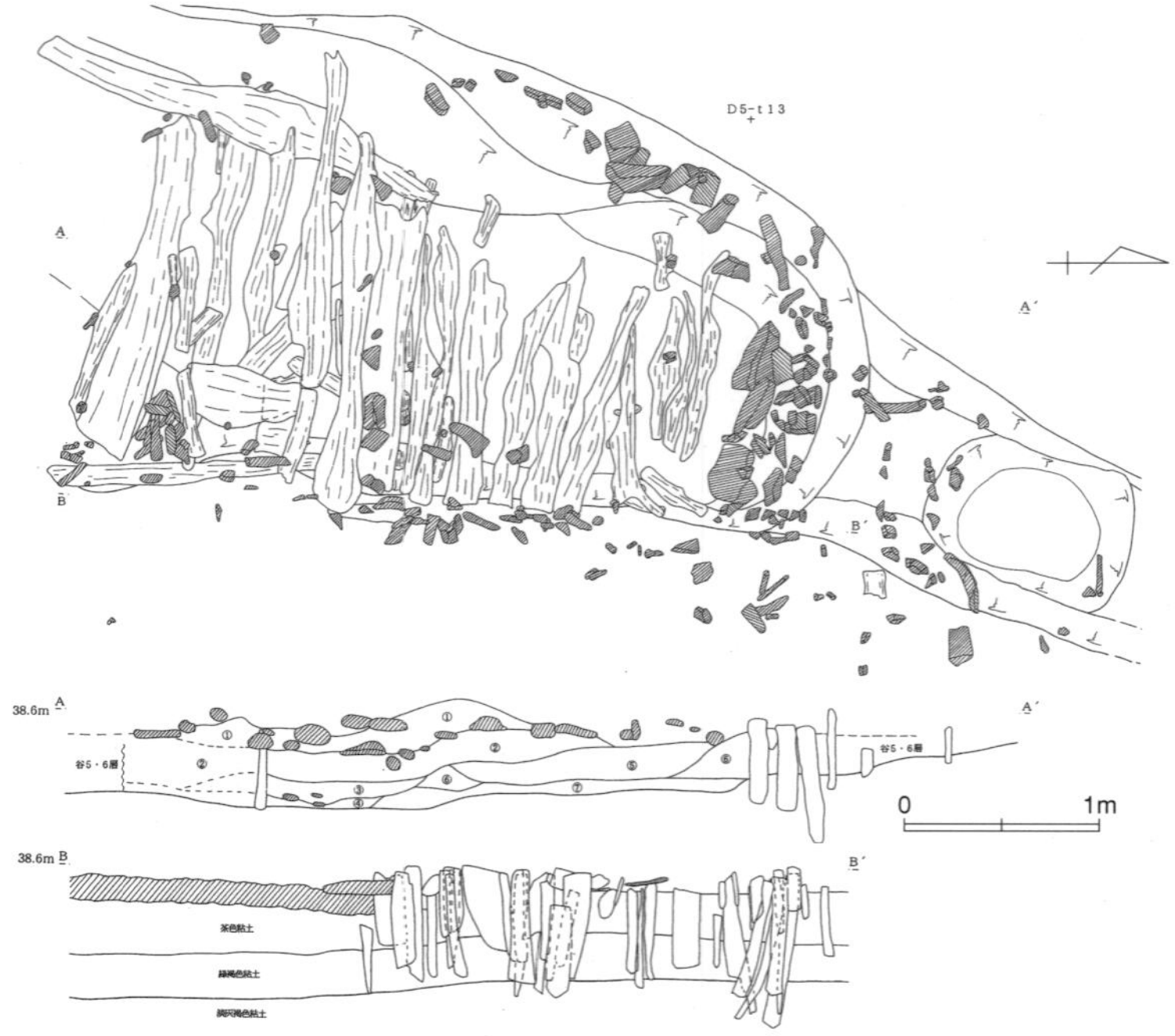

図57　ＳＸ０７７

は、安定的・強固な構造物をめざしていることを示している。

ＳＸ０７７

Ｃ５区北側の谷軸部、ＳＸ０４８調査の最終段階で材の集中が見られ、材の設置方向や杭の位置などから、ＳＸ０４８とは別の遺構と判断した。

遺構は、北側の円形を呈する土坑と南側に向かってＵ字状に開くやや幅広の溝状部分（主体部と呼称する）、およびこの両者を連繋する溝状部分からなる。南側の溝状部分内では、東西方向の材が密に敷き詰められ、この周囲を囲むように杭が密に打ち込まれている。

遺構構成材の南端と円形土坑の北端を結んだ距離は五・二メートルとなる。主体部での幅は二・六メートル、主体部北端での幅は

図58　ＳＸ０７７（左：集中する杭、右：主体部の材）

一・六メートルである。

東西方向に設置された主体部の材は五五本で、南北三メートルの範囲にまとまる。大きめの主要材はほぼ水平に面を揃えて置かれている。これらはおおむね長さ一・三メートルを越えるもので、丸木または分割材を主体とする。東西方向の材は南へ向かうに従い長い材が用いられており、南へ向かって台形状に開く掘り込みの形に沿った設置といえる。

掘り方底面から主要材間にある「覆土」の下位には、トチ・クルミなどの種子類が比較的均一に含まれていた。

杭は主体部外縁を中心に密に打ち込まれ、とくに板材を主体とすることが特徴である。幅のある板材が杭として用いられ、それが一定部分に集中する点は、この遺構の特徴である。とりわけ主体部北側の杭群は、主要構成材の抑えというより、この杭群のみで「ある機能」をはたしていた可能性を考えさせる。

出土遺物は少なく、植物遺存体も、調査時に確認したクルミ・トチ以外は不明である。

時期について、円形土坑から出土した復元個体や出土土器の型式別割合から、称名寺式～堀之内式期と推定したが、より新しい時期の可能性も残している。

ＳＸ０７７は、谷部遺構のなかでは比較的規模も大きく、遺存状態も良好である。谷軸部に規定された空間をつくり、この内部に材を敷き詰め

図59　ＳＸ０４３

て、ある目的のためにつくられた施設といえる。

ＳＸ０４３

Ｃ５区南側、谷軸部よりの西側斜面部で確認された。東西〇・四八メートル、南北〇・六三メートルの土坑状掘り込み部分と、この周囲で掘り込みを囲むような杭列よりなる。土坑状部分は粘土面を掘り込んでいるもので、西側で〇・三五メートル、東側で〇・一二メートルの深さを有する。覆土中からはトチの種皮数片が出土している。長さ二六～七五センチでやや幅狭の板材を主体とする杭が比較的密に打ち込まれている。

ＳＸ０７１・０７２

Ｃ５区西側で検出された二基の遺構である。いずれも斜面を土坑状に掘り込み、この前面谷軸部よりに材が敷かれている。二基の遺構は隣接し重複する位置関係にあるが、新旧関係は不明である。敷き材の多くは地山粘土面での確認である。

ＳＸ０７１は北西側の円形を呈する二ケ所の土坑状掘り込みと、これより南東側に向かって幅広く溝状に延びる部分よりなる。この範囲はいずれも周囲にくらべ粘土面が下がっている。北西二基の土坑状掘り込の間に、主要材が並べられている。敷き材は比較的密で、ほぼ水平に面を揃えて敷き詰められている。規模は、土坑上端から南東張り出し端部までが六・二メートル、斜面上端から谷軸部よりまで約八メートルとなる。

北西側の土坑内で確認された六本の材のうち、底面から出土した三本の材は軸方向が揃えられて

図60　ＳＸ０７１・ＳＸ０７２

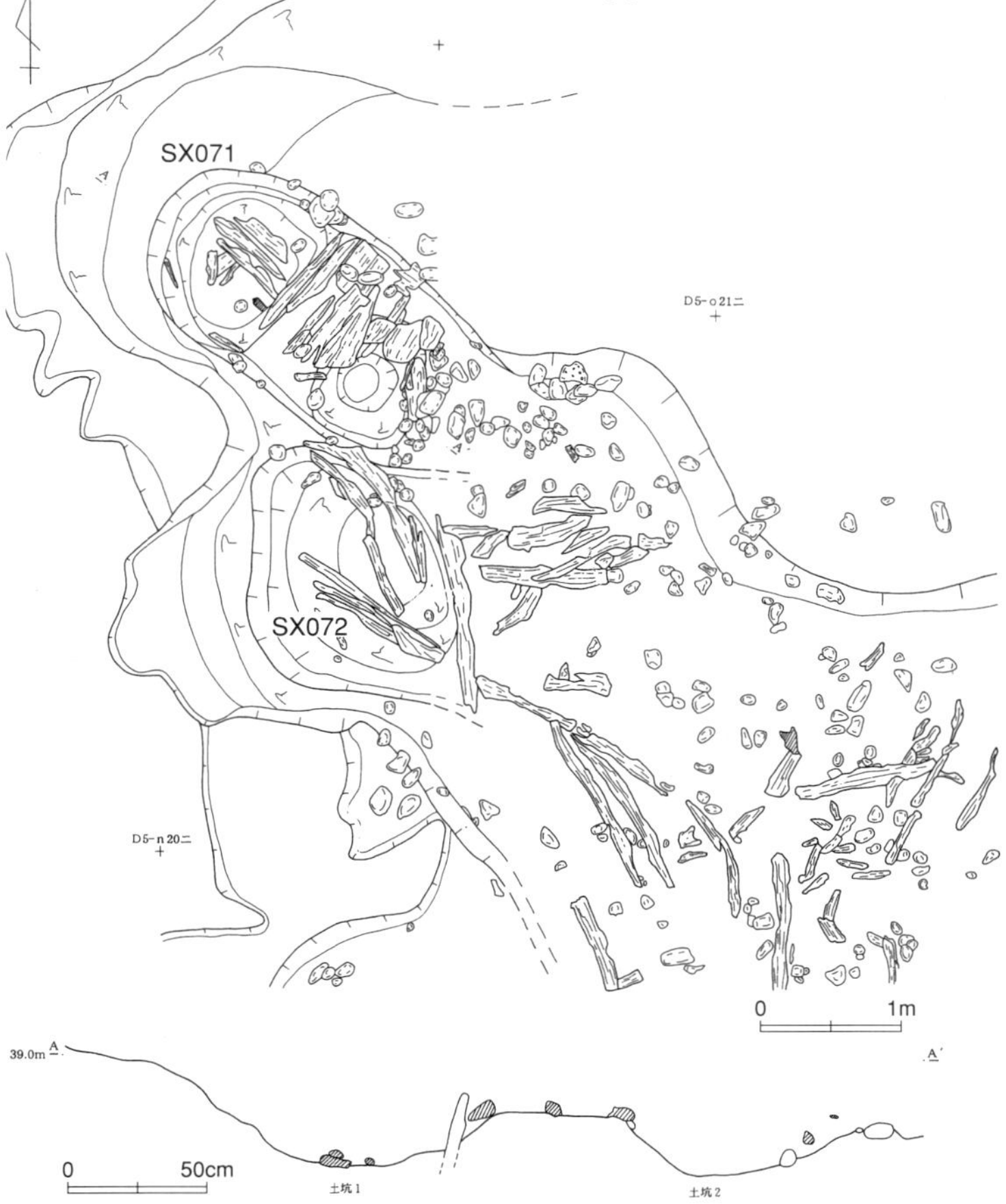

いる。

出土遺物は少なく、とくに土坑内からの出土土器はほとんどない。植物遺存体もトチ・クルミの出土はあるものの、確実に遺構にともなうか否かの判断はむずかしい。

本遺構の性格としては、敷き材・敷石部分を足場的な部分と考えれば、土坑部分が主要な機能を果たしうるような構造ととらえることもで

図61　ＳＸ０７１・ＳＸ０７２

きる。

ＳＸ０７２は西側の円形に近い土坑状部分と、これを囲みながら東側に向かって幅広く溝状に延びる部分よりなる。西側斜面上方は、比較的急な傾斜である。溝状部分の底面は南東方向の谷中心に向かって緩やかに下がる。土坑部分の上位から前面にかけて五〇センチ～一メートル程度の材が設置されていた。溝状部分の西端部から東側の東西方向に並ぶ材の先端までは三メートルとなる。斜面上がり際から土坑内底面までの比高差は九五センチ、溝状部分の長さは明瞭な段差があるところで長さ一・三メートル程度、幅は一・七～一・八メートルである。

本遺構の出土遺物も少ない。ただし、溝状部分より南の斜面際で「く」の字状に張り出す部分があり、ここに石器・礫が集中していた。土器は後期後半から晩期の土器小片が目立っている。トチ・クルミや微細な種子も確認されているが、遺構との関係は確実ではない。

ＳＸ０７０

Ｃ５区の西側斜面部を土坑状に掘り、この前面谷軸部よりの部分を溝状に掘り下げて、ここに材を敷いている。湧水部の土坑部分と溝状の掘り込みは一体的で、溝状部分のうち、斜面側端部のみ土坑状に深く掘り下げているともいえる。

図62　ＳＸ０７０

西側の土坑上端から八の字状に開く基部までは約七メートル、木組部分の東端部までは六・五メートルとなる。溝状部分の幅は西側で三・五メートル、東側の基部で三・三メートルである。土坑部分は擂鉢状の形態で、底面から上端へは緩やかな傾斜である。西側掘り込み上端と底面との比高差は三五センチ。

溝状部分内部には、遺構の主軸に並行および直交する材がまとまって並べられている。材が密集しない部分では多量に礫があり、意図的に敷かれた可能性が高い。

材は主軸並行材と直交材がおおよそ上面を揃えるようにして敷かれている。西側で軸直交材が敷き並べられ、この東側で二本の長い材を南北辺として構成し、この内部を梯子状につなぐ構成とも見える。主要構成材は長さ五〇センチ、幅五センチ以上の分割材または丸木を用いている。また最も長い軸方向材に接して打ち込み杭がある。

溝状部分内の東よりの位置で、トチ種皮片の集中出土部分が五ケ所認められた点は注目したい。これは、およそ径五〇～七〇センチの円～楕円形範囲で、材は集中せず、礫・砂が目立つ部分である。

図63　Ｃ８区全体図

種皮はいずれも一～二《センチ》程度に破砕されたかのような状態である。土器・石器の出土は少ない。

４　Ｃ８区の遺構

Ｃ８区は谷部調査区のうちで北側に位置する調査区である。環状盛土遺構トレンチｔ６・ｔ７の二本がＣ８区内にある。ここでは、一九九四年度当初にトレンチ調査が行われた。この調査で、後にＳＸ０４１と呼称する遺構の一部が確認され、その後、トレンチを拡張する形で面的に調査を進めた。調査が進むとともに、ＳＸ０４１が多くの材で構成される遺構であることが判明し、さらにそれ以外の遺構もいくつか確認された。

Ｃ８区は南北二四《メートル》、東西幅は最大で約二六《メートル》の調査区である。Ｃ８区北端はＣ９区と連続する一体の調査区で、環状盛土遺構北西に位置し、北

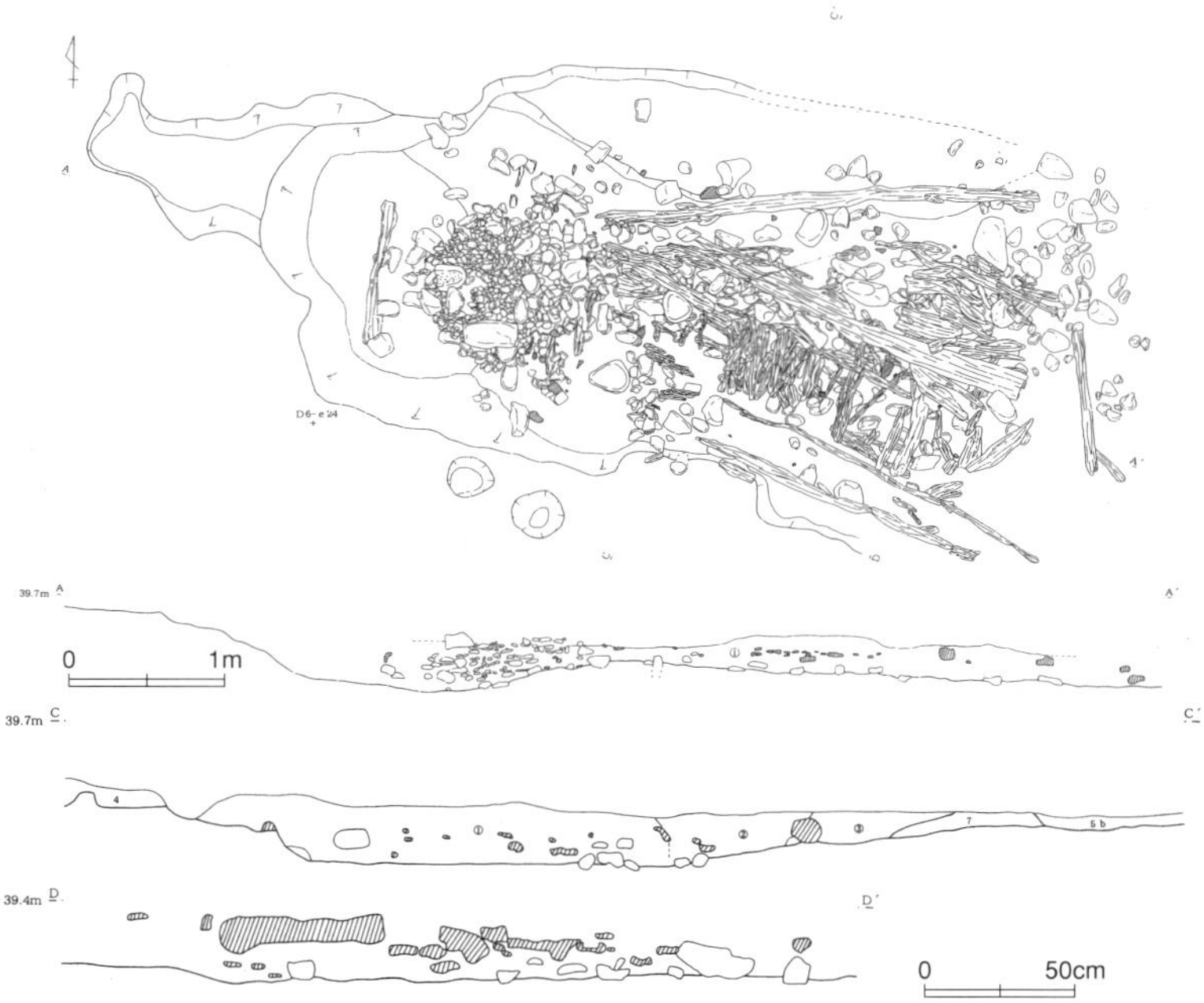

図64　ＳＸ０５３

西盛土ブロックとは二〇メートル程度の距離がある。晩期の主要居住域と推定される環状盛土遺構中央窪地の削平部からは四〇メートル程度の距離である。

　C8区の谷幅は、北端が九メートル程度であるのに対して、中央では一一メートル程度、南端で二二メートル程度となり、南に向かって広がる。

　確認された遺構は六基である。ＳＸ０７５以外は、斜面上方側に土坑を有し、この前面谷軸部よりに材を用いて施設をつくっている。ＳＸ０４１とＳＸ０７５は井戸枠状の木組が確認されたもので、視覚的にもきわめて明瞭な遺構である。遺構はすべて縄文時代後晩期と判断した。

　遺物は5層を中心に、多量に出土した。土器は多くが小片だが、一部復元個体もある。材は遺構構成材を中心に多量に出土した。トチ・クルミ・ニワトコなどの植物遺存体も多く認められた。

ＳＸ０５３

Ｃ８区南側で、谷西側の斜面部から谷軸部に近い部分までの範囲にある。斜面部を土坑状に掘り、ここから谷の中心に向かって溝状に掘り込まれている。溝状掘り込み内部には材を敷いて木組がつくられる。土坑の縁から木組部にかけて、礫の集中する石組部分がある。南北方向材の東端部から土坑部分西側までを測ると五・五メートル、土坑部分の幅は約二メートル、溝状部分の幅は二・七～二・九メートルである。

木組の材はほぼ同じ高さに揃えられ、長い材の間に、これと直交する材を填め込む、「梯子状」の配置である。杭もあるが、さほど密に打ち込まれていない。木組部の上位または材の下位に、トチ種皮片を多く出土した部分がある。

石組部は、土坑内のほぼ中央、木組部の西側に位置する。最上面における石の集中は径約一〇〇～一二〇センチとなる。礫は垂直方向で三～四面の重複が見られ、ランダムな石積みの状態である。礫は五センチ以下の小礫が主体で、これに一五～二〇センチ程度の礫が一定量加わる。石組み外側の土坑は不整な円～楕円形で、全体では擂鉢状の形態である。

溝状部分は、ハの字状に開く形態である。深さは最大で二〇センチ程度。掘り方底面から木組み部の材までの間は、木片・炭化物を含む暗灰茶褐色土が堆積していた。

遺構内から出土した土器は、小片が少量のみで、後期後半安行式がやや多い。

本遺構は、この形態の遺構としては遺存状況も比較的よく、重要な資料といえる。

ＳＸ０５４

Ｃ８区ほぼ中央の東側斜面部を土坑状に掘削し、これと接続するよ

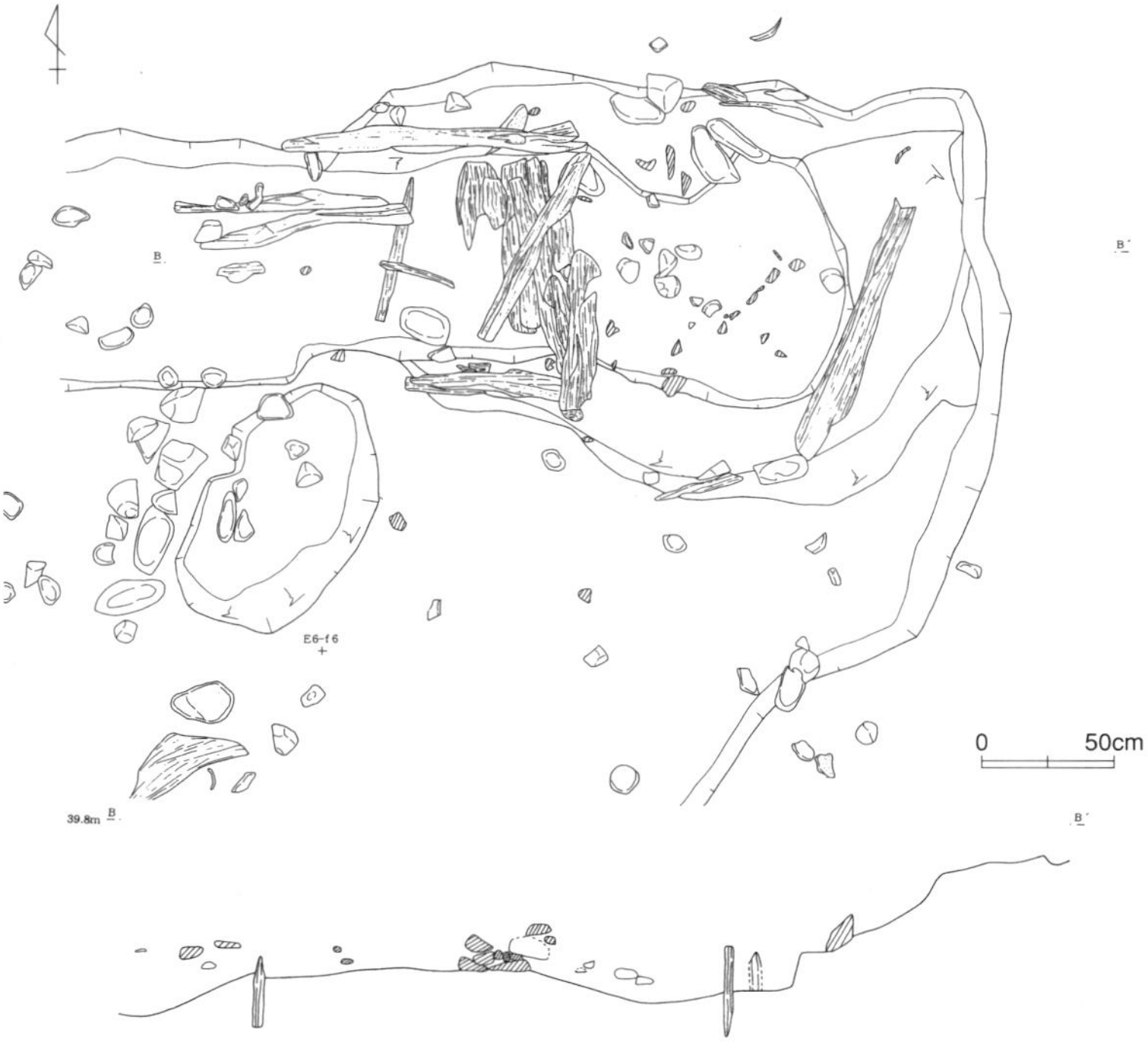

図65　ＳＸ０５４

うに、前面谷軸部よりの部分を溝状に掘り込み、ここに材を敷いている。土坑部分と溝状部分は一体的で、溝状部分の東側のみ土坑状に深く掘り下げているともいえる。杭は土坑内部のほか、溝状部分にも数本がある。遺構範囲内にある大きめの礫については意図的に置かれた可能性が高い。西側端部から土坑部分東端部までは約三・五メートル、土坑部分の幅は約一・六メートル、溝状部分の幅は一～一・四メートルである。主軸はほぼ谷の軸方向に直交する。

　木組部は、主軸方向材二本とこれに直交する材とで構成され、いわばコの字状の配置となる。材は細めの分割材が目立つ。

　土坑部分は不整円形～隅丸方形で、

東西一五五センチ、南北一六五センチである。土坑部分には一六本の杭があり、このうち七本が直線的に密集する。杭の多くは長さ二〇～五〇センチの分割材である。

溝状部分は、西側に向かってコの字状に開く形であり、溝の断面は皿状である。種子類は溝状部分内、木組部より西側の覆土中から少量認められた。また、溝状掘り込み南側の土坑部分底面ほぼ中央で、トチの種皮が比較的多く、なかには完存の例もある。

材の出土量は少ない。土器は比較的多く、晩期前半が目立つほか、後期後半や晩期中葉の土器も一定量認められた。

明瞭な掘り込みの見られる土坑部分～溝状部分と木組部からなる形態の遺構が谷東側斜面で確認されたのは、本遺構が唯一である。

SX056　谷西斜面をV字状に掘り込み、この内部に材を敷き並べている。V字先端（遺構奥、斜面側）が土坑状に深く掘り込まれ、このほぼ中央に大きめの杭が斜めに打ち込まれている。この前面の敷き材は、主軸にほぼ直交して一〇本程度が並べられる。敷き材の北側では、杭が直線的で一定間隔に近い配置で並ぶ。西側端部からV字基部までの長さは約二・一メートル、V字基部での幅は約二・五メートル、奥側での幅は約一・七メートルである。V字状掘り込みの西側上端と底面の比高差は一・二メートル程度である。

敷き材は幅五〇センチ、長さ七〇センチ程度の範囲内で密に並べられている。径五～一〇センチ、長さ二〇～六〇センチの分割材をおもに用い、おおよそ同じ高さに揃えられる。敷き材の西側にある大きめの礫は意図的に敷かれた可能性が高い。基部より東側において、礫の集中があるほか、トチ種皮片が比較

図66　ＳＸ０５６

的多く出土している。遺構構成材では、分割材・自然木が比較的目立つ。土器は多くが小片で、量的に多いのは後期安行式である。

なお、土坑状部分に大きく斜位に打ち込まれている杭は、機能停止後に打ち込まれた可能性もあり、その場合には、儀礼的・象徴的な意味をもつのかもしれない。なお、ＳＸ０７４も同様の形をなす遺構である。

SX041　Ｃ８区北側の東斜面から谷中央の軸部近いところまで、比較的広い範囲にわたる。ＳＸ０７９「湧水点」よりは一五メートル程度下流の位置となる。斜面部を土坑状に掘削し、ここに枠状の木組をつくり、さらにこの西側に木組部、東側を中心とする枠部周辺に敷石部を

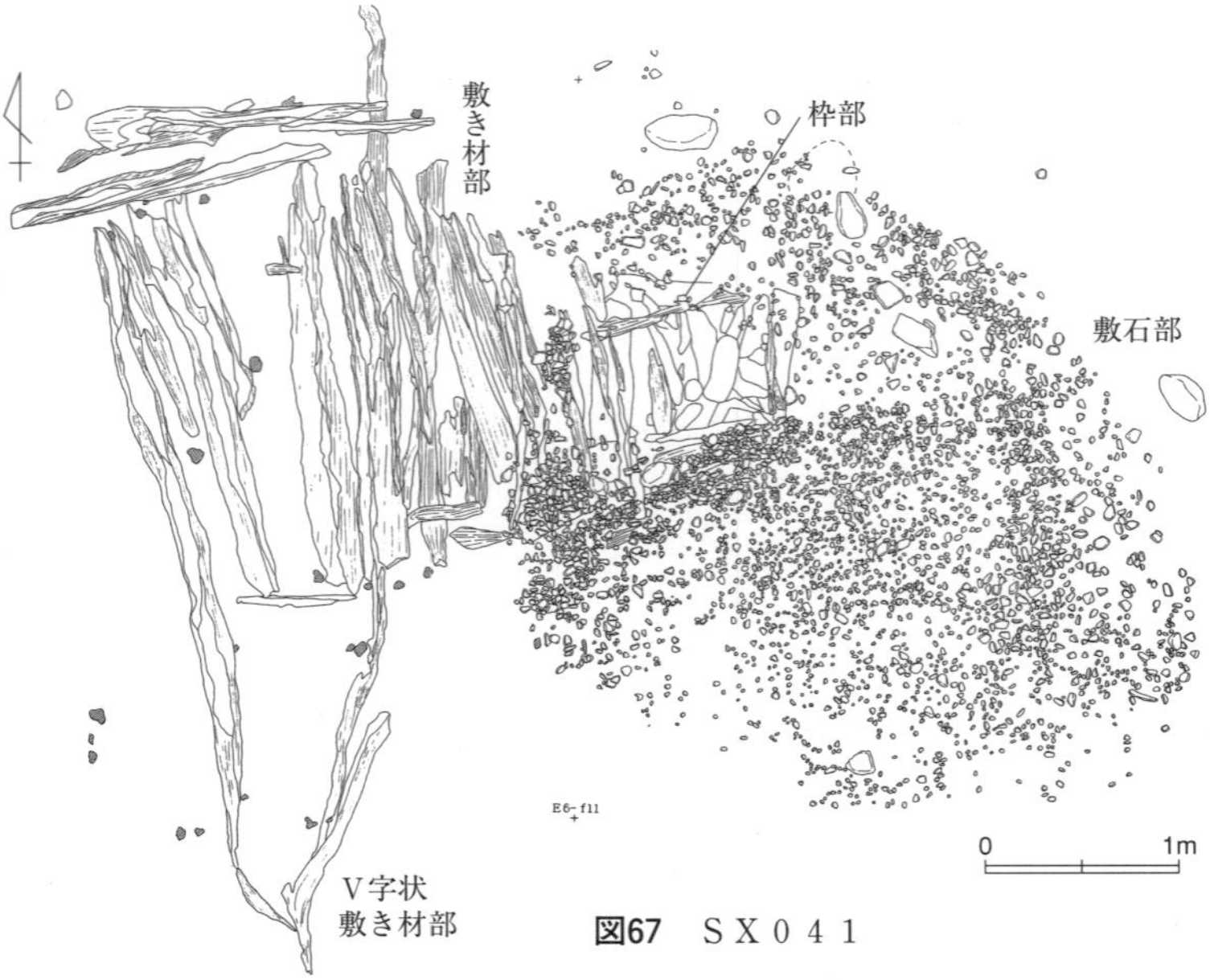

図67　ＳＸ０４１

設けている遺構である。木組部・枠部・敷石部いずれも材・礫が垂直方向で重複しており、いわば立体的な構造を示している。とくに西側の木組部では材の重なりがいちじるしい。枠部の北東、敷石部の下位には埋設土器がある。

敷き材部西端から敷石部東端までの全長は約四・七メートルである。敷き材部は南北五・二メートル、敷き材部北端の東西は二・二メートル。主軸は谷の軸にほぼ直交する。敷石部は、枠部周辺から南東にかけて、東西約三・五メートル、南北約三・二メートルの範囲に、五センチ程度の小礫が密に敷かれている部分である。

敷き材には第1～2面がある。第1面は、西側の幅二・一メートル、東側の幅一・四メートルの台形状範囲にある。材は主軸に直交するものが多く、台形状のラインに沿って端部が揃えられる。材の上面はおおむね水平に整えられている。第2面では、枠各辺に沿ってこれを補うような形で材が枠部周辺に

図68　ＳＸ０４１

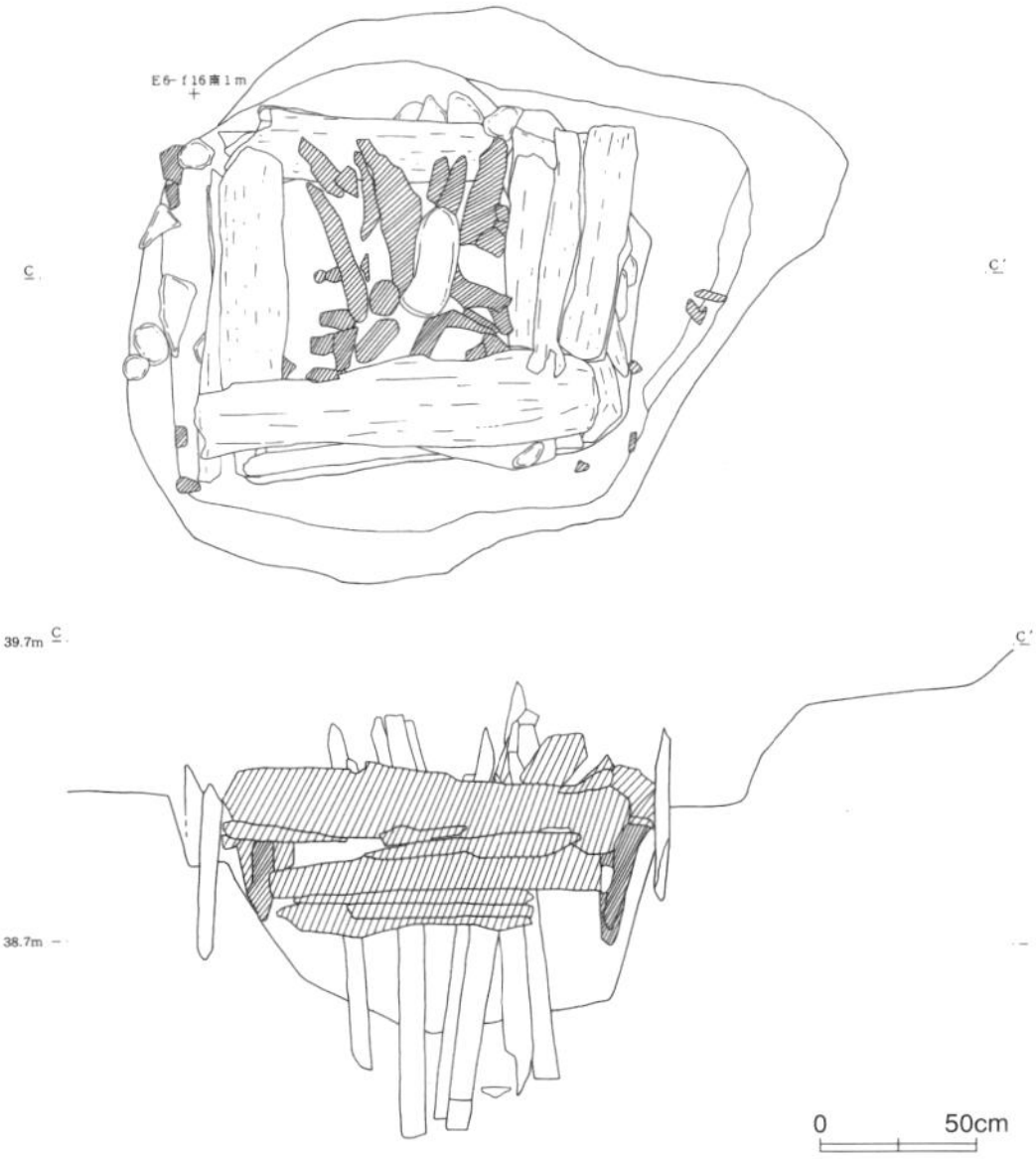

図69　ＳＸ０４１枠部・掘り方

密集する。

両面とも主要材では、半割材や丸木も含むものの、多くが放射分割などの分割材を用いている。第1面では長さ五〇《センチ》未満の小さめな分割材が、主要材の上や隙間を埋めるように置かれている。

第2面の主要構成材では、長さ二《メートル》を越える丸木または一部割りとった丸木も目立つ。

敷き材範囲内外で杭もあるが、数はさほど多くない。台形状範囲西側のV字状敷き材部では、北辺が二本の東西方向材で構成され、この二本の間

図70　ＳＸ０４１枠部（上：枠検出状況、下：枠除去後の杭）

に礫が密集している。

第2面における枠部上位の材を取り上げたところ、幅のある板材によって方形につくられている枠部が明瞭に現れた。平面記録化の後、南側の部分を断ち割って、枠断面の観察・記録を行った。

各辺とも、五～七本程度の材を下部から順に上へ積み上げて、立方形状の枠を構築している。数本の材を置いて安定させた面の上に大きめの半割材を乗せるなどの工夫も認められた。

枠構成材として、東西各辺は七〇～九〇センチ、南北辺は一〇〇～一三〇センチに揃えられた材が据えられる。各辺とも最上位は幅二〇～三〇センチ程度の板材が用いられる。この最上位以外でも多くの板材が横置き（側板）状態である。東西辺の中位にある半割材それぞれは、整理の過程で接合することが判明した。つまり、丸木を半分に分割し、それ

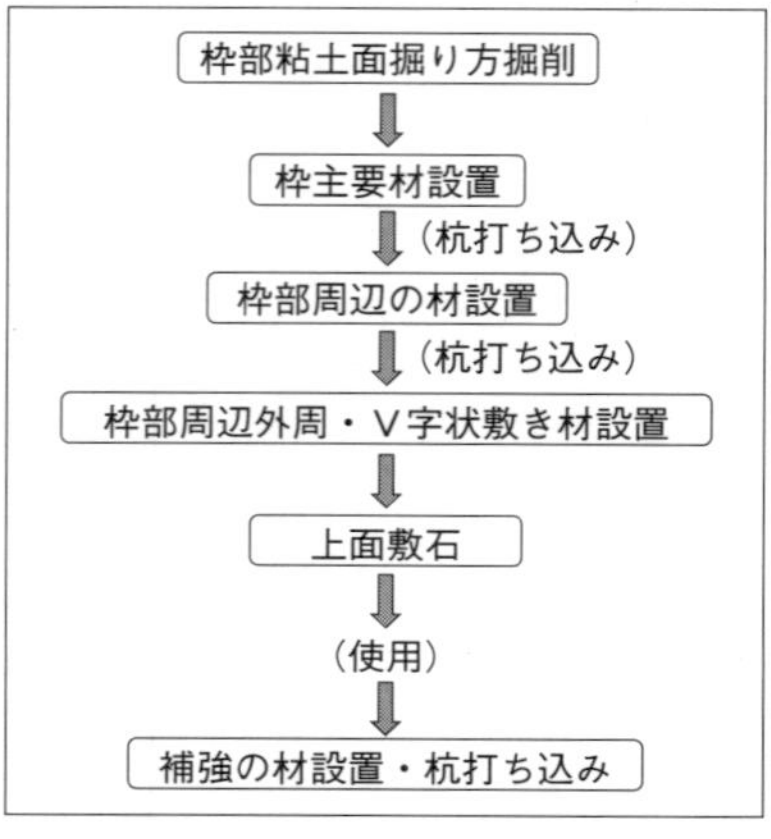

図71　ＳＸ０４１構築過程

図72　ＳＸ０４１出土土器

ぞれを東西辺に据えたのである。

枠コーナー外側には北東部分を除き、打ち込み杭がある一方、枠内部で明瞭な押さえ杭はない。枠と掘り方との間には礫・土・土器などを裏込め状に入れ、枠を安定させている。

枠内では二七本の丸木杭が密集して打ち込まれていた。多くが一〇〇～一五〇センチと長く、かなり深く打ち込まれている。また、やや斜めに打ち込まれている例も認められた。多くが枠内の中央近くで、枠構成材と接していないことから、機能停止後に打ち込まれた可能性もあろう。

枠部掘り方の平面形は不整な楕円～方形で、東西二・三メートル、南北一・九メートルを測る。東側では掘り込みが明瞭である。

遺物をみてみると、敷き材第1～2面ではやや少ないが、敷き材に接するように土器が出土している例がある。枠部掘り方内からの出土遺物も少ないが、杭間のやや下位で完形に近い状態の土器が出土した。石器は、枠部掘り方の外側に散在し、その多くは磨石である。

全体に土器の出土量は少量で、しかも多くは小片である。後期前半から晩期中葉まで認められたが、晩期安行式が多い。枠部と敷石部からは、前浦式および前浦式直前型式とされるものがややまとまって出土している。

次に、遺構構築過程を整理してみよう。

調査当初においては、枠部構築から第1面の上位敷き材まで連続してつくられたものと考えたが、現段階では、使用していくなかで徐々に増築（補修）された可能性を考えている（図71）。敷石についても、最初に機能したときの状態とはいえない可能性がある。確実な遺構の時期判断はできず、晩期前半～中葉との範囲内で考えざるを得ない。周辺遺構との関係では、ＳＸ０７５の方が古い可能性が高い。

本遺構はかなり複雑な構造だが、方形の枠部とこの周囲の敷き材が主体である。敷石については、おもに谷斜面上方から遺構主要部分へいたる粘土面上にあることから、足場的な「道」のような機能を想定できる。主要な機能を果たすところは枠部と考えられ、枠部と敷き材部分が一体的となった湧水を利用する作業場と推定したい。

ＳＸ０７５

ＳＸ０７５は、谷底中央を土坑状に掘り、ここに井戸枠状の木組を構築している遺構である。ＳＸ０７９湧水点からの距離は一五メートル程度である。

枠部は四辺に材を据えてつくっているが、各辺とも材が垂直方向で重複し、立体的な構造を示している。枠部は上面方形、側面長方形で、おもに大きめの板材を用いている。

ＳＸ０７５の調査は、ＳＸ０４１の敷き材を取り上げていた過程で東西方向の長く幅のある材が確認されたことを契機とする。その後、ＳＸ０４１とは別遺構であることが明らかとなり、記録化および内部の掘り下げを進めた。そして掘り方形態把握のため、南側半分を断ち割り調査し、枠組みを明らかにしながら材・杭を取り上げ、最終的には粘土面の精査を行った。

枠部はほぼ正方形の四辺それぞれに材を設置し

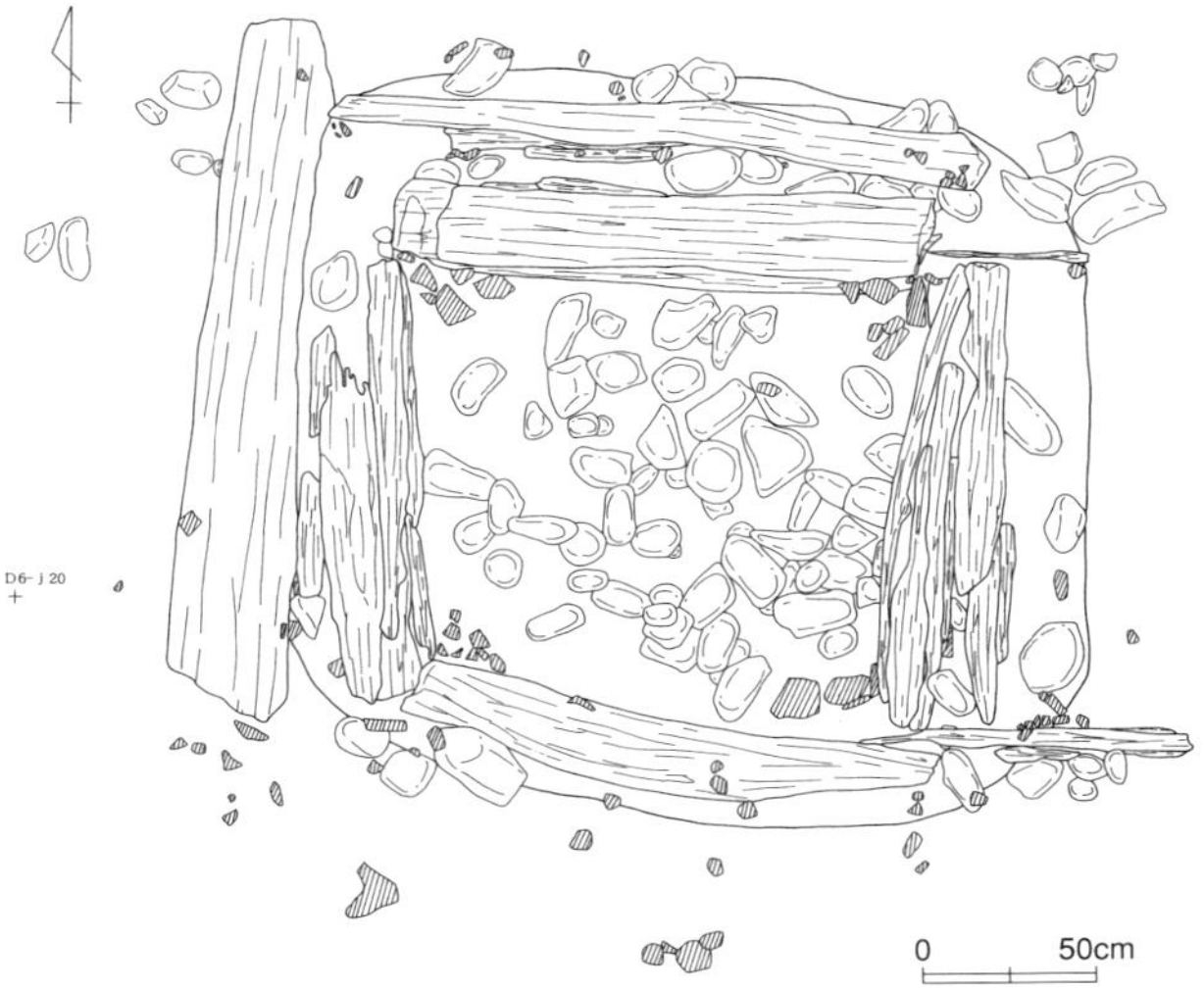

図73　ＳＸ０７５

ており、方形の板囲い遺構ともいえる。各辺はおよそ長さ二メートルで、主要構成材間の計測では、東西二・三五メートル、南北二・一メートルとなる。枠主要材の上端から底面までの深さは約七〇センチである。

枠部掘り方は粘土面を土坑状に掘り下げている部分で、平面隅丸方形を呈する。底面はおおむね平坦な面をなすが、若干中央が下がる。

枠部の各辺は、上面から下位まで数本の材から構成される。枠上面では、一辺につき一本の分割材または板材を基本として、平らに置いている。中位から下位では板材の表裏面および木口面を垂直に立てかけるように据えている。最下部では材を置かない部分も認められた。枠各辺の構成を垂直的に見れば、最下部の材（または礫）→中位の板材→上位の板材または分割材という三つの設置レベルに整理できる（図74）。

枠のコーナー部分には、枠内外とも打ち込み杭がある。枠コーナー部分をはじめ、主要材を抑えるような補助的な杭も用いられている。全体では七八本があり、とくに枠南側に多い。材のない空

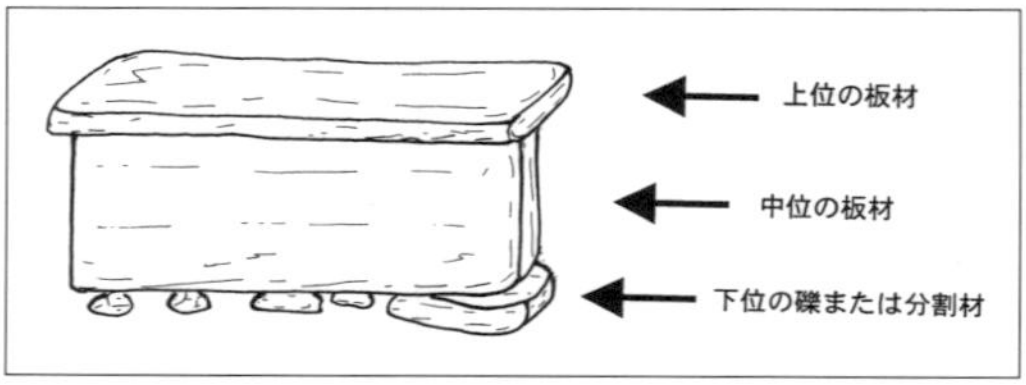

図74　ＳＸ０７５枠構成の模式図

間部や材と掘り方粘土面との間には、やや大きめの礫が枠の押さえとして填め込まれている。

枠内の底面粘土面上には大きめの礫が上下二面で認められた。掘り方の粘土面上や枠各辺の最下位で礫や分割材が置かれる部分もあることから、これらは枠構築にあたっての「基礎整備」的な機能とも考えられる。

主要構成材は板材、なかでも板目材がおもに用いられている。長さ一三〇センチ以上の板材については、端部切断が明瞭なものも多く、面取り状の調整が観察できる例もある。

全体に土器の出土量は少ない。堀之内式から大洞Ｃ１式まで確認され、全体量では後期安行式～晩期前半が多い。調査時においては、枠内部から種子類の出土はほとんど認められていない。

最後に本遺構の性格を考えてみたい。本遺構は、谷軸部につくられている枠状の部分を主体とするもので、比較的単純な構造である。ＳＸ０４１枠部よりも規模が大きく、杭打ち込みや裏込め状の礫の挿入など、安定かつ堅固な構造といえる。枠構造から考えれば、掘り方掘削から最上位の材設置まで連続的な作業によりつくられたものと推定できよう。

また、枠の南側で比較的多くの材が出土しており、より広い範囲にわたる「遺構」となる可能性もある。北側での掘り込みについても、北側よりの流水量を調整する機能を果たすことも可能であろう。ただし、基本的には、比較的深い掘り方を有していることから、下位からの湧水をおもに利用した施設ととらえている。

5　Ｃ９区とその周辺

Ｃ９区は谷部調査区中で最も北側に位置し、南北四〇メートル、東西は最大で三二メートルの調査区である。ここでは包含層の調査ならびにいくつかの遺構調査を行っている。一方Ｃ９区北側は、5層とよんだ縄文時代の包含層の堆積がない、またはきわめて薄く、基底粘土面を精査して谷の形態把握に努めた。遺構もほとんどなく、遺物についても土器片が少数出土したのみである。

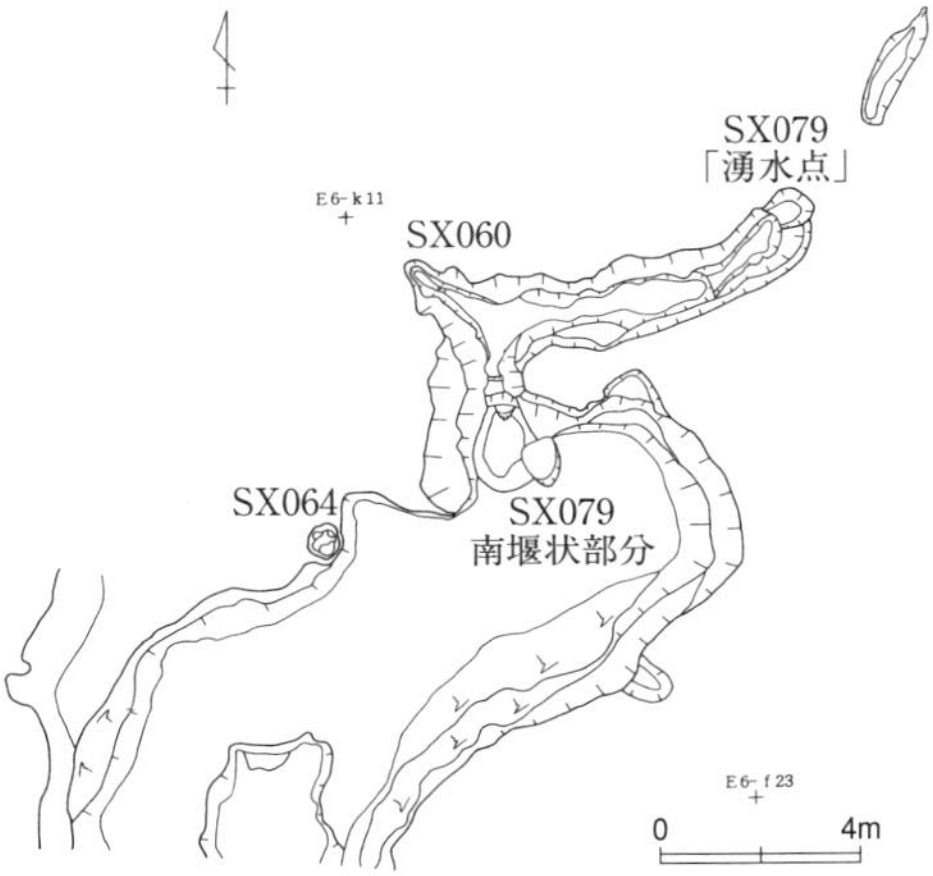

図75　Ｃ９区の遺構

ＳＸ０７９湧水点は溝状の掘り込みである。堰状部分からＳＸ０７９北端（谷頭）へつづくところで、Ｌ字状に東方向へ角度が大きく変わっており、これを人為的な地形改変と判断した。堰状部分から南の谷部分についても、谷自体へ掘削による地形改変が及んでいる可能性は高い。

縄文包含層が堆積する部分（狭義の谷）は、Ｃ８区北側で東西幅五メートル程度の範囲内である。北側に向かうに従い徐々に幅が狭くなり、「堰状部分」周辺では幅約二メートルとなる。

Ｃ９区で確認された遺構は八基である。Ｃ８区以南と異なり材を多く用いての木組遺構はない。

遺物は谷部分～ＳＸ０７９範囲内の5層中から少量出土している。土器片はほとんどが小片で、材についても分割材小片や自然木が少量出土したのみである。また植物遺存体の量もほかの調査区にくらべると少ない。

ＳＸ０７９

狭義谷部分の北端から幅狭くＬ字状に延びる溝状落ち込み部分をＳＸ０７９と呼称した。掘り込みの段差は堰状部分を経て、南の谷部分につづく。ＳＸ０７９範囲内で礫や材の設置や集中はない。

底面は北東端部や西端部から中央に向かって緩やかに傾斜している。深さは場所により異なり、二〇～七〇センチ程度である。北東端部から西側までの全長を計測すると約八メートル。Ｌ字長辺の溝幅は最長で一七〇センチ、最短で一一〇センチである。出土土器は、後期前半から晩期までが少量認められるにすぎず、遺構の時期は不明である。

本遺構を人為的な遺構と判断する。しかし平らな面をはじめから掘削したとも考えにくく、ある程度谷頭として低くなっていた部分に手を加えた可能性を考えている。

ＳＸ０７９の端部で、南側の谷部分との境界に位置する「南堰状部分」と呼称する部分がある。どの程度意図的に堰状の段差をつくったのか明確ではないが、段差・落ち込みの傾斜などから、より積極的に、人為的な遺構ととらえた。溝状部分の落ち込みから、滝壺状の落ち込みへといたる傾斜はかなり急で、上端と土坑状部分底面との比高差は六〇～七〇センチ程度ある。

この部分を観察すると、水が流れる範囲で粘土面を掘削して傾斜をつくり出し、この傾斜下位が土坑状に落ち込んでいることがわかる。このような形態から、ＳＸ０７９湧水点側からの水流部を幅狭く浅くし、下位に向かって一定の水量を一気

図76　ＳＸ０６０

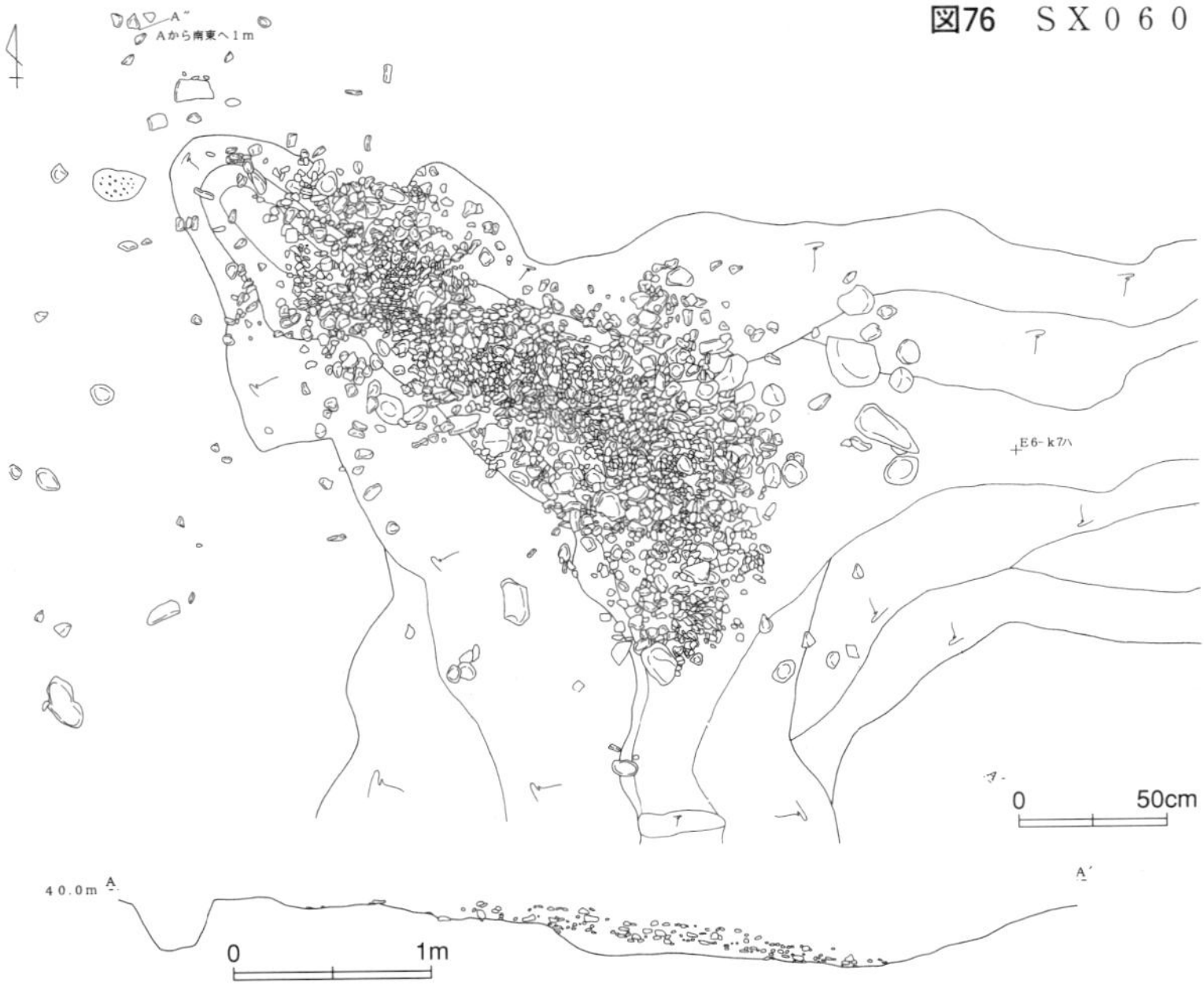

に流すようなしくみともとらえられる。つまり、ＳＸ０６０・ＳＸ０７９や、より南の「施設」をより効果的に機能させるための、水位調整機能を果たしていたことも十分考えられよう。

ＳＸ０６０

　ＳＸ０７９Ｌ字状掘り込みのコーナー部分をさらに北西側へ突出させるように粘土面をＶ字状に掘り込み、ここに敷石が加えられる遺構である。Ｖ字状掘り込みの先端から敷石の南東端部までは約二・五《メートル》、敷石範囲の幅は最長で一・一《メートル》、最短で〇・五《メートル》である。

　敷石はおおよそ長方形状の範囲である。礫は五～八《センチ》の大きさがほとんどで、これに一〇～二〇《センチ》程度の大きめの礫が若干加わる。上下二～四重に重なるところもあり、礫最上面と粘土面上に置かれる最下位礫面のレベル差は約一〇《センチ》ある。礫は河原石で、石器はほとんど認められない。

V字状掘り込みは比較的浅く、外側周囲との比高差は、北西端部で二〇センチ程度、敷石東端部付近で四〇センチ程度である。土器片・木片・植物遺存体などは見られず、遺構の時期も不明である。

敷石の礫を見ると、安山岩や流紋岩などの河原石とともに、チャート、褐色の鉄石英や緑色岩も認められ、色をも考慮した象徴的な選択を行っている可能性も考えられよう。遺構の性格は不明だが、本来は湧水を得るための遺構で、機能停止後に石が敷かれた可能性もあろうか。

C9区北側~C10区

ＳＸ０７９の周辺~北側にかけて三基の土坑がある。これらは粘土面に掘り込みを有する楕円形~不整円形の土坑でいずれも浅く、湧水を得るには困難な位置および形態である。

遺構名を付した上記三遺構以外でも粘土面での落ち込みが比較的多く確認されている。これらの落ち込みは、ピット状を呈するもの、楕円形状を呈するものなど多様であるが、多くが不整で一般的な遺構とは考えにくい形状を示している。当初自然の落ち込みと判断したが、一定の深さを有する例もあること、自然地形でこのような落ち込みが形成されるのか、といった問題がある。落ち込みの形成を人為的な要因で推測すれば、粘土掘削土坑の可能性が考えられる。

これまで、ほかの遺跡で見つかっている粘土掘削坑とは形態がかなり異なるものの、土器焼成原料として使用可能な粘土でもあることから、その可能性も示しておこう。

6　谷部出土の遺物

谷部の調査では多くの遺物が出土している。とりわけ、通常の台地上の発掘調査では残らない木製品・漆製品・植物遺存体などの出土については、研究上重要な資料である。ここではその一部を簡単に触れておきたい。

木製品・杭・板材

材および木製品は約三〇〇〇点が出土した。このうち約二〇〇〇点は自然木または加工の不明な材であるが、残りは分割材・板材あるいは丸木に加工を加えたものである。このなかには八九二点の杭も含まれている。大きめの遺構構成材や杭では、分割や端部切断、面調整などを観察できるものもあるが、多くの材は風化がいちじるしく、加工が不明瞭である。狭義の木製品、とくに容器類の出土も限られる。注目される資料として、建築材（柱材）と推定できるもの、板材に穿孔があるもの、樋状木製品、斧柄未製品などがある。人為的な加工か否かは不明だが、溝状の抉り込みが観察できる材も出土している。材・木製品の材質については、クリが九割程度を占める。

図77―1に示した木製品については、いくつかの見解がある。平面的には「櫂」にも近いが、幅および厚さのある先端や基部の形態から直斧柄の未製品と考えた。先端（図下側）に貫通の刳り抜き孔部分がつくられて完成形となる。つまり、この孔に磨製石斧が装着されて使用される。材はカエデ属で、基部では焦がした痕も観察できる。

図77―2は柱材の可能性を考えた板材である。柾目材を素材に、下端部の中央に円柱状の突起部分をつくり出している。

杭では、丸木、角材状、放射分割（ミカン割）材、板材がある。基本的に端部の切断→削り加工によっているが、あまり加工しないもの、鋭角に尖らせていないものもある。加工の明瞭なものでは、円周加撃（鉛筆削り状の削り加工）によるていねいな加工例もある。削りの過程で焦がしてい

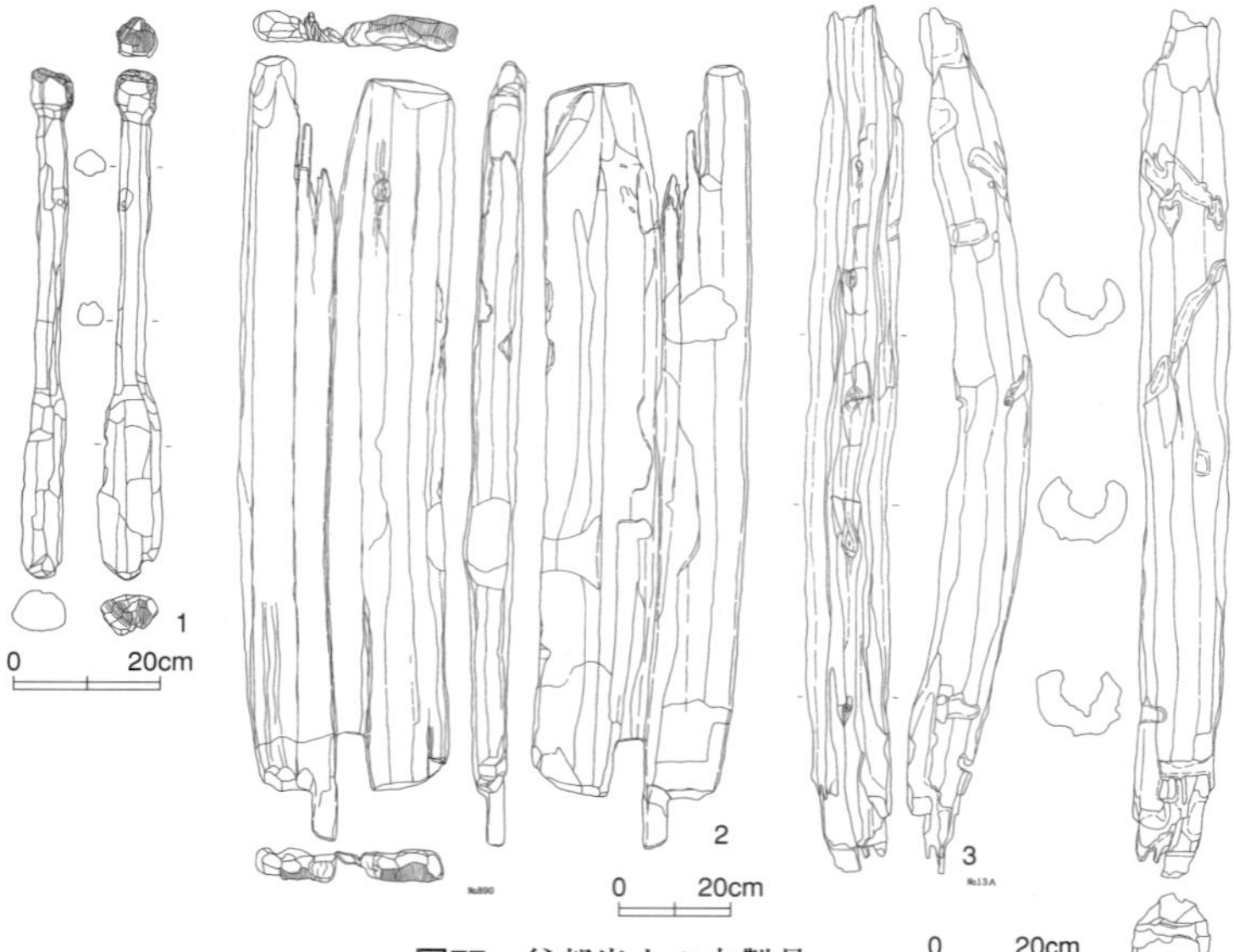

図77　谷部出土の木製品

るものも比較的目立つ。この焦がしは、削りやすくするためであると同時に、防虫や腐るのを防ぐ目的もあるとされている。

遺構によって、用いられる構成材・杭に特徴が表れている。たとえば、ＳＸ０７７では主要な杭のうち板材が多くを占めている。またＳＸ０４１の井戸枠状部分には厚めで良好な板材がおもに用いられている。これらから、施設によって、また施設のなかの場所によって用いられる材も使い分けられていることが推測される。目的に沿った大きさや種類に加工され使われているといえよう。

これらの材や杭の加工にはおもに磨製石斧が用いられたことが推測されている。しかし、寺野東遺跡から出土した磨製石斧の量は比較的少なく「謎」の一つである。丸木からミカン割り状や板状への分割加工にはくさび状の石器が使われた可能性もある。残念ながら、これらの調整や加工の痕跡が明瞭なものは少なく、木材加工工程の具体的な分析はできていない。

いずれにしても、良好な板材などから当時の技術の高さをうかがうことができる。通常の台地上の遺跡における発掘調査では残らないこれらの木製品を見ると、縄文時代の文化が「木の文化」であることをあらためてうかがわせる。

漆製品

谷部から出土した漆製品は総数四七点である。おもな製品を挙げると、飾り弓片三点、櫛片二三点、木胎容器片六点、藍胎漆器片一〇点である。このほか、固った漆樹液や漆樹液付きの材各一点がある。木胎容器および藍胎漆器はすべて小片だが、櫛は歯の部分以外完存に近いものが六点ある。

漆製品の種別内訳をみると、櫛の出土点数が多いことに注目される。もちろん、調査の状況や範囲、包含層の性質などとかかわって、一概にはいえないが、関東地方後晩期の低湿地遺跡とくらべてかなり異なった遺物組成であることは間違いない。以下、個別の製品ごとにみていく。

櫛は小片が多く、形態のほぼ明らかなものは一〇点程度である。主体部（頭部）から歯先端まで残っている例はない。漆の塗られていない歯の部分はほとんど残っていないが、顕著に重ね塗りされている主体部は良い状態で残っている。確実に遺構にともなうものはなく、調査区全体ではC5区の縄文時代包含層から多く出土した。

櫛全体を概観して気がつくのは、形態の多様性である。とくに頭部装飾が立体的で発達しているものが目立つ。一点を除き赤漆塗りで、出土した直後は本当に鮮やかな色であった（口絵4頁下段）。黒漆塗りの例は未製品との意見もあるが、意図的に黒を強調した製品と考えている。

櫛はすべて結歯式とよばれるつくり方で、縄文時代における櫛の製作手法としては一般的なものである。これは、束ねた歯の上位で直交して横に渡すような細い材を重ね合わせ、相互を糸で結び巻きつけ、間に木屑を充填し、この上に漆を重ね

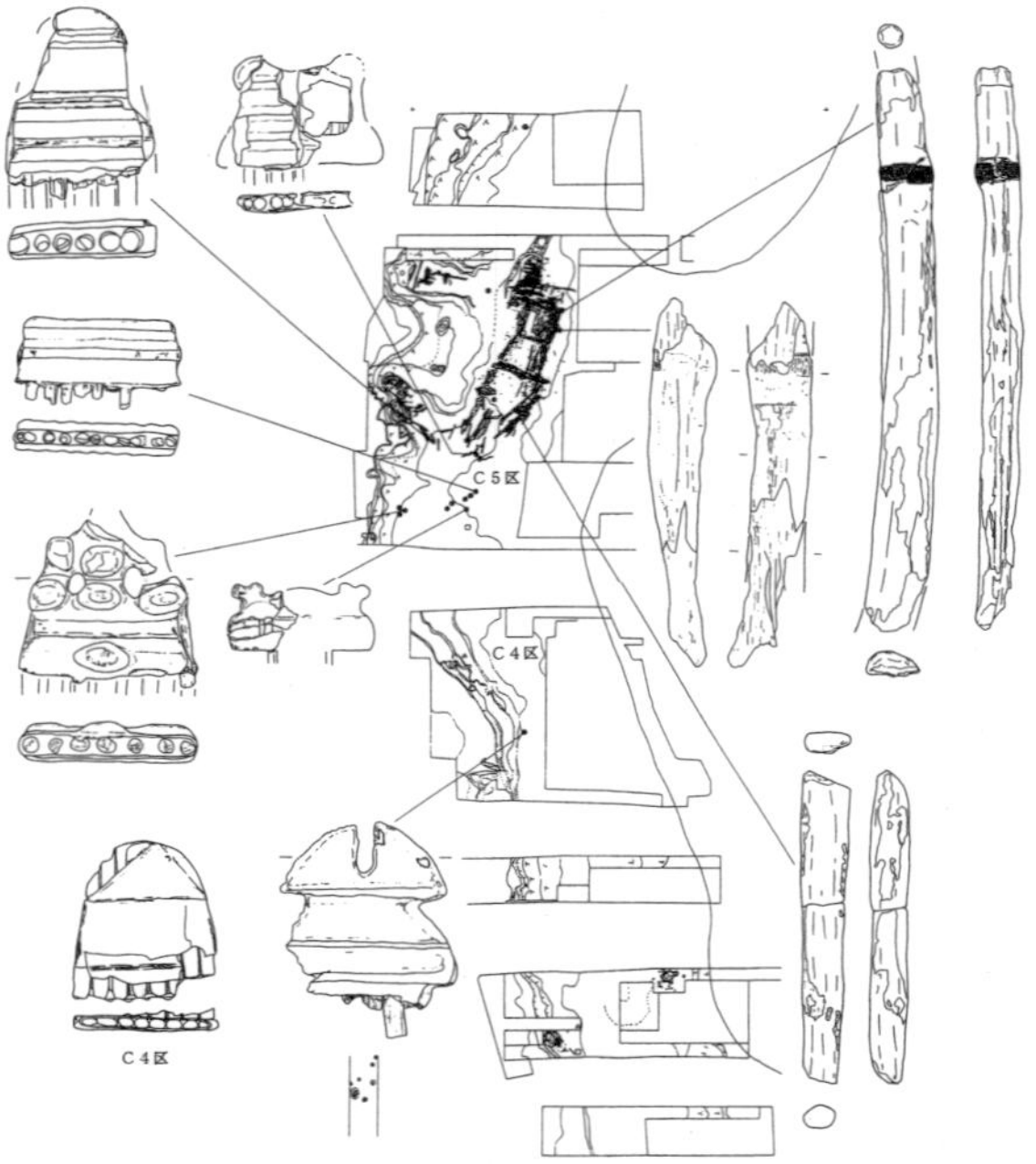

図78　漆製品出土分布

塗りしていく手法である。横に渡す部分が突起状となり、これが装飾効果を高めている。また、漆が何回も重ねて塗られることにより、X線撮影でも材が見えない程、きわめて厚い漆膜となっている。歯の部分の樹種が判明した例では、すべてムラサキシキブ属であった。埼玉県後谷遺跡出土例などを参考にしながら復元図を作成してみた(図79)。

　飾り弓は三点の出土で、径一・五～二センチ程度の丸木を素材としている。実際の狩猟に使われた弓ではなく、象徴的な意味合いの強い〃飾り弓〃と考えた。材質はイヌガヤ属、ニシギギ属、カバノキ属各一点である。三点とも赤色の漆塗りが観察される。一つの弓には細い糸による糸巻き部分が残り、ここにも漆が塗られている。

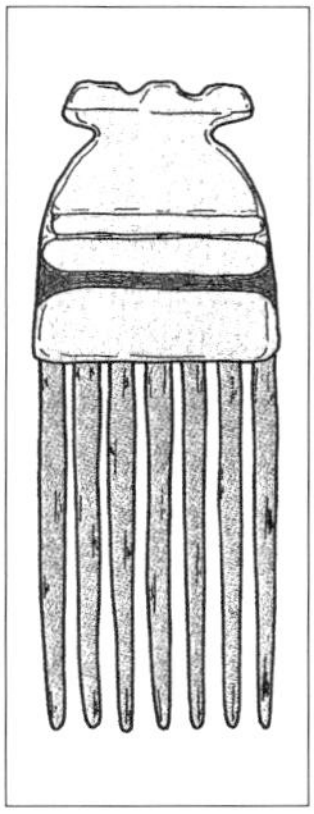

図79　櫛復元図

木胎容器はすべて小片で、全形がわかる資料はない。杓子状製品の柄部または椀状の容器の横に付けられた杓子の柄状突起部分と推定できるものも出土している。

このほかに注目されるものとして、丸木のまわりに漆液が厚く付着しているものがある。漆製品の製作過程中に、攪拌などの用途で使われたものかもしれない。また、木胎容器片や土器片のうち、内面などに厚く漆が付着しているものが数点出土している。これらは、漆塗り時のパレットとして用いられたものと考えられている。さらには、樹液そのものが固まったものや、小形土器の内側に厚く漆樹液が付着しているものなどもある。これらの例は、縄文後晩期寺野東集落内で漆の精製・塗彩などの一連の作業が行われたことを示す重要な資料である。

土　器

土器は最も多く出土した遺物である。

谷部調査区グリッド出土土器は収納用テンバコで約一三〇箱分、遺構出土は一五〇箱分である。遺構別では、範囲の広いＳＸ０４１とＳＸ０４８から多くの土器が出土している。全体では草創期後半撚糸文系土器から晩期後半までの土器が出土しているが、後期初頭称名寺式から晩期中葉までの土器が多い。

比率を見ると、ＳＸ０４８では堀之内式、後期粗製土器が多数を占め晩期は三割程度である。ただし、破片の大きさ、接合率、復元個体の数では晩期安行式、前浦式、姥山Ⅱ式系、大洞式が多数を占める。一方ＳＸ０４１は総数三八二九点のうち晩期が七割以上を占める。ＳＸ０４８同様、破

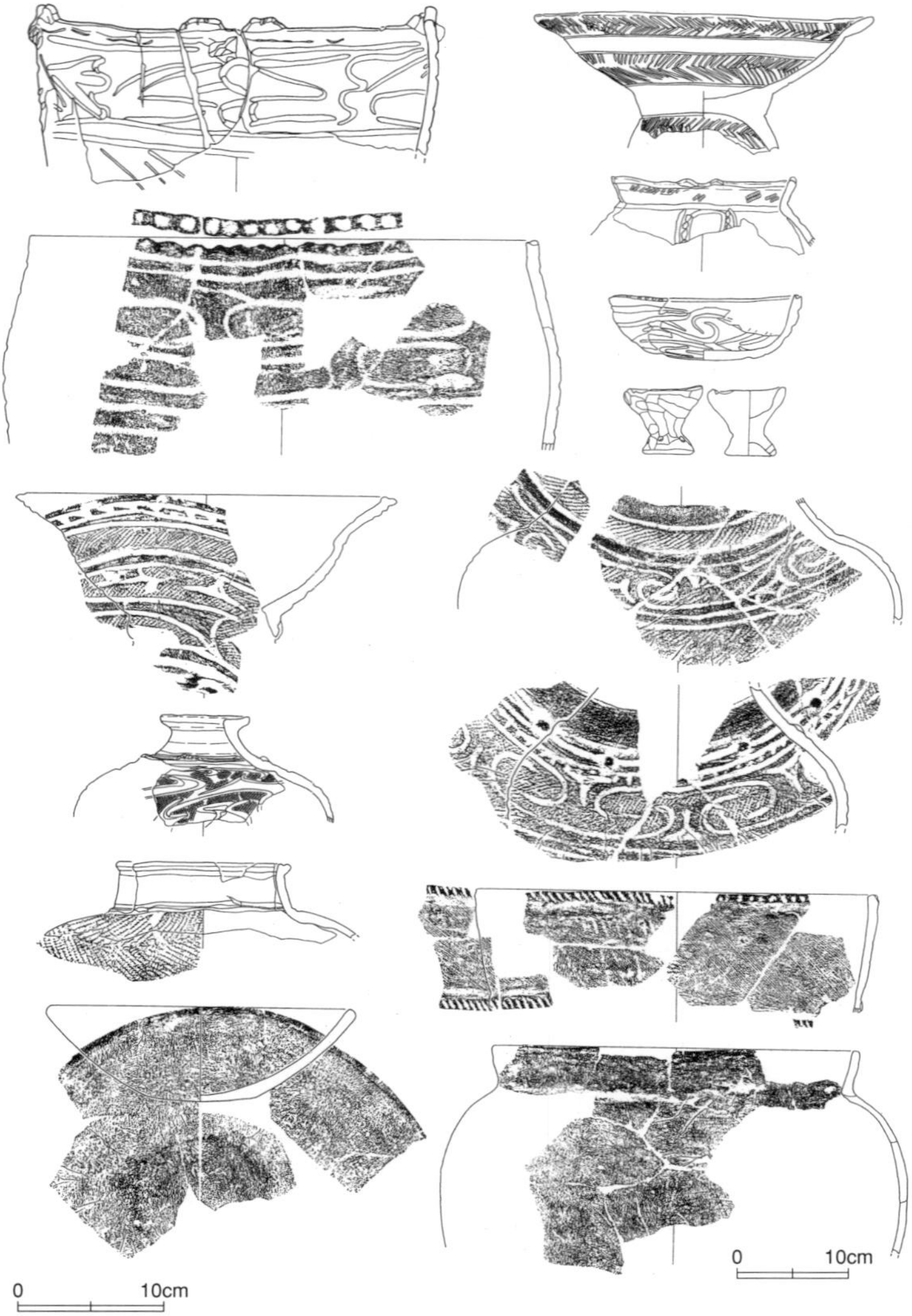

図80　谷部の出土土器（晩期）

片の大きさ・接合率・復元個体の数では晩期前半～中葉にかけての土器が主体を占めている。

また、谷部出土土器全体の特徴として、炭化物の付着したものが多い傾向にある。なかには厚い炭化物の付着によって、文様が不鮮明になっている例さえある。精製土器にも多く認められることも注目しておきたい。

7　谷部遺構群の語るところ

ここで、寺野東遺跡の木組遺構群検出を始めとする谷部調査の成果を簡単にまとめよう。

第一の成果は、ここで示し得なかったが、植生復元および施設構築にかかわる木材利用の良好なデータが得られたことである。花粉分析などの理化学分析を見ると、遺跡周辺ではコナラ亜属、トチノキ属、クルミ属など多数の樹種から構成されている森林植生を想定できる。しかし、谷部遺構の構成材としてはクリが約九〇％を占めており、明らかに人為的な選択性、つまり施設をつくるにあたって、より適した材を選んでいることがわかる。また、遺構ごとの分析では、ＳＸ０７５とＳＸ０４８でやや異なり、両遺構の時期差から、オニグルミ・クリ（多）主体の構成からトチノキ・クリ（少）主体へという植生変化が想定されている。この晩期前半から中葉へいたる変化も、集落を構成した人びとによる積極的な植生への関与の結果と考えてよいであろう。

第二に、湧水利用の遺構として複数の形態が確認されたことである。そして、Ａ１類とした、本遺跡谷部遺構の基本的パターンでは、湧水を得る場＝水をプールする場所と、敷き材部分での作業場空間とが明確に区別されている（図81）。

一方、ＳＸ０４１やＳＸ０４８のような規模の

表11　谷部遺構集計表

地区	遺構名	内容	規模(cm)	深さ(cm)	材・杭の数・特徴	分類	時期
谷東	ＳＸ０１７	Ｕ字状掘り込み＋Ｖ字状掘り込み＋溝	2,000×1,700	掘り込み壁高80	「水場の遺構」溝：幅30×深20～30cm前面谷部内では材多数。	Ｃ類	称名寺
Ｃ２区	ＳＸ０４６	土坑部分＋杭	280×150	50	材10本、杭８本	Ａ１類	後期後半～晩期中葉
Ｃ５区	ＳＸ０３０	石組円形配列＋埋設土器	207×165	土坑20		Ａ４類	堀之内
	ＳＸ０４８	大形の木組遺構	1.450×460	掘り方76	谷軸に枠部、材903本、杭444本。枠内覆土中にトチノ実片。	Ａ２類	大洞Ｃ２
	ＳＸ０７７	ＳＸ０４８下で確認の木組	520×260	38	北側幅160cm。土坑は106×70cm。材56本、杭200本。077→048	Ａ５類	称名寺～堀之内
	ＳＸ０４３	小土坑内に杭多数	48×63	14	杭10本。覆土中にトチノ実片。	Ａ４類	不明
	ＳＸ０７１	土坑状掘り込み＋木組	全長620	21	主体部250×140cm。材19本、杭１本	Ａ１類	後期後半～晩期前半
	ＳＸ０７２	土坑状掘り込み＋木組	300×180	46	材40本、杭１本	Ａ１類	後期後半～晩期
	ＳＸ０７０	土坑状掘り込み＋木組	700×350	29	材33本、杭２本	Ａ１類	後期後半～晩期
Ｃ８区	ＳＸ０５３	土坑状掘り込み＋木組	555×290	40	最短幅178cm、材132本、杭92本	Ａ１類	後期後半
	ＳＸ０５４	土坑状掘り込み＋木組	350×164	45	材35本、杭９本	Ａ１類	後期後半～晩期中葉
	ＳＸ０５６	土坑状掘り込み＋木組	250×170	40	材57本、杭10本	Ａ１類	後期後半～晩期前半
	ＳＸ０７４	土坑状掘り込み＋木組	350×300	52	材７本、杭23本	Ａ１類	後期後半～晩期前半
	ＳＸ０７５	方形枠木組	240×210	71	材64本、杭78本　075→041	Ａ２類	晩期前半～晩期中葉
	ＳＸ０４１	方形枠木組＋敷石部＋敷材	470×530	枠部80	木組１面は120×210cm、枠掘り方230×190cm、材405本、杭53本	Ａ３類	晩期前半～晩期中葉
Ｃ９区	ＳＸ０７９	湧水点	680×154	32	最短幅は110cm	Ｂ類	不明
	ＳＸ０６０	Ｖ字状掘り込み＋敷石	250×110	32	最短幅は50cm	Ｂ類	不明
	ＳＸ０６４	土坑状掘り込み＋杭	75×61	15	杭21本	Ａ４類	不明

大きなものについては、湧水からの水をプールし得る大きな枠部を有すると同時に、両者の違いもある。ＳＸ０４８では枠部がメインで、敷き材部のような一定範囲の作業場が明確ではない。つまり主体部での機能が優先された構造といえる。一方ＳＸ０４１では、枠まわりの材および敷石部が明確であり、足場的な部分が重視されている。

　基本的に、谷部の木組遺構群はいずれも、形態・位置・類似遺構との比較などから、第一義的には水晒しの機能を考える。近年の佐々木由香らによる水場遺構研究からもこの点は追認されている。ただし、一つの遺構で複数の機能を有していた可能性もある。大きな枠部をもつ遺構は、多量の水を安定的に確保できる構造である。また、ていねいに囲うこと、底面・周囲での礫敷き、底板の設置などによって、周囲より雑多な汚れた水が入ることを防ぎ、常にきれいな水を貯え使うこと

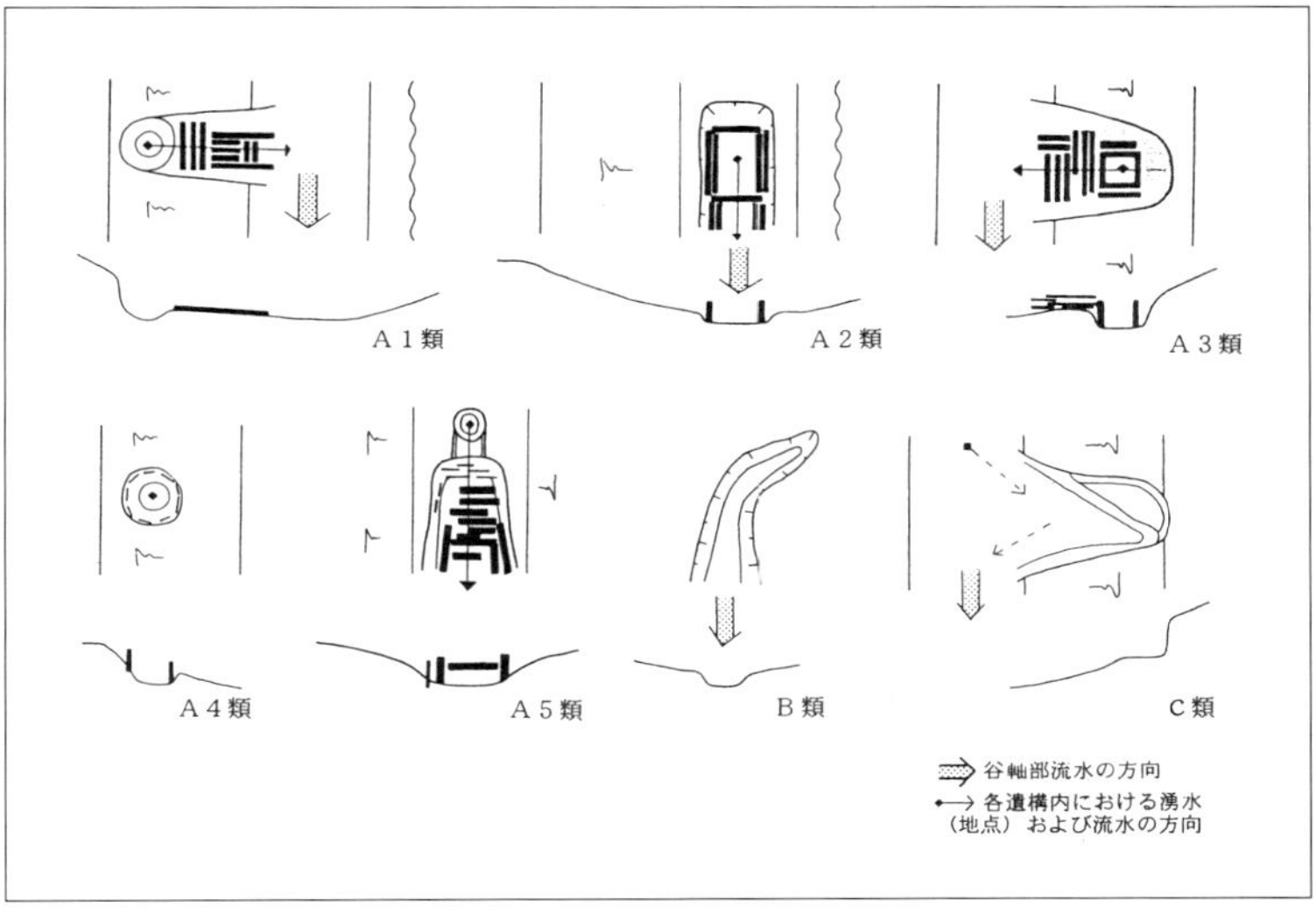

図81　谷部の遺構分類模式図

を目的としているように見える。つまり、きれいな水が必要とされ、そのために工夫された施設であることを示している。

第三の成果は、谷および施設の管理と構築にあたっての計画性をうかがえる点である。谷自体を「水路」として、「河川改修」のごとく地形改変し、水量調整をはじめとする管理を計画的に行っている様子を想定できた。湧水点附近の人為的な地形改変は、まさにこの状況を示す「遺構」である。また、ＳＸ０４８における材の重複や転用材の存在などから、「施設構築の計画性」と「恒常的な管理」という側面を見出せる。計画性については、材の選択に加え、切断・分割材を素材として用いていることからもうかがえる。

第四は、晩期における変化がうかがえる点である。最終時期のもののみ明瞭に残されるという限界性を認識しつつも、構築にあたっての労力に加え、作業も大人数で行い得る協同的な施設であるSX041とSX048が晩期と判断できることなどから、谷の生業上の役割が晩期にいたって大きく変化したことを推定したい。つまり晩期にいたって、生業にかかわる水の利用が集約的かつ効果的に行われるようになったと考える。大型の木組遺構は、環状盛土遺構内側建物跡群の居住者が構築および利用したと考えており、台地上における集落の変化と連動している可能性もある。

第五に、埼玉県川口市赤山遺跡で確認されたような、集落から離れた場での水場遺構ではなく、「集落内につくられるケースを示したこと」を挙げておこう。寺野東遺跡の谷部遺構群については、周辺の遺跡分布などからも、積極的に複数遺跡の共同利用を推定できない。加えて、粗製土器主体の赤山遺跡とは異なり、精製土器も多量に出土している。集落内の居住域と近接する谷部ということが、精製土器の量比にも関わっているのであろう。とはいえ、寺野東遺跡の谷部が一定領域内における生業上の結節点として機能していた可能性は否定できない。

また、ほかの低地遺跡とくらべると、土製品・石製品の数はやや多く、木製品の容器類が少ない。櫛が多量に出土した点も特徴である。遺物組成の遺跡間の比較から、低地遺跡における谷の使い方の差異をうかがうこともできよう。

最後に、寺野東遺跡の集落内における位置という問題を挙げておく。

すなわち、寺野東集落において、居住域でありながら象徴的な場でもあるところの環状盛土遺構と、生業上のきわめて集中生産的・集約的な木組遺構・湧水利用遺構が同居するという意義を重視したい。そして、寺野東集落の中で、基軸的な「位置」として、この谷部を位置づけたい。

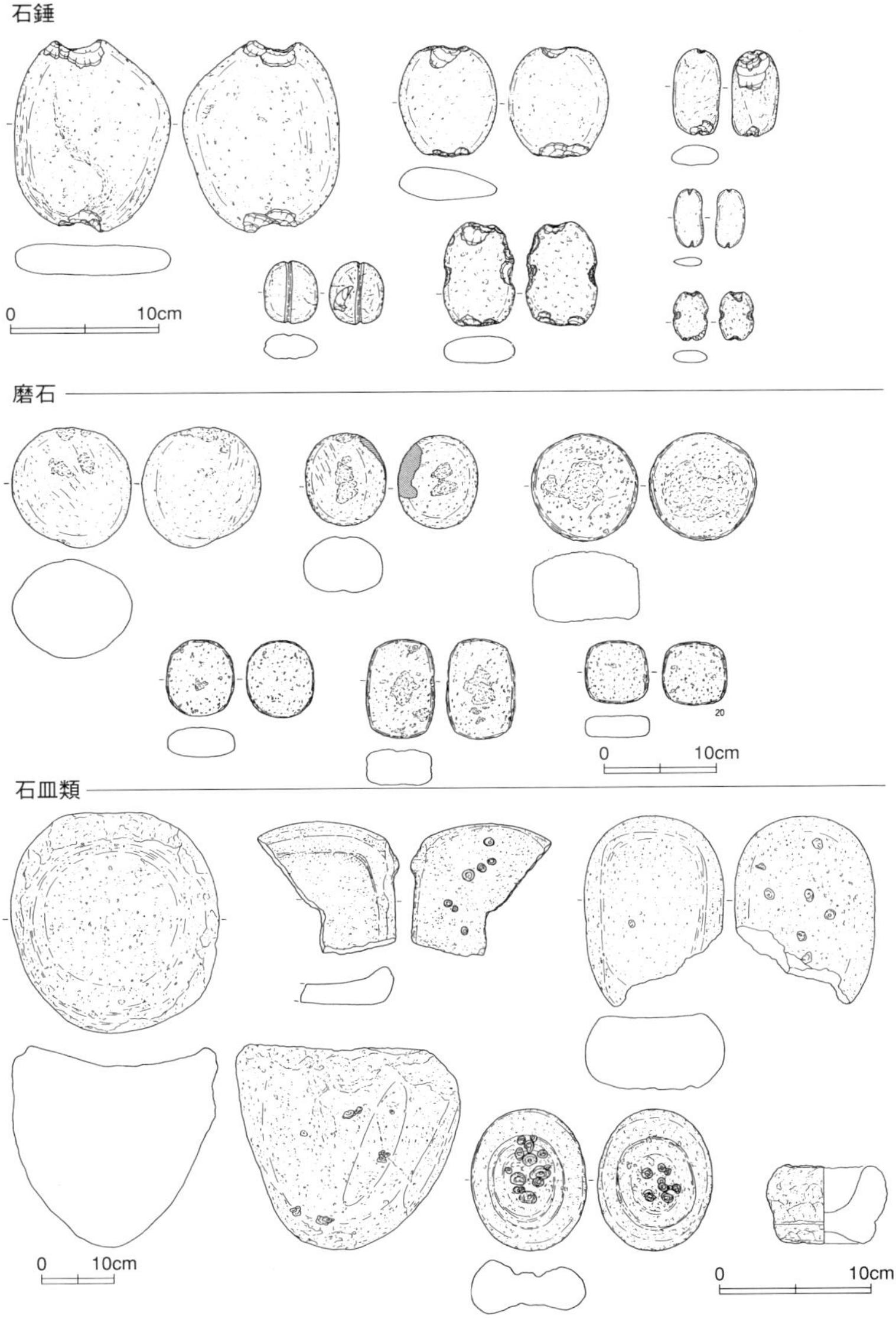
石錘
0
10cm
磨石
20
0
10cm
石皿類
0
10cm
0
10cm

図82　谷部出土の石器

集中して生業上の作業を行う場の設置と管理は、第一にその安定的な資源確保と管理（植生管理も含む）が前提となる。加えて、居住域における一定程度の継続的定住が湧水利用遺構群設置および管理活用の前提的な条件であろう。この意味からは、谷部遺構群が集落内の居住域の構成と変化に深くかかわるものであり、谷部調査から得られた成果は非常に大きいものと考えたい。

V　集落の変遷——中期〜後晩期の寺野東遺跡

ここで、これまで触れてきた寺野東遺跡の縄文中期〜晩期の集落について、整理してみよう。

1　中期の集落

寺野東遺跡で確実な集落跡として認められるのは、中期前半阿玉台Ⅲ式期からである。阿玉台Ⅲ〜Ⅳ式期では、九軒の住居跡および土坑群が確認されている。この時期の集落は、谷西南半に集中するが、谷東の台地平坦面での居住も開始される。この谷西南半集落は、多くが未調査の公園用地内にあるため詳細は不明だが、特徴的な住居跡ＳＩ５０４や焼町土器の出土など、注目すべき部分がある。この谷西南半部分が中期集落の設営当初において、谷東集落と密な関係性を有しつつ、より基軸的な位置を占めていた可能性もあろう。

中期後半加曽利Ｅ式期では、六六軒の住居跡および多数の土坑、埋甕などが認められた。谷東の台地平坦面を主たる居住域とするが、阿玉台式期と異なり、かなり広い範囲にわたって集落域を有しているという特徴がある。細かく見ると、加曽利Ｅ式でも前半のⅠ式からⅡ式の住居跡が多い。

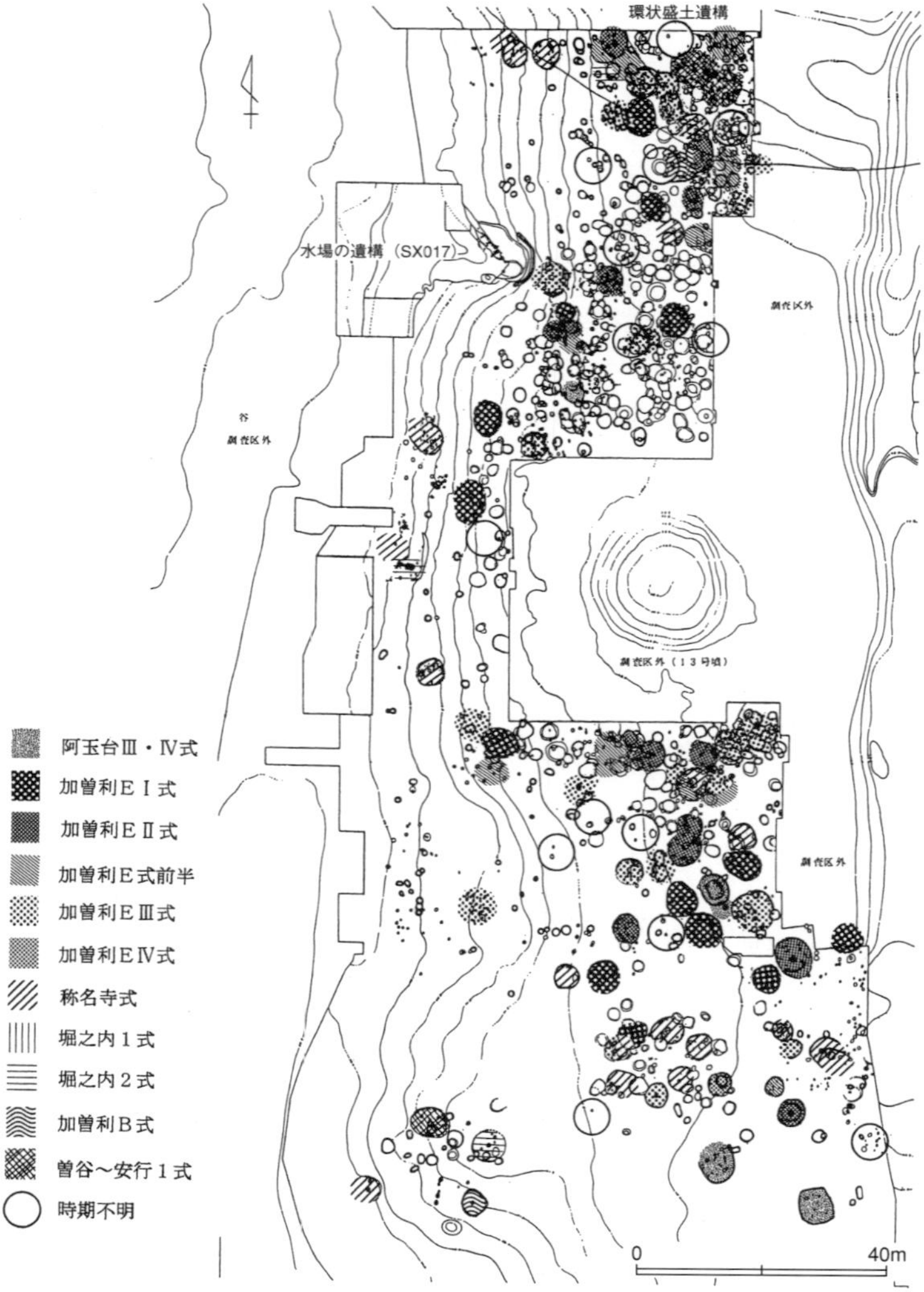
環状盛土遺構
水場の遺構（SX017）
谷
調査区外
調査区外
調査区外（13号墳）
調査区外
阿玉台Ⅲ・Ⅳ式
加曽利ＥⅠ式
加曽利ＥⅡ式
加曽利Ｅ式前半
加曽利ＥⅢ式
加曽利ＥⅣ式
称名寺式
堀之内１式
堀之内２式
加曽利Ｂ式
曽谷〜安行１式
時期不明
0
40m

図83　谷東の集落

また、一軒とカウントした例でも二軒以上の重複を推定できる例があることから、確実な細別時期ごとの住居軒数は把握し得ない。ともかく、加曽利EⅠ～EⅡ式期では安定的で拠点的な集落であったことは間違いない。なお、住居の形態や土器の面から、中期前半阿玉台式の伝統をうかがうことができる例が多いことも注目される。袋状土坑を中心とする土坑群については、住居群の内側で多い傾向があるものの、整然と区別できるような「場所の規制」はとらえがたい。また、住居跡の時期を見ていくと、ある一定時期幅のなかで比較的まとまるゾーンを見出すこともできる。

加曽利EⅢ式期では、加曽利EⅠ式期以降の集落内位置を継承するが、つづく加曽利EⅣ式期には住居跡二～三軒と少なくなり、大きな変質・転換期を迎え、住居形態も不明瞭なものが多くなる。このような変遷傾向は南関東など他の集落跡とも近い傾向を示すが、後期初頭称名寺式期以降、この遺跡の特徴がしだいに顕著となる。

2　後期の集落

称名寺式期の住居跡は計二六軒で、敷石住居も出現している。集落内の占地では、斜面での構築と谷西への進出という大きな変化をとらえることができる。住居跡の配置は、遺跡内全体に散在的な状況といえるが、円筒形の土坑が台地平坦面で比較的目立つほか、包含層からの出土遺物も多量で、この時期の関東地方の集落跡としてはやや規模が大きい。水場の遺構設置に見られるように、積極的に谷部の利用・開発がなされるようになる点でも画期となる時期である。さらには、称名寺式古段階の土器が比較的目立つ点も北関東としては異例で、特徴的であろう。

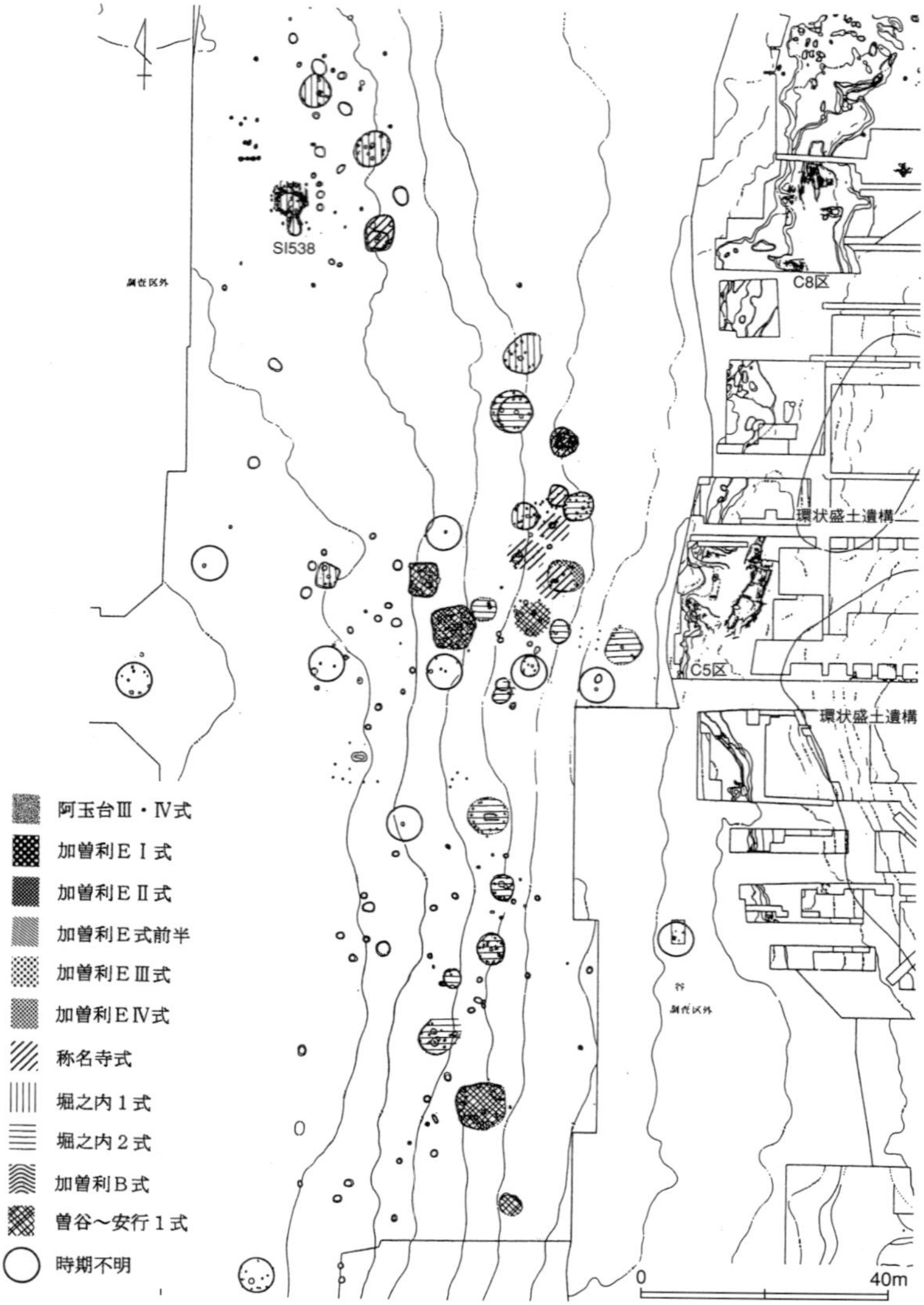
SI538
調査区外
C8区
環状盛土遺構
C5区
環状盛土遺構
谷
調査区外
0
40m
阿玉台Ⅲ・Ⅳ式
加曽利ＥⅠ式
加曽利ＥⅡ式
加曽利Ｅ式前半
加曽利ＥⅢ式
加曽利ＥⅣ式
称名寺式
堀之内１式
堀之内２式
加曽利Ｂ式
曽谷～安行１式
時期不明

図84　谷西の集落

堀之内式期の住居跡は谷西で一八軒だが、このほか炉跡のみ、または時期不明として扱ったうちの二～三軒はこの時期の可能性がある。また谷東でも環状盛土遺構内で八軒、範囲外で三軒がある。谷西での住居跡群は、おもに谷の斜面におけ る列状配置が基本で、これに少数台地平坦面に位置するものが加わる。なかでも、最も西側の台地平坦面やや高所にあるSI538は複数軒重複の柄鏡形住居である。一方谷東では環状盛土遺構の形成が始まり、この内部に住居の構築がなされるとともに、この範囲外でも居住痕跡あるいは包含層の形成が認められる。環状盛土遺構内では、t11・t16を始め、やや斜面際のところで住居跡・遺物が集中しており、谷西集落と対峙するように、拠点的な集落部分であった可能性が高い。環状盛土遺構の北側では、堀之内2式主体の第一廃棄ブロックも形成されている。つまりこの時期の寺野東集落は、谷を挟んで両側の比較的広い範囲に居住・活動の痕跡が認められるわけである。

土坑については、貯蔵穴がかなり限られた数になるとともに、住居設営場所と明瞭に区分されない状況を確認できる。すなわち、斜面における連続的な住居の配置＋一部の台地平坦面における住居の占地、そして住居からさほど離れない位置における貯蔵穴・墓坑の少数設営という景観を想定し、環状の高まりは未だ見られていないと考えたい。

加曽利B式期の住居跡はかなり少なく、環状盛土遺構内の一軒を含めても計三軒に留まる。包含層資料を見ても環状盛土遺構範囲外からの出土はかなり限られており、環状盛土遺構盛土部分への集中が明らかとなっている。これらの状況から、加曽利B式期では、環状盛土遺構盛土部分がおもな居住場所と考える。環状盛土遺構については、

図85　環状盛土遺構内の削平部調査風景

北西盛土ブロック内における住居の設営および盛土ブロックの形成がこの時期―加曽利B２式期から活発化するようであり、盛土の環状構成がより明瞭となる。ｔ８内のＳＩ２５１からうかがえるような、台地平坦面における特定域での積極的活動と盛土行為が堀之内式期の活動痕跡と複合累積する形で、環状の高まりが形成されていったともいえよう。一方、谷東集落南側で認められた一軒の住居跡＋数基の墓坑群という構成が称名寺式・堀之内式期から引き継ぐようにあることも軽視できない。

曽谷式期から後期安行式期の住居跡については、谷東で一軒、谷西で六軒、これに環状盛土遺構範囲内の二軒を加えて計九軒となる。多くが単純一軒の構築ではなく、複数回の構築を認めることができる点も重要である。谷西での占地は斜面および台地平坦面の両者で、大きく二群に分ける

図86　谷部全景

こともできる。いずれも住居と近い距離に浅めの土坑が認められる点も注目される。全体に、環状盛土遺構範囲外の包含層土器出土量は加曽利B式同様比較的少なく、この傾向は晩期までつづく。言い換えれば、盛土部分に遺構・遺物が集中する事象は加曽利B式期から継続するわけで、盛土行為の積極的活動により、安行1式期にはほぼ現況に近い環状の高まりという盛土遺構の景観が生成していたものと考えたい。谷部の積極的利用が再開されたことも重要である。また安行1式新段階以降の確実な居住痕跡は、環状盛土遺構範囲外では認められず、また土坑や遺物集中も環状盛土遺構および谷部を除くと認められなくなる。

3　晩期の集落

後期末以降晩期までの主たる活動・居住域は環

状盛土遺構範囲内および谷部にほぼ限られる。つまり遺跡内の狭い範囲における集中的な構成へと変転している。晩期前半までは中央削平部での活動とともに、小規模ながら盛土行為も継続していたと考えるが、晩期中葉にいたり削平部のより中央側での居住活動の集約化という動きが確認される。多数のピット群から想定する、住居および掘立柱建物で構成される晩期集落の展開については、寺野東縄文集落において一大画期といえる時期でもある。また、この時期に認められた谷部施設群の構築・積極的利用は、この地域の遺跡群内における寺野東集落の意義を考える上でも重要である。

以上のような本遺跡内での活動も、大洞Ｃ２式新段階以降はほぼ確認されなくなり、以降弥生時代後半まで土地利用の空白状態となり、寺野東縄文集落は終焉する。

Ⅵ　寺野東遺跡の研究と環状盛土遺構について

これまで、寺野東遺跡の調査内容について触れてきた。本章では、寺野東遺跡調査の意義および考えられることについて、記していきたい。

1　北関東の縄文後晩期研究

まず、北関東中部域を中心とする、縄文後晩期集落の研究について、振り返ってみたい。

周知のように、これまでの縄文時代集落跡の研究は、東日本、なかでも南関東地方および長野県を中心とした中部地方の中期を対象とした研究を中心に進展してきた。この流れは、高度経済成長期における、開発にともなう調査件数の増加によるところが大きい。一方で、高度経済成長期以前の、東京近郊の貝塚を主とした発掘・踏査による研究を軽視するわけにはいかない。戦前～戦後直後においては、集落そのものの広い範囲にわたる調査・研究はほとんどなかったとはいえ、貝塚を主とする遺跡分布などから、遺跡間の関係や「領域」の問題に踏み込む検討がなされていた。

今日著名な環状貝塚や拠点集落跡については、すでにこの時点で注目されていたものが多い。また発掘調査により遺跡の内容の一端が明らかとされた場合もある。当時においては、土器の編年学的研究に力が注がれていたが、遺跡の内容や表面的な形態について注意が払われている例も多いことは、あらためて評価すべきである。

たとえば、千葉県千葉市加曽利南貝塚や同鎌ヶ谷市中沢貝塚は、『史前学雑誌』において、「馬蹄形の高所」があること、この「隆起馬蹄部の上に」貝塚があることが指摘されている。中沢貝塚の報告中では「土堤状隆起部」を有する同様の地形の例として、埼玉県雅楽谷《うたや》遺跡、千葉県加曽利南貝塚が挙げられている。また、戦後に貝塚の研究を進めた酒詰仲男は、貝塚の分類を行うなかで「円形を呈しかつその部分が土手状に高くなっている」貝塚を分類系の一つとしている。昭和初期から戦後の早い時期においては、一つの遺跡に対して、自らの足で歩きながら詳細に微地形を観察し、認識可能な情報をできるだけ得るという遺跡調査における基本作業を重視している。この点は、今日の環状盛土遺構研究における形態論的視点から見て、あらためて学ぶべき研究といえる。

北関東、とりわけ寺野東遺跡の位置する栃木県南部〜茨城県西部については、遺跡踏査・調査の蓄積が少なく、縄文時代後晩期の集落跡について、あまり注意が払われてこなかった。栃木県南部および周辺にかぎれば、一九八〇年代、小山市乙女不動原北浦遺跡、茨城県下館市外塚遺跡の調査などにより、ようやく後晩期集落の文化内容の把握・研究が始まった。一九九〇年代に入ると、栃木県内において藤岡町藤岡神社遺跡と寺野東遺跡の調査が行われ、遺跡の様相把握へいたる道筋が開かれた。ちょうどこの頃、群馬県においても、安中市天神原遺跡を始めとする資料の蓄積が進み、「ブラックボックス」であった北関東にようやく後晩期集落の内容が照らし出されてきたのである。

川角寅吉の踏査

しかしながら、調べていくと、寺野東遺跡周辺でもまったく先人の考古学的研究がなかったわけではない。明治年代以降戦中にいたるまで盛んに行われた遺跡踏査・調査行のなかで、寺野東遺跡近傍での調査・採集資料の報告がいくつか認められる。いわゆる「珍品」の紹介が主であり遺跡の内容をうかがうには不明な点が多いものの、遺物の内容によっては遺跡のおおまかな時期をつかむこともでき、今日においても注目すべき部分がある。

ここで注目する川角寅吉は、明治三〇年代に、地元茨城県結城市周辺の遺跡を中心とした踏査によって得られた採集資料を精力的に学会に報告した一人で、とりわけ土偶・土版の紹介に力が注がれている。著名な茨城県下館市女方遺跡もこのあたりから衆目の知るところとなっていったようである。当時の考古学関係の雑誌を繙いてみると、一部の人たちの間では「下総結城地方」が土版を多く出土する地域として注目を集めていたことがうかがい知れる。このことは、川角の成果によるところが大きいと見てよいであろう。

若干遅れて、八幡一郎が「下総富塚」の資料を図示報告し、結城周辺地域における土器様相の一端を明らかにした。八幡は、当時氏の論点であった奥羽文化南漸論にかかわる資料として、著名な「ナスナ原」とともに「下総富塚」の資料を用いており、研究史上忘却し得ない報告である。

ともあれ、結城地方における縄文時代の研究は古い歴史を有しており、とくに川角の精力的な踏査は、遺跡分布を見る上で今日的にも注目される。寺野東遺跡周辺、とくに結城方面において、後晩期集落が比較的多くあることが学史上からも確認されるのである。

安行式文化論と大型貝塚

一九六〇〜七〇年代にかけて、関東地方における後晩期遺跡の調査が増え、この時期にかかわる社会論研究も進展する。これは土器編年を目途とした貝塚の調査が多く行われたことによるが、あわせて縄文時代内の時期区分や弥生時代との関係にかかわる諸説の展開から安行期の社会が注目された。

このようななか、後藤和民は、中期から晩期までつづく長期継続的な大型貝塚は干し貝加工の場であり、「近隣の集落が定期的・計画的に共同作業を行う場としての結集的な機能」をもつ「特殊な存在」と考えた。さらに、加曽利貝塚における大型住居跡や特殊遺構・特殊遺物の集中などから、大型貝塚をともなう遺跡が「共同作業や埋葬や婚姻などの共同祭祀を行った集落結集の場」であり、「社会組織や共同体制が長期にわたって存続していた」と結論づけている。

関東地方の拠点的な後晩期集落、とりわけ「中央窪地型環状集落」や環状盛土遺構を擁する遺跡はほとんどがこの特徴を有しており、重要な問題を後藤は提起したといえる。後晩期集落のなかで特殊な存在の遺跡があることについての指摘は、注目すべき視点であった。

近年の縄文社会論

これまでの縄文時代社会・集落研究を振り返るならば、依然として中期社会を縄文時代のなかで隆盛を極めた社会とする視点が支配的である。近年喧伝された青森県三内丸山遺跡の調査成果も「安定した中期社会」と、この後の後期に向かって不安定な社会へという歴史観を助長させているようにさえ思える。今なお関東〜中部地方の中期集落跡を基にした集落論が展開され、定住・移動を巡る問題、環状集落を巡る議論――「累積的な結果によって見かけ上環状になったにすぎず、一時期の姿は小集落と変わりがない」との説およびその批判――が縄文集落研究の中心的課題であるような状況が認められるのである。

一方、後期の集落、とりわけ東関東では、二〇〇一年に行われた第二回大学合同考古学シンポジウム「縄文社会を探る―縄文後晩期の下総台地の地域社会から」に見られるように、近年ようやく後晩期の集落・社会論研究が活況を呈しつつある。このシンポジウムの主要な発表者である阿部芳郎は、千葉県印旛沼周辺をフィールドとして、貝塚および盛土遺構を含めた遺跡形成の問題を積極的に扱い研究を進めている。

近年刊行された『縄文社会論』や、「縄文社会をめぐるシンポジウムⅠ」（二〇〇三）に代表されるように、縄文時代の社会論あるいは階層化論の動きは近年かなり活発である。一方では、細かなデータの積み重ねから集落の実態に迫ろうとする動きもある。つまり、理論的な分析から階層化社会へ積極的にアプローチする研究と、具体的な集落分析を進める研究両者の間には乖離現象が見られている状況、と整理することもできよう。このようななかで、三内丸山遺跡や寺野東遺跡の調査が行われ、その成果が一般に広く普及する一方、集落研究に対しては一定の影響を与えるに留まっているようにも見える。

寺野東遺跡に対する評価

寺野東遺跡の「発見」が、当初「縄文時代観の常識を覆す」、あるいは「祭祀的なスタジアム」として強調されたのは、縄文時代の後晩期社会に対して、これまでいかに過小に評価してきたかを示している。「祭祀的なスタジアム論」や「ランドスケープ論」についても、これまでの研究からは環状盛土遺構が「説明できない事象」であることを端的に示した逃避的な言説にすぎない。

一方で、寺野東遺跡の評価について、当時としては「異説」の集落説が現れた。阿部は、環状盛土遺構について「居住施設の構築技術」にかかわるとの意見を表明し、その後の議論の契機となった。しかし、その後も環状盛土遺構については祭祀にかかわる遺構との意見は強く、また一般的には未だにこのイメージで語られることが多い。また、別の意見として廃棄場との説がある。たとえば、岡村道雄は環状盛土遺構について、貝塚と対比しつつ、祭祀的な送りにかかわる廃棄の場との意見を示している。なお阿部は、印旛沼周辺の遺跡群と寺野東遺跡周辺を比較するなかで「道具や施設が偏在性をもって保有される状況」が印旛沼沿岸の遺跡群で認められるのに対して、寺野東遺跡を「遺跡密度の低い地域に多量の生活用具を保有して、あたかも独立するように形成されたムラは、過疎的な地域においてさまざまな活動を一つのムラでおこなう多機能な集落遺跡」との理解を示している。

環状盛土遺構の調査にかかわった筆者自身は、これらまわりからの評価に対して、ある程度理解しつつも、違和感を拭い去ることはできなかった。そして、いく人かから指摘されてきた「同じような遺跡」の存在に注目し、「類例」の確認を行うとともに、後晩期集落についてこれまでの研究を確認する作業を進めたのである。

2　環状盛土遺構の類例

ここでは環状盛土遺構の類例について、いくつか確認してみよう。逐一触れることはできないので、詳細は巻末の参考文献にあげた江原一九九九a文献を参照願いたい。

栃木～埼玉

寺野東遺跡調査中に、栃木県内の研究者から類例として多く指摘を受けていた遺跡が、栃木県藤岡町の後藤遺跡である（図87）。径約六五メートルの窪地を囲んで径約一六〇メートルとなる土塁状の高まりが環状に巡る。現在でも高まりの一部と窪地が確認できる。調査では、この土塁状の高まりは包含層として認識されたが、焼土のブロック状分布、ローム質土の堆積、獣骨片の出土、土偶や耳飾りなど「特殊遺物」の多量出土といった特徴は、寺野東遺跡と共通する事象である。出土遺物は堀之内式～晩期安行式前半を主体とする。報告図中で「動いているローム」というキャプションの付されている層があり、高まり部分の層について人為的な性質を想定されていたこともうかがえる。

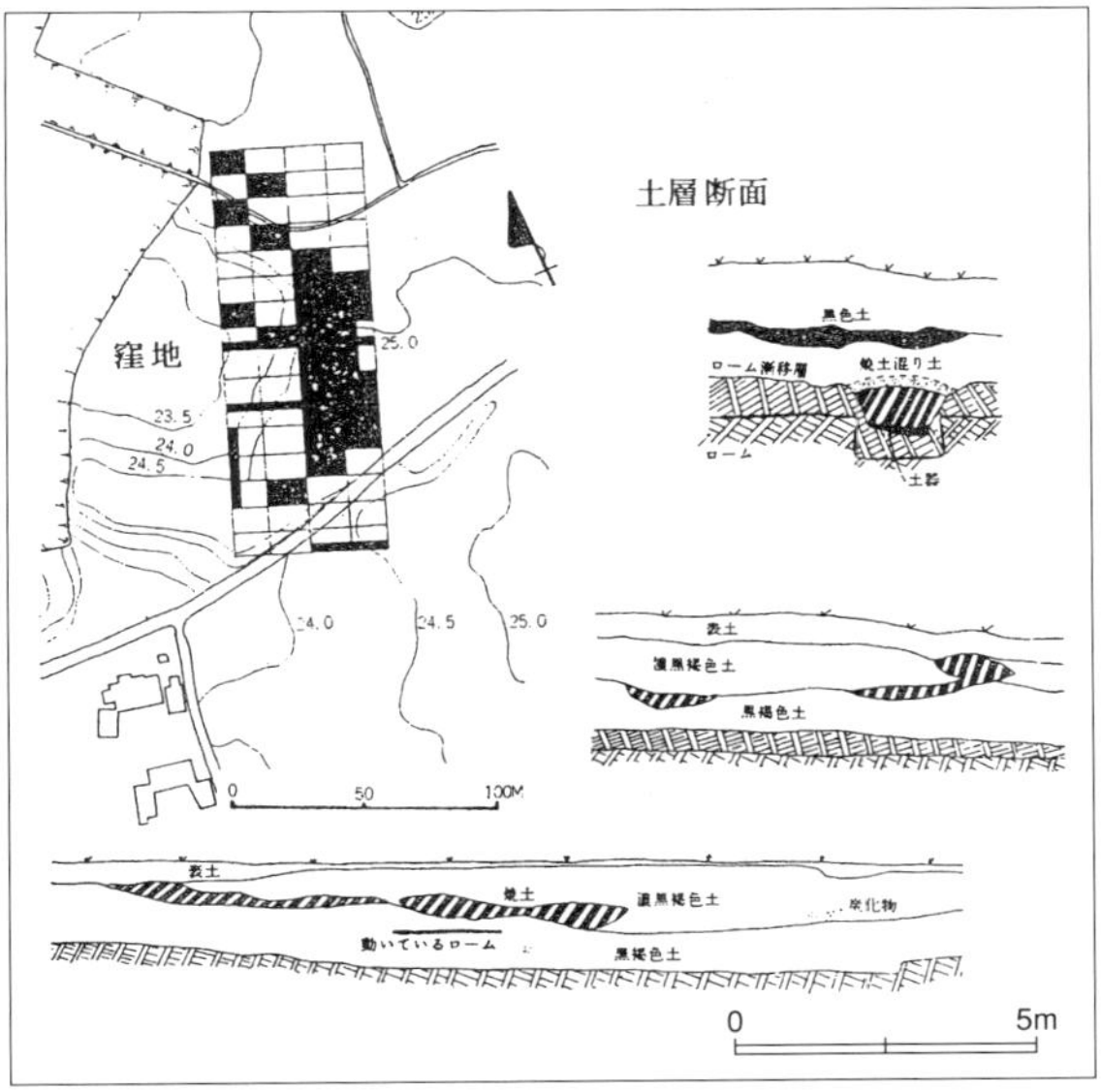

図87　後藤遺跡

　埼玉県では多くの類例遺跡が確認できるが、今のところ、ほぼ現在の大宮台地に集中している。

　雅楽谷遺跡（図88）は、大宮台地東側の蓮田市に位置し、馬蹄形の高まりと中央の窪地が確認されている。窪地と高まり部分との比高差は二・五～三メートルある。窪地は径約四〇メートルとコンパクトである。窪地と高まりの一部は、国立東埼玉病院内で今でも見ることができる。古くから多量の後晩期遺物が採集できる遺跡として著名だったようで、かつて「表採少年」であった私の知り合いも多数の遺物を拾えたと話している。『埼玉県史』では、微高帯の成因を「後期後半以降の人為的作用の結果」と記されている。

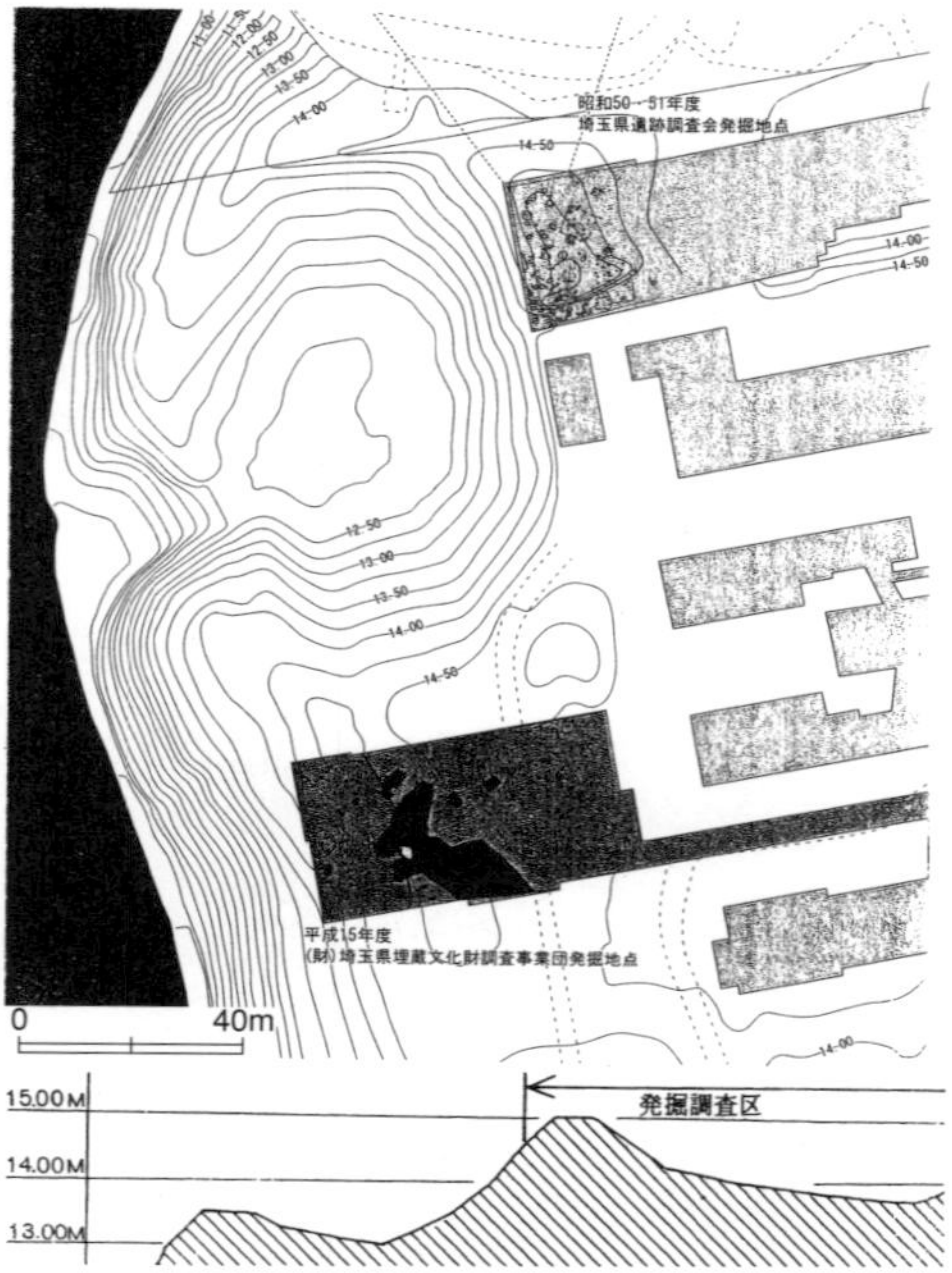

図88　雅楽谷遺跡

最初の調査では高まり部分において、加曽利B式・後期安行式期の住居跡計六軒などが確認された。二〇〇三～二〇〇四年には、高まりの端部附近が面的に調査された。層自体は薄いものの、確実な盛土層とともに、住居跡二軒、竪穴状遺構二基、土坑一七基、および多量の遺物が確認された。

さいたま市馬場《ばんば》小室山《おむろやま》遺跡は、七〇×六〇《メートル》の窪地に面して土堤状の高まりがある。旧地形が失われている部分も多いが、五ケ所のマウンド状部分が窪地を囲むように巡るとの指摘がある。二〇〇四年度の調査は、土堤状部分のやや広い範囲にわたるもので、複数層から構成される盛土層が確認されるとともに、盛土層中・盛土下から多数の住居跡や、多量の晩期土器をともなう大形の土坑が見つかっている。最上層にある晩期黒色土の下位にはローム質の土層があり、「盛土遺構」と考えて問題ない。

川口市石神貝塚は、小規模なヤマトシジミ主体の貝塚十数ケ所からなり、範囲は南北三〇〇《メートル》に及ぶ。西貝塚は安行1式から同3a式を中心とし、貝層下には堀之内2式期の住居跡がある。東貝塚の形成は後期中葉から晩期前葉とされる。

近年の調査において、東貝塚の一部で盛土層が確認された。報告ではローム質土中から旧石器時代の石器が加曽利B2式～安行式とともに出土したことから、「削りとられたロームが意図的に盛られた可能性が高い」とされた。また住居覆土層の観察から、「住居や関連遺構を埋める行為のなかで盛り土が形成された」と考察されている。

以上のほかにも、大宮台地の後晩期拠点集落とされる遺跡では類似する様相を示すものが多い。著名な桶川市後谷《うしろや》遺跡、同市高井東遺跡、鴻巣市赤城遺跡、蓮田市ささら遺跡などは、盛土層または近い様相の包含層、あるいは近似する微地形を確認できる。後谷遺跡では住居跡群内側の窪地部分で、本来あるべきローム層中の暗色帯が見られず、人為的削平についての議論がなされたようである。赤城遺跡と高井東遺跡では中央窪地を取り囲むように住居跡群がある。

一方、窪地や高まりが明瞭ではなく、あるいはローム質とは観察されていない包含層の例もある。つまり、大宮台地の後晩期遺跡すべてに環状盛土遺構や「中央窪地型環状集落」があるとはいえないことも認めなければならない。

千葉県

次に千葉県の類例をいくつか示してみよう。

印旛沼沿岸の集落遺跡例としては、佐倉市吉見台遺跡と同市井野長割《いのながわり》遺跡が挙げられる。

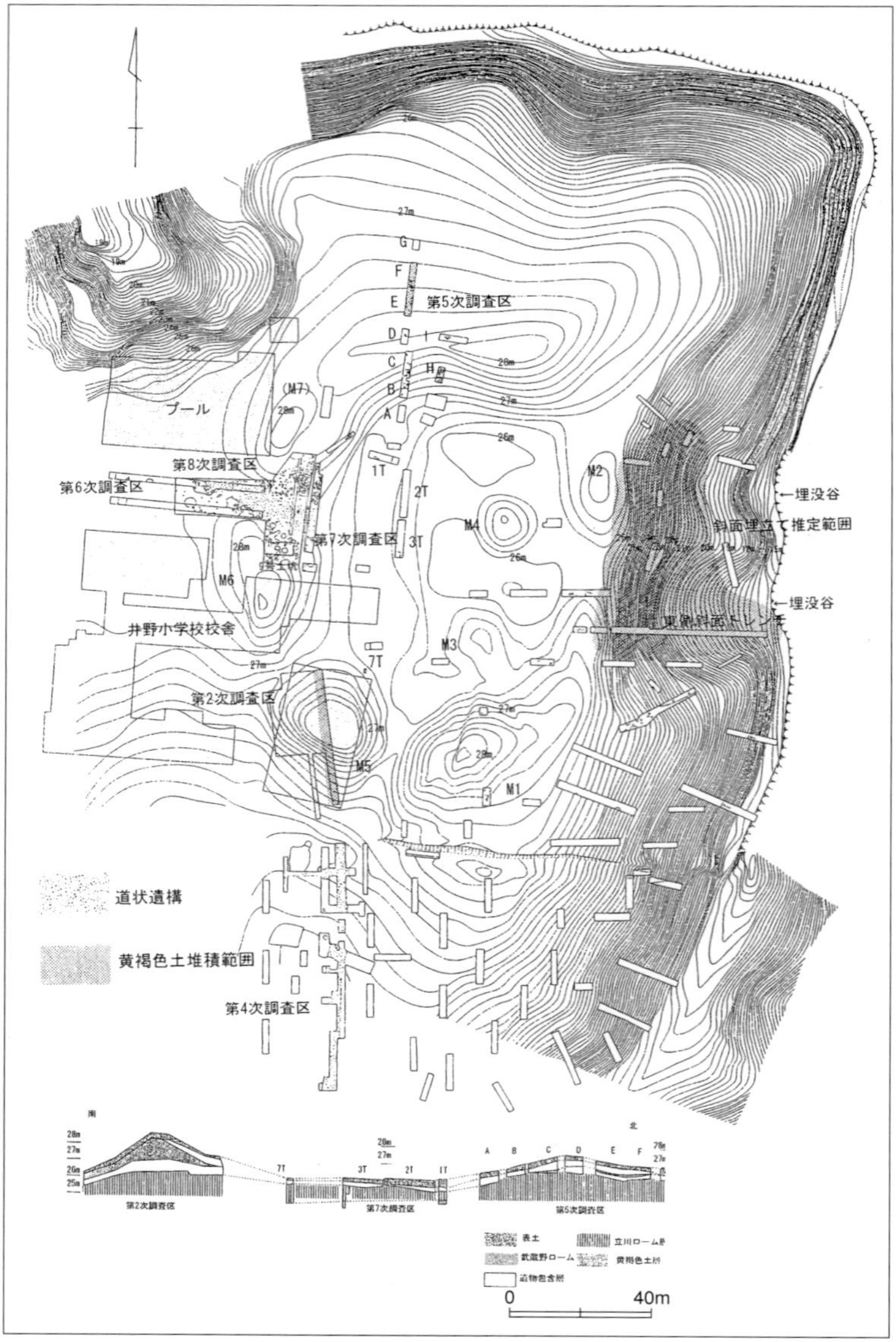

第5次調査区
G
F
E
D
I
C
H
B
A
(M7)
プール
第8次調査区
第6次調査区
1T
2T
3T
M4
M2
第7次調査区
M6
井野小学校校舎
M3
7T
第2次調査区
M5
M1
←埋没谷
斜面埋立て推定範囲
←埋没谷
東側斜面トレンチ
道状遺構
黄褐色土堆積範囲
第4次調査区
南
北
第2次調査区
第7次調査区
第5次調査区
表土
立川ローム層
武蔵野ローム
黄褐色土層
遺物包含層
0
40m

図89　井野長割遺跡

井野長割遺跡（図89）は後期から晩期の拠点集落である。環状盛土遺構は、南北一六〇メートル、東西一二〇メートル程の楕円形に巡るもので、推定では七基のマウンドより構成されている。

外盛土は弧状につながり、ほぼ環状に巡る。外盛土に囲まれた範囲内は窪地状地形となるが、内盛土はこの窪地状地形にかかる部分で単独的に位置する。盛土は、後期末葉から晩期前葉に形成されたと考えられている。盛土の内部には小規模な貝塚や住居跡などもある。中央窪地起源の「ローム質黄褐色土」は、斜面の一部、マウンドの頂部から裾部にかけて認められる。斜面部の盛土は、最大二メートルに及ぶ。

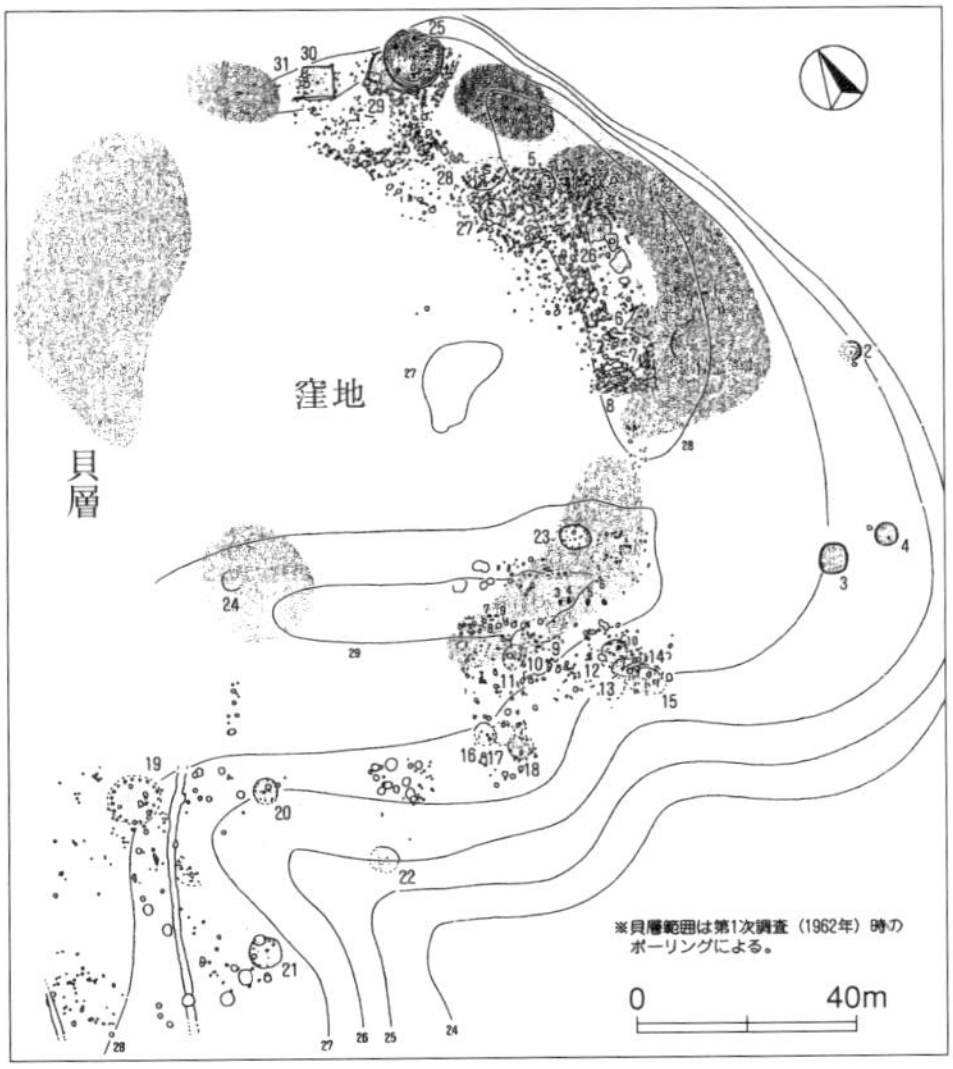

図90　中沢貝塚

吉見台遺跡は、中央の窪地が径八〇〜一〇〇メートル、高まり部分との比高差は一・三〜二メートルある。台地平坦面の高まり部分で多量の遺物を含む層および住居跡などの遺構がある。報告書でも馬蹄形の高まりに注意が払われている。

鎌ヶ谷市中沢貝塚（図90）は著名な馬蹄形貝塚で、直径一三〇メートルの馬蹄形高まり部分に貝層六ケ所がある。高まり部分の「包含層」では堀之内式から加曽利B式が目立つ。住居跡は堀之内式期が多いようである。第一四次調査で「二次堆積ロー

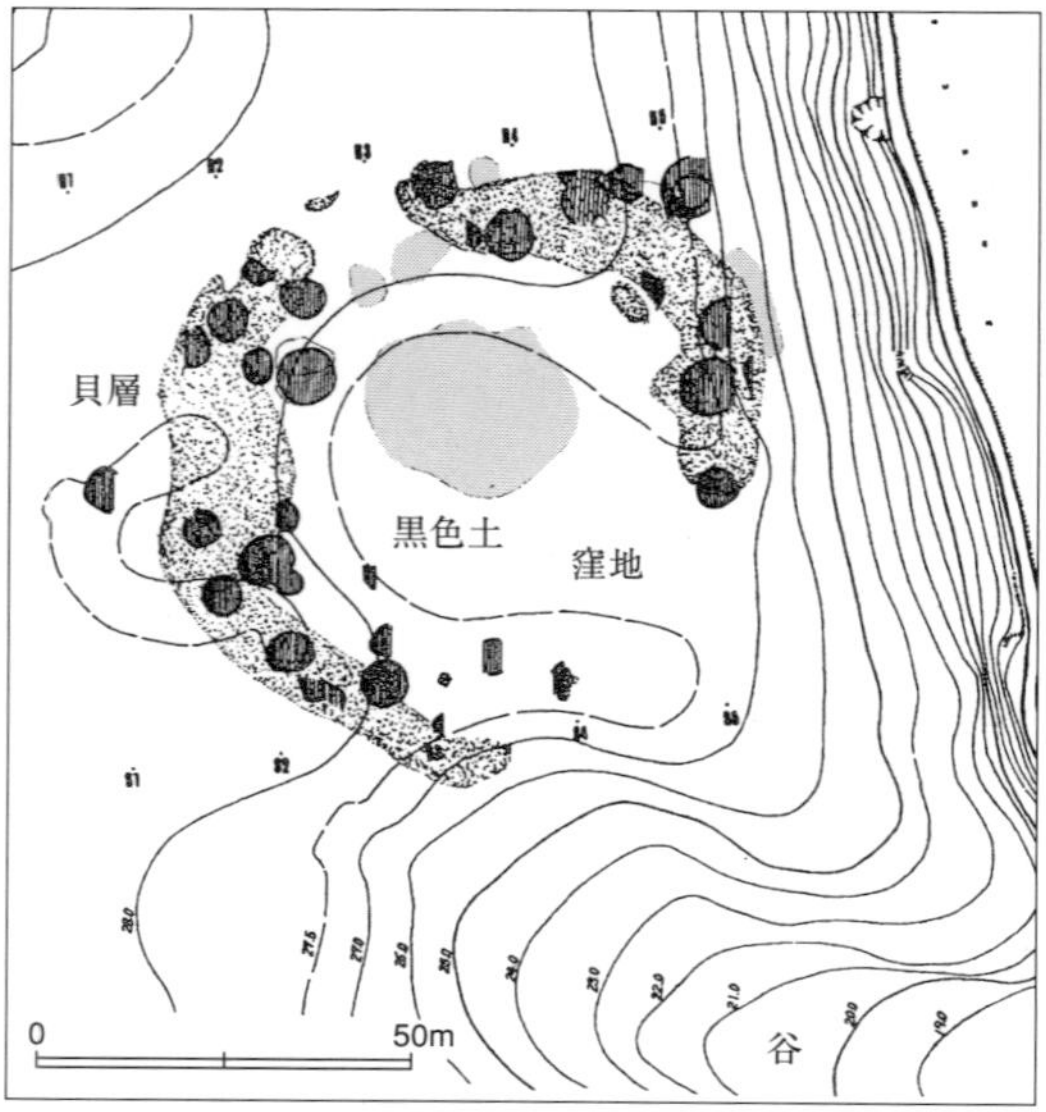

図91　貝の花貝塚

ム」が検出されている。

松戸市貝の花貝塚（図91）は、径七〇～八〇メートルの馬蹄形貝塚である。堀之内式～加曽利B式までは貝層の堆積が顕著だが、後期後半から晩期の貝層は地点が限られるとともに小規模となる。住居跡は中期後半～晩期まで認められるが、後期中葉以降はきわめて少ない。

貝層分布範囲で、不整楕円形の窪みにローム質土が充填される「貼りローム様遺構」がある。また貝塚内側の東西六二メートル、南北六〇メートルの範囲には晩期包含層がある。報告ではローム面上に晩期土器が出土し、中期や後期の土器がないことから、「縄文時代中期末から後期の間、中央部はほとんどローム層がむき出しの状態で放置されていたとみなければ、その後の晩期遺物の包含状態を説明できない」として、晩期あるいは「遺跡形成期から」、「中央部がなんらかの理由によって、ローム面まで削りとられていた」との所見が示された。

千葉市加曽利南貝塚は、東京湾岸にある直径約一七〇メートルの後期を主とする馬蹄形貝塚である。『史前学雑誌』において「おおむね隆起して低き凸堤状をなして堆積しかつこれは長く、連続している」と、その形態が注意されていた。貝層の分布範囲は周囲より〇・五～一メートル高く、内側の完全に閉じた窪地とは二・五メートル程の比高差がある。貝層の形成および住居跡の設営時期は、堀之内１式、加曽利Ｂ１・２式期をピークとする。貝層内側縁辺で晩期の黒色土包含層が形成され、一方貝層の高所にはローム質土の堆積も確認されている。

図92　三輪野山貝塚

報告書中では、地理学側から窪地の成因は自然地形によるものと想定されたが、考古学側からは人工の疑いがあるとの所見がある。

流山市三輪野山貝塚（図92）は、東西一二〇メートル、南北一〇〇メートルの馬蹄形貝塚である。近年行われた調査により、集落および貝塚をともなう環状盛土遺構であることが明らかとなった。集落は中期末から始まり、堀之内１式期には貝塚外周に五七軒の住居跡が確認されている。貝塚の形成は堀之内２式期からで、以降晩期中葉まで貝層や住居がつくられる。中央の窪地は直径約八〇メートルで、周囲とは最大二メートルの比高差を有する。この窪地では上位のロームが消失し、窪地ローム面上位に晩期土器片が出土していることから、人為的な削平と判断された。

環状盛土遺構は高さ約一・五メートル、幅約二〇メートル、直径一二〇メートルで、盛土は中央窪地起源と考えられている。斜面での盛土も顕著で、堀之内１式以降、削り取り→盛土という斜面整形行為も数次にわたっている。台地南西端の一角では後期斜面盛土の一部を削り道路状遺構がつくられ、ふたたび

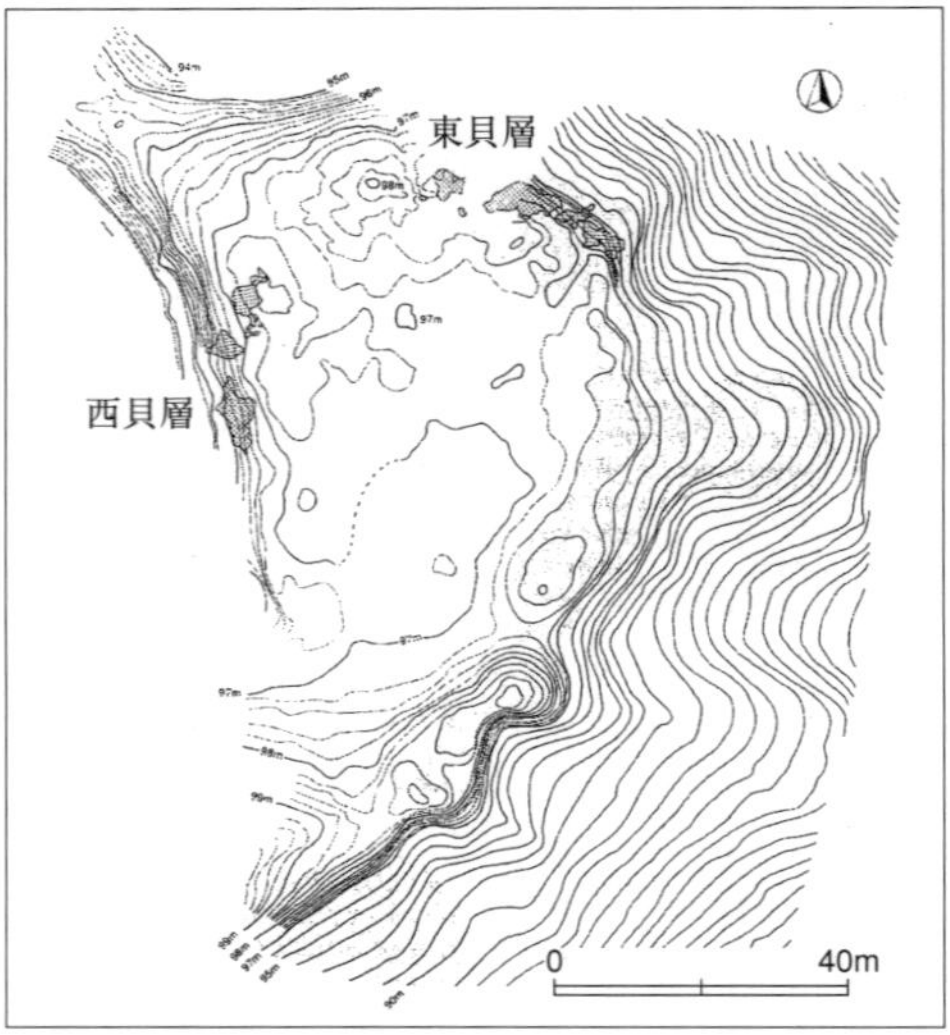

図93　三直貝塚

晩期中葉期にローム起源の土で埋め戻している。

君津市三直《みのう》貝塚（図93）は、内房の台地～丘陵頂部に位置する、中期後半から晩期中葉までの集落跡である。後期前半までは斜面を中心に住居が設営されていたが、加曽利Ｂ２式期から丘陵頂部を削平しこの土を斜面部へ排出するとともに、斜面へかかる縁辺部分をさらに高くするような盛土が形成される。盛土の外径は約一四〇メートル、盛土幅一〇～二〇メートル、高さは最大で一・八メートル、中央窪地径は二五～三〇メートルである。盛土中で確認された長径一一メートルの大形住居跡の覆土は黄褐色ローム土で埋められており、「盛土の上でふたたび住居などが営まれて、それがまた埋められるという行動のくり返しによって盛土が高くなっていった」と指摘されている。

印旛沼沿岸遺跡群のなかでは、阿部芳郎が千代田遺跡群八木原貝塚で斜面盛土を確認しているほか、曲輪の内貝塚で中央窪地を取り囲む高まり部分の調査を行っている。曲輪の内貝塚では、高まり部分に二次堆積ロームがなく、また窪地が自然の谷地形であることが推測されている。また、阿部は千代田遺跡Ⅳ区の古墳とされた高まり二基について、マウンド状盛土遺構と指摘した。

類例の共通点

これまで述べてきた環状盛土遺構の類例相互を比較してみると、多くの共通部分を見出すことができる。第一に、現盛土部分とは別の地点にあったローム質の褐色土などが、移動により、ある一定部分に塚状の高まりを形成していることである。第二に、形成時期が後期中葉から晩期までの例が目立つことである。ほとんどの遺跡が少なくとも長期継続的な「拠点集落」としての側面を有している。このことは、特殊遺物も含めた多量の遺物の出土に表れている。一方で、住居跡の数や墓・貯蔵穴の数は少ないという傾向が認められる。少なくとも、一般的な中期集落跡とくらべると、住居跡検出数はきわめて限られていることが確認される。

多様性

共通項の指摘とともに、近年の調査例も含めた類例を見ていくと、遺跡の内容・盛土の形態がかなり多様であることに気づく。環状盛土遺構と確定的な判断がなされた遺跡でさえ、その様相は多様である。

第一に、盛土形態の多様性が確認できる。連続した堤状の高まりが窪地を取り囲むもの、凹凸の顕著な「塚状の高まり」がブロック状に巡るもの、集落内に単独的にマウンド状の盛土遺構を擁する例などがある。視点を変えると、集落の中核部分が環状盛土遺構で、盛土部分がそのまま主要居住域である可能性が高いもの、中央窪地型の馬蹄形貝塚と複合するもの（貝層分布範囲部分に盛土があるもの）などもあり、これらを明瞭に区別できない例も多い。また、盛土のつくられる場所についても、台地平坦面例、斜面例、両者が複合する例などがあり、一律ではない。中央窪地型の環状盛土遺構例では、両者の複合例が多い。

近年の調査例から確認できる注目点は、中央の削平したローム質土を用いこれを斜面部へ排出した盛土層である。この斜面部の盛土・排土行為と、おそらくこれと段階的に平行および後出しつつ、斜面にかかる台地肩部に、より上位に形成される盛土＝「マウンド」とが複合して累積的な高まりが構成され、盛土遺構が形成されていくのであろう。平面的には弧状の連なり、断面的には塚状の高まりの複合連鎖によって環状盛土遺構が生成されていくともとらえることができる。

集落内の遺構配置では、細別各時期の居住域の位置を注意したい。従来、市原市域の集落跡などで後期から晩期へと住居跡の占地が内側中心部分に移っていく傾向が見受けられ、環状盛土遺構を擁する集落跡の晩期における窪地での居住活動の活発化と共通する事象として注目していた。しかし、盛土分布範囲における晩期住居跡も井野長割遺跡などで確認され、晩期にいたる動きも複雑なようである。三輪野山貝塚における晩期斜面盛土およびこの部分における「道」の構築なども、晩期における複雑な盛土形成およびその場での利用過程をうかがうことができる。

分布の偏り

もう一つ注目すべき点は、分布の偏りである。今後の調査の進展にもよるが、今のところ、下総台地、大宮台地および北関東（渡良瀬川基部）で「類例」が集中している（図94）。下総台地の東京湾沿岸については、ほぼ大型の馬蹄形貝塚にかぎられており、これ以外の環状盛土遺構は、印旛沼周辺のように、やや内陸に位置するものが多い。また内房総地域についでは、君津市三直貝塚のように、かなり南側までその分布が広がることが明らかとなってきた。一方千葉県北西部旧利根川沿いでの分布は、埼玉県南部や茨城県南部の遺跡群と連続的な分布を示すようにも見える。

後晩期における環状盛土遺構や「中央窪地型環

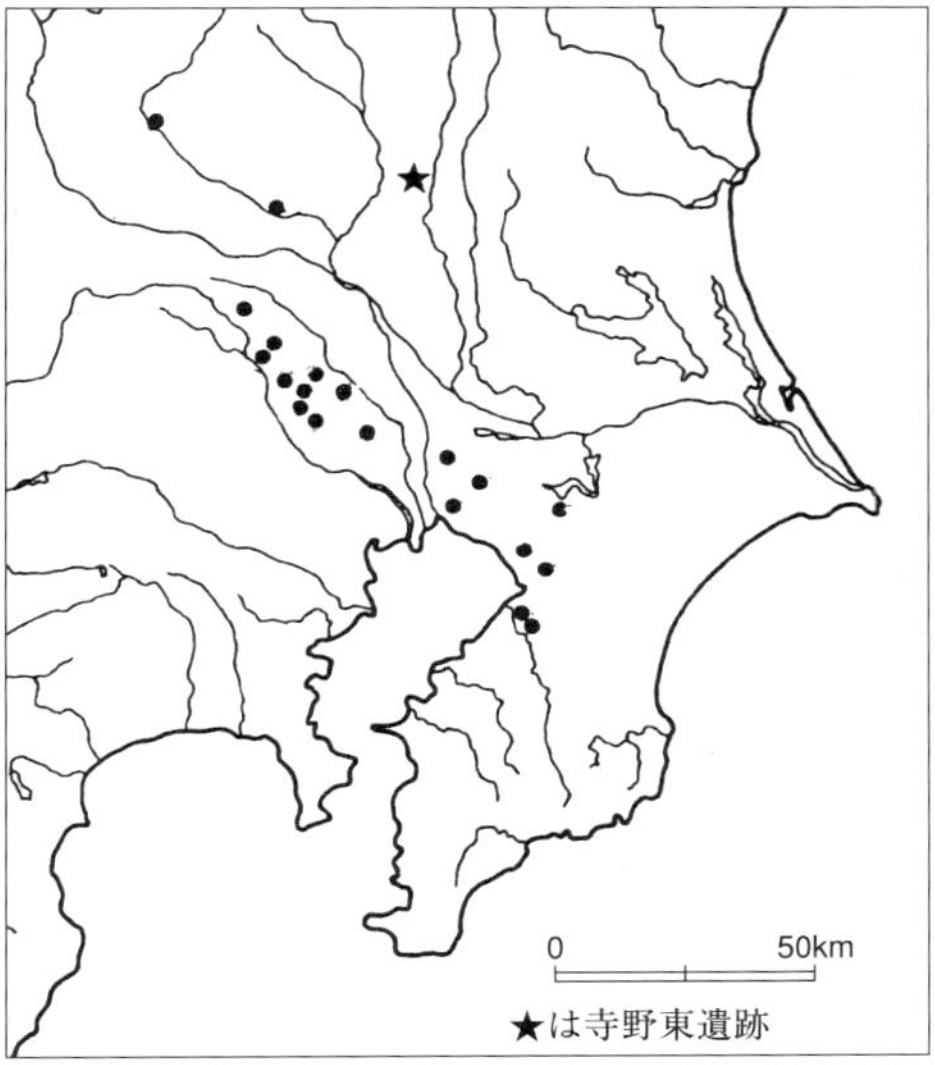

図94　中央窪地型環状集落の分布
（1999年作成）

状集落」の地理的偏在状態については、ある程度「文化的な問題」としてとらえる必要もあろう。

可能性のある遺跡

近年の調査あるいは再検討でも類例の確認は相次いでいる。千葉県木更津市上宮田台《かみみやただい》遺跡、栃木県宇都宮市刈沼《かりぬま》遺跡、芳賀町上《のぼ》り戸《と》遺跡などは、近年の調査で盛土あるいは削平部が確認された遺跡である。また茨城県域においても、盛土遺構や中央窪地型集落の可能性がある遺跡として、五霞町石畑《いしはた》遺跡、取手市上高井神明貝塚などがある。これらについても今後の検討がのぞまれる。

いずれにしても、環状盛土遺構・類例遺跡では、近年の調査成果によって、拠点的な集落跡としての側面を追認できた。面的に調査し得た遺跡例からは、その形成過程・構造についての分析も可能な状況にある。ただし類例探索の作業は、集落形態の相同性、共通性に注目することによって、結果として環状盛土遺構を集落形態の「型」として概念化したこととなり、その強調によって、それぞれの遺跡間の普遍性を強調した点は否めない。寺野東遺跡も含め、今後は遺跡それぞれの特性を把握してゆく方向性も必要であろう。

3　環状盛土遺構の研究現状

前節で確認してきた、寺野東遺跡環状盛土遺構と類似する構成の後晩期遺跡は、かつて集成した以上に近年増加している。しかしそれらの類例すべてについて、環状盛土遺構といえるわけではない。筆者は、削平―盛土行為が調査により明らかとなった場合において盛土遺構と呼称すべきと考えている。この盛土遺構のなかで、盛土部分が環状に巡るものについて、環状盛土遺構と定義できる。現地形の観察から中央窪地が認められるものの、盛土や削平が確認されていない例については「中央窪地型環状集落」とよべばよいであろう。

環状盛土遺構の盛土部分は、居住痕跡の明確な中央窪地型後晩期環状集落では住居跡が占地する場に相当する。窪地縁辺の高いレベルにある部分が、より固定的な場として長期的に維持されることにより、中央窪地型環状集落は形成される。さらに、盛土―整地行為が顕著となった場合、したがって盛土・削平による比高差が顕著となって環状盛土遺構という集落形態が生成されると考える。

盛土部分における住居跡検出例は、三直貝塚・馬場小室山遺跡を始め近年増加しており、盛土部分が居住域であるとの推定は、より蓋然性が高くなっている。一方で独立的な塚状のマウンド例や、環状～弧状に居住域が連続するとは考えにくい例も確認されており、円環部分すべてを居住ゾーンと考えてよいのかという問題は残されている。斜面への土の廃棄例についても、平坦面の確保という視点のみではとらえがたい例がある。かつて筆者は「象徴論・観念論的な見方をすれば、居住痕跡を明瞭に残さない一方で、より三次元的に集落形態を表現する中央窪地型集落が、環状盛土遺構といえるかもしれない」と記した。削平部と窪地起源の盛土という対応関係について考慮すれば、単純に居住痕跡の累積のみで盛土の形成過程を説明するのもむずかしいといえる。

今日、中央窪地型の後晩期環状集落のうち、盛土が認められるものについては、小規模な貝塚をともなう例についても、環状盛土遺構と判断される例が多い。一方、大型馬蹄形（環状）貝塚については、調査例が少ないこともあって、貝塚の形成に関する議論とともに、中央窪地の削平に関する議論も進展していないようである。先に示したように、大型馬蹄形（環状）貝塚でも盛土―整地行為の可能性がある例は多いと考えるが、盛土形成と貝塚形成過程、および相互の関係性について、研究が進められていくべきであろう。

近年阿部芳郎らは、印旛沼沿岸の遺跡について、踏査や発掘調査を基にした調査・研究を進め、土器塚や盛土遺構を擁する遺跡の形成過程について分析している。研究の一環として行われた曲輪の内貝塚の調査では、調査データの整理から、「環状盛土遺構」と推定できる形態だが、中央窪地起源のロームによる盛土ではない、という判断を示した。つまり、中央窪地は人為的な掘削によるものではなく、自然地形ととらえたのである。この点は今後も議論すべき問題となろうが、窪地形成過程について、考古学的なデータの蓄積が必要と考える。

また阿部は、環状盛土遺構という用語が「祭祀的な大規模遺構が存在することを主張するためにつくられたもので」、「遺跡形成の実態に対して適切な用語であるとは思われない」との批判を述べた。さらに「高まり自体が意図的な構造物であったという結論を先に含意している〈盛土〉という用語は、学術用語として再検討されるべき」として「谷奥型環状遺丘集落」との用語を提唱している。

この批判に対して、私たちは次のように考えている。環状盛土遺構という用語は祭祀的な大規模遺構であることを主張するためにつくられた用語ではない。このことは、報告書および本書中にも記してきた。また、環状盛土遺構が結果的につくられたものか、ある程度の計画性を認めるかの議論は、環状貝塚や環状集落と同様に、用語の問題とは別に議論すべきことと考える。

さらに、盛土という言葉そのものは、調査で確認された事象を基にした言葉であり、結論を先に含意しているとはいえない。そもそも、盛土遺構という用語そのものは、寺野東遺跡での命名以前の段階ですでに使われていた用語であり、研究史を踏まえた用語である。環状盛土遺構という言葉は、集落類型論的な概念をも包摂しているとはいえ、原則的には考古学的に確認された事象を基にした用語である。環状構成ではないことが明らかな場合や確実な盛土が確認できないのであれば、環状盛土遺構との用語を使う必要はない。筆者も含め、慎重にこの用語を使う姿勢を保ちたい。

Ⅶ 寺野東遺跡と領域研究

この章では、寺野東遺跡周辺の縄文時代後晩期について概観し、当時の領域や社会を探る一歩を記してみたい。あわせて、周辺の縄文時代後晩期集落と比較し、寺野東集落の特性を浮かびあがらせてみよう。

1 周辺の遺跡

これまでの研究では、利根川左岸〜鬼怒川右岸間の台地における後晩期遺跡の密集について、いくつかの指摘がある。たとえば『古河市史』においては、古河市内の加曽利B式期から安行式期の遺跡を二つに群別し、群内にある二遺跡いずれもほぼ一キロの距離にあることが示された。そして群内にある遺跡間の関係について、遺跡間関係の変化や拠点の移動を想定し、さらには「単位集団を連帯する上位の組織の在り方」の変容についても指摘された。

小山の南隣の町である『野木町史』において、新田裏遺跡をはじめとする三遺跡が約一〜二キロ間隔で分布することに注目し、「これら数か所の集落間に日常的な食糧や資源の獲得をめぐる周辺の

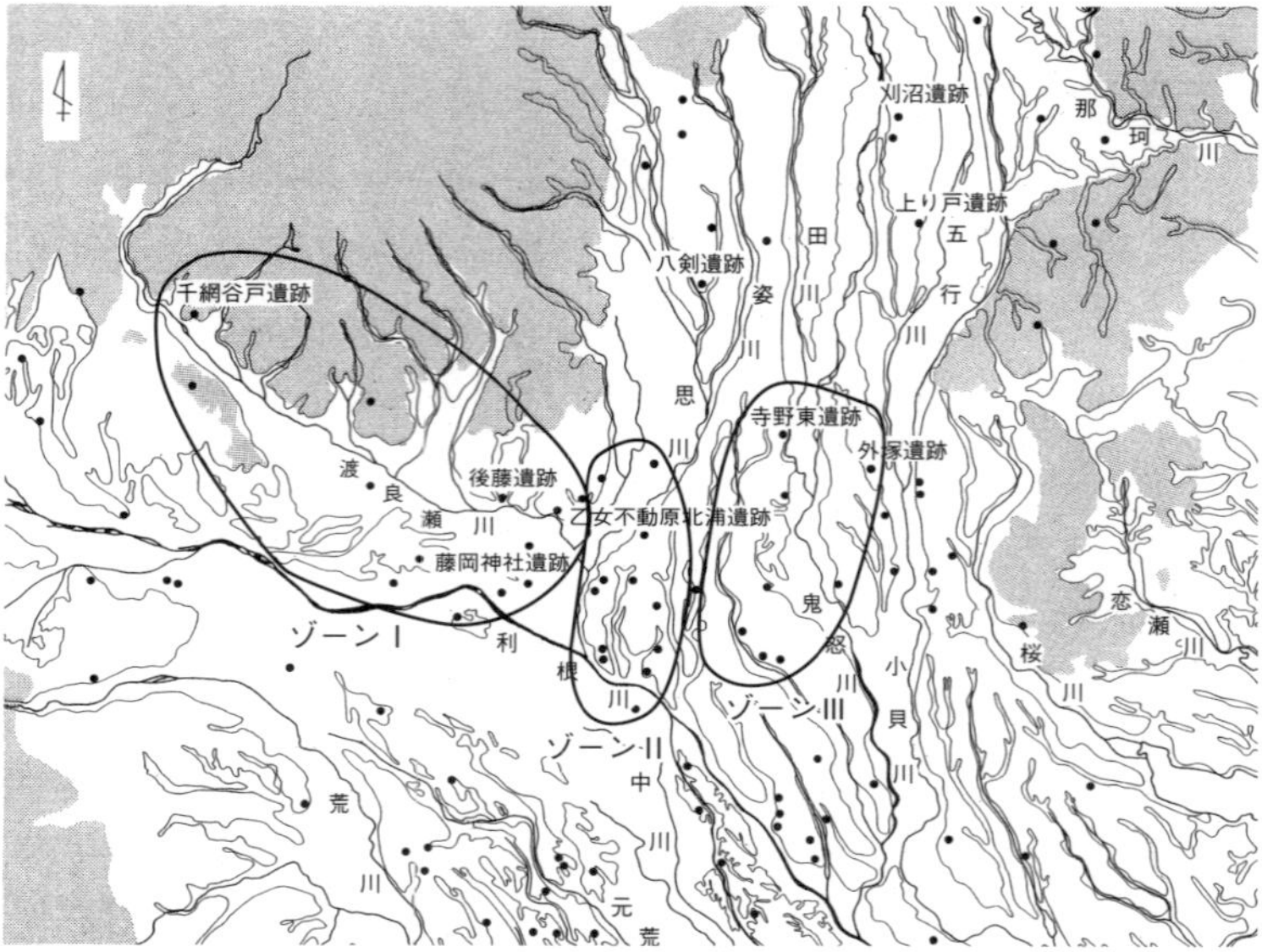

図95　北関東中部の縄文後晩期遺跡分布

土地の利用に関して共通の取り決めが存在し」ていた可能性について触れている。これは、河川に沿っての遺跡分布がより密であることに注目し、「網漁」や狩猟における「協業」を想定したもので、「集落間の密接な関係」を想定されたものである。

遺跡の分布

これらの指摘を参考に、あらためて本地域の遺跡分布を見てみよう(図95)。一瞥して気が付く点は、現利根川の中流域に比較的濃密な遺跡分布を示すと同時に、並行する支流域にも遺跡が比較的多く点在していることである。現利根川は、茨城県五霞町付近~現渡良瀬遊水池で思川および渡良瀬川と分岐し、利根川および渡良瀬川は群馬県側、北西方向の上流へつづく。この方面では、藤岡町藤岡神社遺跡、板倉町板倉遺跡、桐生市千網ヶ谷戸遺跡といった後晩期遺跡がある。この地域をゾーンIとしよう。一

表12　3遺跡の土製品出土量

	耳飾り	土製垂飾品	貝輪状土製品	土偶	土版	手燭形土製品	蓋	粘土塊
藤岡神社	1,056	93	205	205	33	13	19	(22)
寺野東	381	236	365	293	28	10	206	218
乙女不動原北浦	59			18	19	1		

( )は実測図掲載点数、垂飾品には、サメの歯形、棒状含む

方利根川と思川・渡良瀬川との分岐点附近となる、古河市~野木町~小山市の利根川沿いに濃密な遺跡分布がある。これをゾーンⅡとする。さらに、鬼怒川との間の台地、猿島台地あるいは小山台地とよばれる台地内の樹枝状に開析された小河川沿いに遺跡が点在する。鬼怒川流域の遺跡も含め、ゾーンⅢとしておこう。総和町および三和町（現古河市）の遺跡である釈迦才仏遺跡、恩名観音面遺跡、二十五里寺遺跡などがその代表である。

これら利根川~思川左岸およびこれと鬼怒川に挟まれた地域の遺跡群を「渡良瀬川基部遺跡群」または「利根川中流域遺跡群」と呼称する。これらの遺跡は、発掘調査例が少なく、遺跡の内容について明らかなものは少ない。しかし、いくつかの遺跡を踏査してみると、多量の遺物を広い範囲で採集することができ、一定規模以上の集落跡と推定できる例が多い。

各集落の特徴

ここでは、調査された遺跡における遺物について概観してみよう（表12）。ただし、包含層の厚さや調査面積などが大きく影響することから、実質的な各ムラのもっている数量ではない。

これを見ると、耳飾りが多い藤岡神社遺跡、土偶・土製垂飾品多出の寺野東遺跡、という傾向が読みとれる。しかし、藤岡神社遺跡では加曽利B式期がほぼ欠落し、一方寺野東遺跡では後期末が比較的稀薄であることを考慮しなければならない。とはいえ、藤岡神社遺跡における耳飾りの出土数量は、遺跡の特徴を示していると考える。

耳飾りの形態・文様を見ても、藤岡神社遺跡で見られる曲線文様が発達するいわゆる「漏斗状透

かし彫りタイプ」や、二〜四単位の工字状文が描かれる例などが、寺野東遺跡を始めゾーンⅢでは少ないことが確認される。

耳飾りは、装身具であるとともに、通過儀礼にともなうもの、あるいは他集落への交易品と考えられている。ただし、つねに身につけていたのか、集落構成員のうちどの程度の人びとが付けていたのかなど、わからない点は多い。透かし彫りのきわめて精巧なつくりのものは、「専業集団」の存在を想定させるほどの技術の高さがうかがえる（図96）。また、耳飾りの胎土（つくる粘土）を観察すると、土器のように鉱物を含むものが少ない。おそらく土器製作とは別の製作システムが成立しているのだろう。ともあれ、藤岡神社遺跡や千網ヶ谷戸遺跡では耳飾りの「生産」が行われていたことは間違いない。

耳飾り以外の遺物でも遺跡それぞれの特徴を見出せる。土版では正中線＋鋸歯文を描くもの、あるいは隆線による装飾のものが藤岡神社遺跡では目立っており、寺野東遺跡との差異がある。後期土偶についても、ゾーンⅠでは刺突および沈線を主文様とする山形土偶が安定して存在している。土器についても、「天神原式」や、安行３ｃ・同３ｄ式、姥山Ⅱ式〜前浦式、大洞式について、各遺跡で組成上の差がある。千網ヶ谷戸遺跡と寺野東遺跡の晩期土器をくらべると、様相の違いは明瞭であろう。（図80、97）

住居跡の違い

この地方における住居跡（図98）についてはかならずしも良好な例に恵まれていないが、ゾーンⅠの藤岡神社遺跡では、方形基調で四本主柱、コの字状入口ピットなど、大宮台地で確認されていた典型例およびその変化例が主体である。

一方ゾーンⅡ・Ⅲでは、円形または楕円形を基

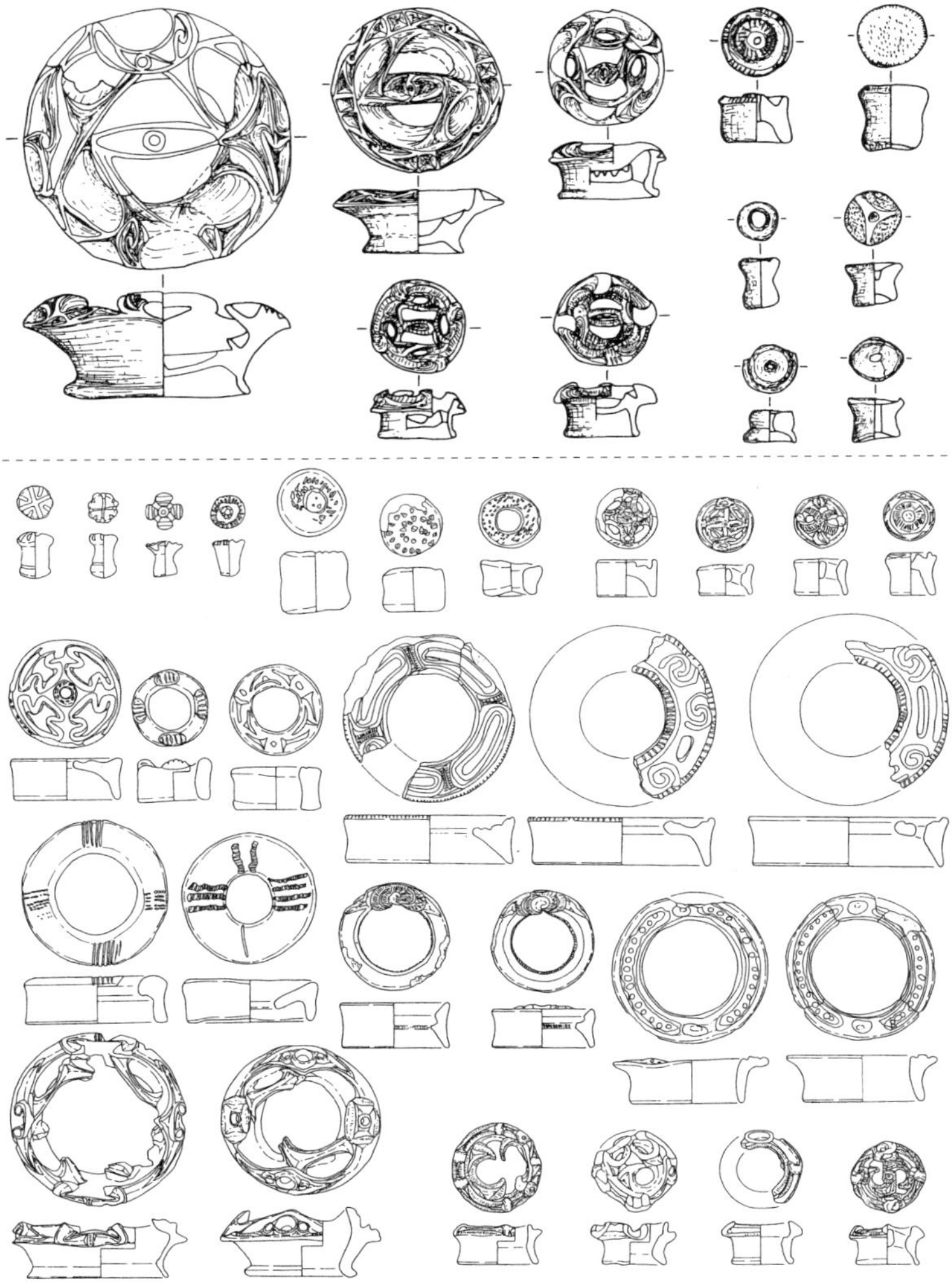

図96　耳飾り（上段：千網ヶ谷戸、下段：藤岡神社）

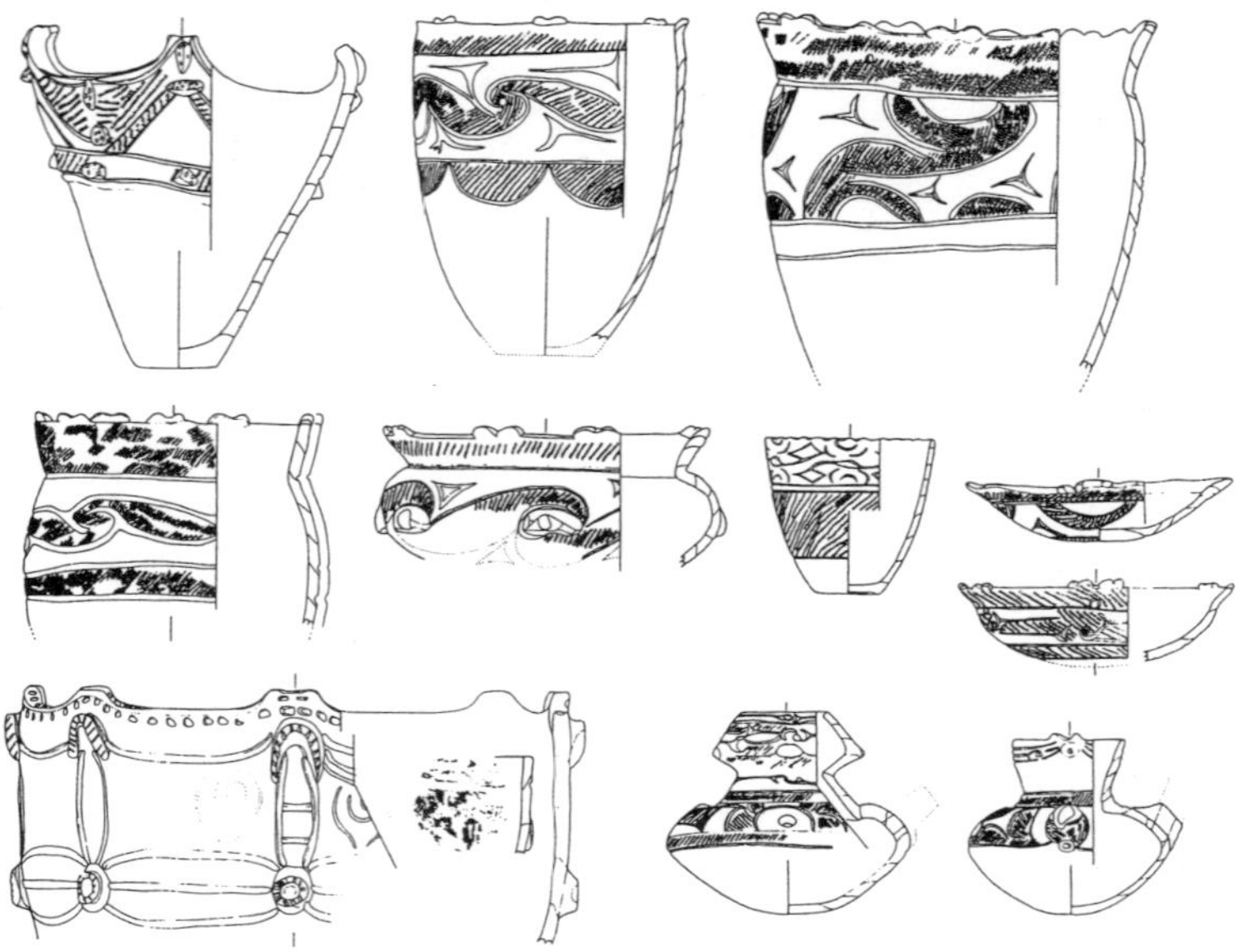

図97　千網ヶ谷戸遺跡の晩期土器

調とする住居跡が多い。乙女不動原北浦遺跡では、方形の住居跡が一軒あるのみで、円形〜楕円形基調のものが主体を占めており、この遺跡の特徴をうかがうことができる。

寺野東遺跡における後期後半の住居跡では、やや丸みを帯びながらも方形基調で、四本の主柱穴と奥壁に三本の良好な柱穴を有するものが目立つ。壁柱穴が密に巡らず、奥壁または左右壁面のコーナーおよび中間の位置に大きく深い柱穴を有する点が特徴である。壬生町八剣遺跡や乙女不動原北浦遺跡のみならず、藤岡神社遺跡でも類似する例や、対応する柱穴を見出せる例がある。

ともあれ、住居跡の形態にいくつかの種類があり、それぞれの遺跡で主体的な形がある一方で、異質な例（他の遺跡で主体的な例）も観察できる。言い換えれば、ゾーンⅠ、Ⅲそれぞれの拠点集落跡内において、主体となる住居の「型」（つ

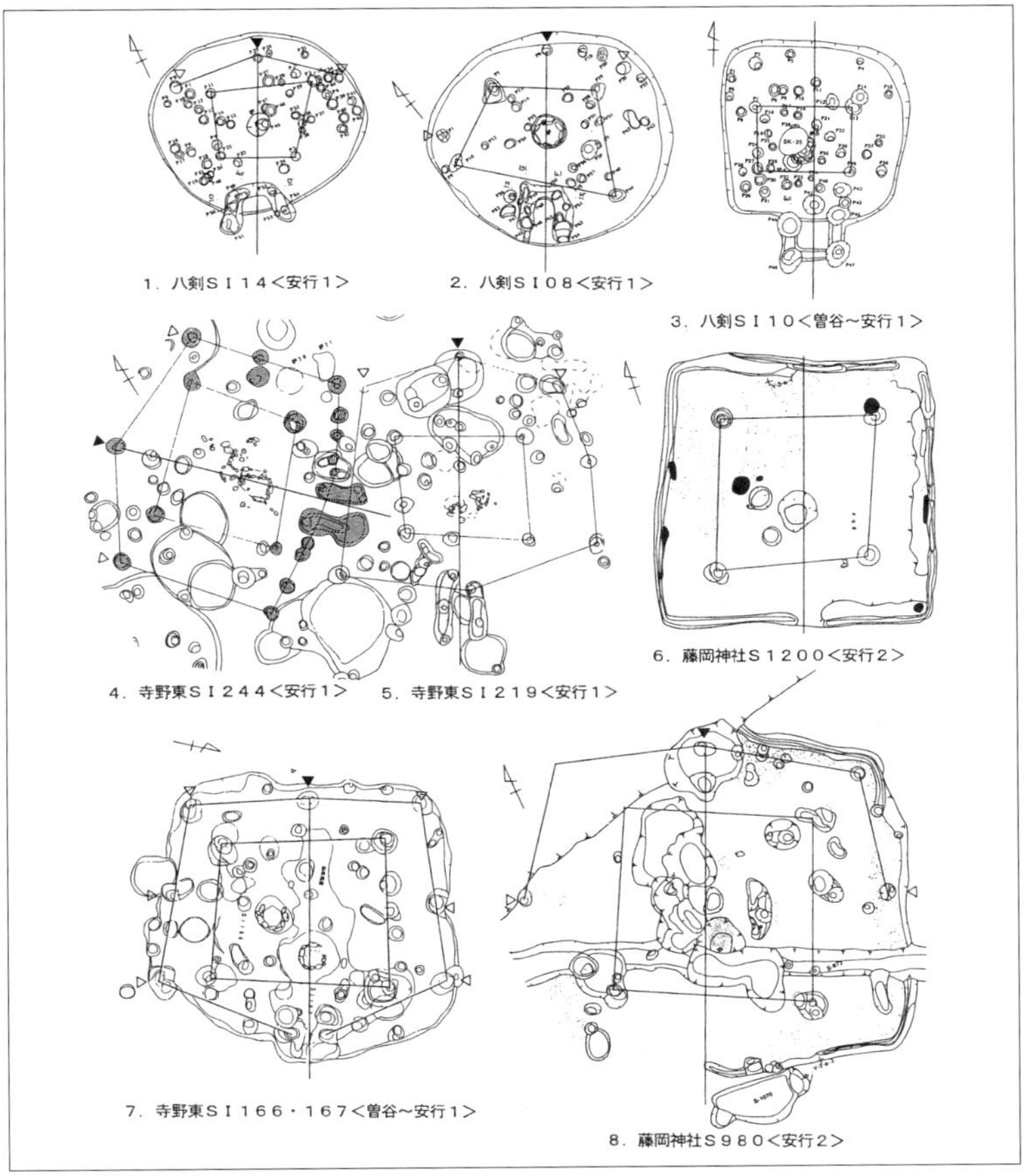

図98　北関東中部の安行式期住居跡

くり）があると同時に、それぞれが排他的な分布を示さないこと、中間的な地域であるゾーンⅡでは両者が併存的な状態にあることが確認できる。

各集落との比較　次に集落自体の比較を行ってみよう。

まず、藤岡神社遺跡を観察してみる。藤岡神社遺跡（図99）は浅い皿状の窪地を囲むように後晩期の住居跡群が展開する、中央窪地型環状集落である。窪

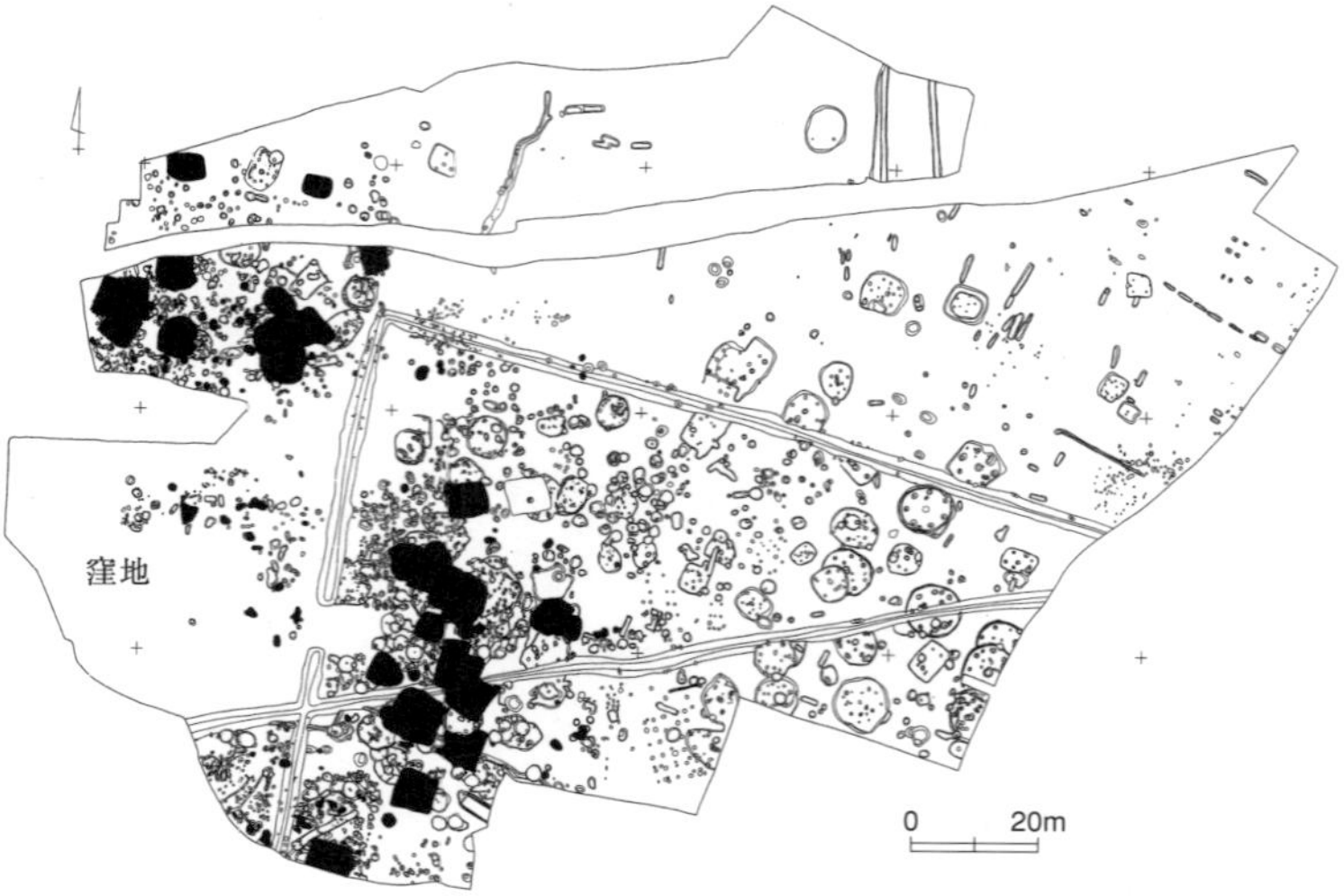

図99　藤岡神社遺跡（黒塗りが後晩期の遺構）

地東側の住居跡群では、安行1～3a式期までおおよそ連続的な居住の展開がうかがえ、とくに安行2式期では狭い範囲に集中する。北側の群では、曽谷式期から住居の設営が始まり、なかでも窪地に面する位置には安行1～3a式期まで密に住居跡が重なる。つまり、安行2式期には、窪地北側と東側のある特定区域に住居が集中する、という集落景観を推定できる。

窪地部分では、明確な住居跡は確認されていないが、窪地のローム面上で晩期遺物を主とする包含層が形成されていること、およびこの外側周囲に後期～晩期初頭の包含層が形成されている点は、寺野東遺跡と共通する。これらいくつかの状況証拠から、中央窪地での人為的削平を考えることも充分可能であり、藤岡神社遺跡の後晩期集落部分が環状盛土遺構となる蓋然性は高いと考える。ただし、窪地（谷）自体は集落形成以前には形成されていたようで、この谷に自然に埋まった黒色土がおもに削られている可能性がある。包含層がローム質ではない点は、この推定と整合する。

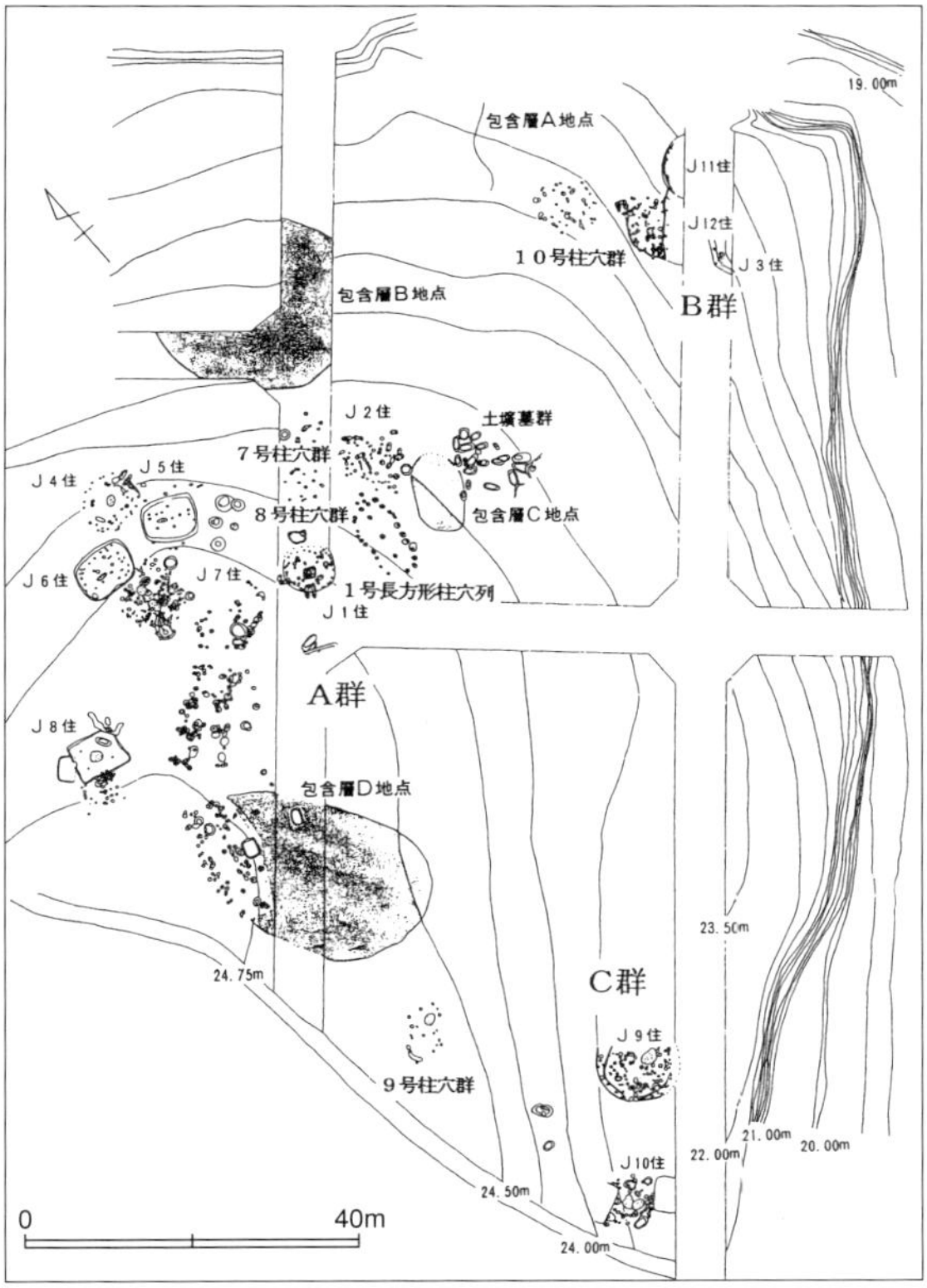

図100　乙女不動原北浦遺跡

次に乙女不動原北浦遺跡をみてみよう。この遺跡では、後期安行式期以降が主体の住居跡一〇軒が調査され、集落構成も明らかとされた（図100）。住居跡群が展開する位置に弧状の柱穴列群、後期住居跡群の端には晩期の土坑墓群がある。

集落は大きく三つの住居跡群（A～C群）に分けられ、このうち標高としてかなり低い位置のブロック（C群）に晩期中葉の住居跡がある。つまり、明瞭な窪地内ではないものの、標高の低い位置に晩期中葉の主要居住域があるという点で寺野東遺跡や藤岡神社遺跡と共通することに注目しておきたい。

最後にゾーンⅢとした猿島台

地における遺跡との比較である。猿島台地の遺跡の多くは比較的起伏の乏しい台地上に位置しているが、下館市（現筑西市）外塚《とのづか》遺跡のように、鬼怒川低地に位置するものもある。発掘調査例は少なく、明瞭な盛土や窪地を確認できる例もない。しかし、三和町（現古河市）北下山《きたしもやま》遺跡では低い部分に晩期遺物が集中する地点があり、そのまわりで中期～後期の遺物が多く出土したようであり、寺野東遺跡環状盛土遺構と共通する。

ともあれ、この猿島台地の遺跡についても、濃密な遺物の分布が認められる遺跡が比較的多く、後晩期の遺跡間関係や領域を考える上で注目すべきフィールドである。前章で紹介した川角寅吉を始めとする先学の踏査も参考にしながら、今後の調査および分析が必要となろう。

遺跡内容の違い

以上を見ると、環状盛土遺構形成にいたる遺跡とそうではない遺跡、という違いも確認される。寺野東遺跡においては、堀之内式期の集落構成を基盤としつつ、加曽利B2式期における転機を経て、より環状構成の徹底、一定場所への執着という環状盛土遺構形成の過程を見ることができる。また、藤岡神社遺跡では、きわめて集中的な居住が展開する安行2式期において、中央窪地型の集落構成が生成している。藤岡町内の中根《なかね》八幡《はちまん》遺跡では、現況観察をもとに環状盛土遺構の可能性が推定されている。一方、少なくとも乙女不動原北浦遺跡では、台地上の包含層形成も認められるものの、マウンド状の堆積や、一定の厚さのある包含層が土堤状に連続するような状況は確認されていない。

すなわち、遺物の差異や住居形態・集落の違いを確認したように、渡良瀬川基部遺跡群内の遺跡それぞれで個性があり、均一的ではないことが指摘できる。またゾーンⅠ～Ⅲそれぞれにおける、住居形態や遺物の様相から、それぞれを単純に地域圏として括り得ないことも指摘できる。さらに、ある一つの遺構や土器のなかに複数の系統が表現されるという「複数系統共存」的な状態も確認できる。他方、遺跡間で共通する土器型式や住居形態・石器・土製品が認められることも軽視できない。これまでの研究では、共通性に注目して、地域社会を構成する集団や組織が推定されてきたのである。

寺野東遺跡は、渡良瀬川基部遺跡群のなかで見れば、ゾーンⅢの北縁に位置する。最も近い位置にある遺跡は筑西市外塚遺跡（距離八キロ）で、隣接の松木合A遺跡を除けば、半径五キロ以内に加曽利B式期以降の遺構・遺物が多数見られる遺跡はない。このことから、寺野東遺跡が多機能的な、より集約的なムラとなる可能性が示される。つまり、ゾーンⅠ・Ⅱのみならず、より東や北側方面も含めた一定の領域内において、拠点的なムラとしての機能を有していた可能性である。この推定は、より特徴的・象徴的な集落形態である環状盛土遺構を擁しつつ、集中的な生業活動の場でもある谷部の施設群をも併せもつことと整合するように思える。一方で、遺構・遺物の様相を見ると、普遍的側面が多く認められる点にも注意しておく必要があろう。

この地域においては、丘陵と河川および流域の低地との比高差がさほど顕著ではない。縄文時代において、台地上のみならず、河川流域を越えての移動に大きな障害がないことをも考慮しつつ、遺跡間の関係を今後検討すべきであろう。

寺野東遺跡の領域

これまでの関東後晩期遺跡のなかで注目されてきたのは、大宮台地と下総台地および霞ヶ浦沿岸におおむね限られていた。しかし、近年における北関東の資

表13　3遺跡の石器出土数量

	石鏃	石匙	石錐	打製石斧	磨製石斧	石錘	軽石	磨石	凹石	石皿・多孔石	石剣・石棒	独鈷石	玉類
藤岡神社	777	5	19	1,216	233	848	202	2,625	771	2,019	352	41	99
寺野東	969	9	150	3,694	292	6,528	31	5,231	85	2,677	437	23	46
乙女不動原北浦	(94)		4	(26)	(17)	(39)		(39)		(15)	(20)	7	(26)

（ ）は実測図掲載点数

料の充実から、遺跡群内外を縦横断するように、モノが動き、あるいは情報が共有されている状態が推定できる。この点は、これまで土器の形態・文様から推測されていたが、住居や集落、すなわち住まいとその集まりという点でも関係性を推定することが可能となりつつある。また、遺構・遺物や集落間の関係の点で、大宮台地や下総台地の遺跡群との違いを見出すこともできるかもしれない。

ゾーンⅢとした猿島台地の南側を経由すれば、北関東中部域と下総台地はかなり近い距離にあることも重要である。つまり、東側に古鬼怒湾、西側に奥東京湾が広がる下総台地～猿島台地～栃木県域までは、障害のない陸続きの一体的なゾーンであること、さらには霞ヶ浦沿岸域とも近い関係にある点をあらためて確認しておこう。

寺野東遺跡の領域を考えるに当たっては、当時の食糧獲得にかかわる遺物について考える必要がある。寺野東遺跡で確認された石錘の多量出土からは、河川における漁撈活動の側面が注目される。また、谷部遺構群の確認からは、堅果類等の植物採集に関しても積極的であり、その比重の高さを推定できる（表13）。

ともあれ、寺野東遺跡周辺では、一定領域内の資源確保・人口維持にかかわるシステムが成立し、一定程度安定した定住生活を維持することが可能であったことを推測できよう。

2　寺野東遺跡の特性

後晩期の集落領域研究

後晩期の集落研究においては、住居跡などの遺構内から複数時期に跨る遺物が出土することも多く、詳細な時期ごとの集落復元がむずかしい。一方で、住居跡や土製品の種類・数量が遺跡によって異なる場合が多く、集落ごとの特性を明らかにしやすい利点もある。中期の拠点集落が一見「等質性」を有しているのと対照的とさえ言える。

既述のように、北関東中部の後晩期集落内では、住居・土器・土製品について注目したとき、各集落間の差異を認めることができた。しかしそれがどのような意味を有しているのかは不明で、社会論展開への道程は、今のところまだ遠い。藤岡神社遺跡における耳飾りの多出問題なども、いまだ社会論的意味を見出すにはいたらない。

とはいえ、比較的狭い地域のなかで、異なる集落構成のムラが存在すること、異なる集落構成でありながら、住居や土器・土製品などで共通する、あるいは対応する要素を見出し得るということを重要な確認事項として示しておきたい。環状構成の徹底された寺野東遺跡と、環状構成とならない乙女不動原北浦遺跡における共通性と差異はこれを示す好例であろう。

一方、集落の形態を大きく括った場合、環状盛土遺構あるいは中央窪地型の集落は、一定の分布範囲内で広く認められる。異なるところに同じような集落形態が存在する、ともいえる。ただし、環状盛土遺構という集落構成も、単純に一集落類型としてまとめられるのか、更なる議論は必要であろう。

また、各集落相互が排他的な関係性でないことは、各遺跡における土器の様相が端的に示しており、むしろ相互に緊密な関係さえうかがえる。たとえば寺野東遺跡では、晩期中葉にいたり、東北系の土器が主体を占めるが、東北系の文様を真似しながら伝統的な在地的手法で描くもの、文様が複合したものなどを確認できる。このことは、直接的な人の移動を含めた東北地方との交渉が活発化し、あるいは文化が及んできつつも、侵入的・排他的な関係ではないことを示している。集落の構成で顕著な東北的要素を見出せないことも、晩期寺野東集落を考える上で重要な事象となろう。

また、寺野東遺跡の土製品では、後期前半が主体と目される「貝輪状土製品」（腕輪）や棒状土製品も特徴的である。県内の後期前半に主体がある他の遺跡を見渡しても、これだけ多種多量の土製品が出土している遺跡は確認できない。この寺野東遺跡の土製品については、東京湾～古鬼怒湾方面で明らかな貝製品や骨角器との関係をうかがうこともでき、今後の分析が求められる。

いずれにしても、住居から見た動きと土器から見た動き、土製品から見た動き、集落から見た動きは、そのまま単純に対応するものではなく、それぞれに慎重な分析が必要となる。このような作業は、集落内や一定地域内の集団関係・社会関係を探る一つの手がかりになるだろう。

窪地のある風景

寺野東遺跡の調査がもたらした成果の一つは、集落構成を考える際に、平面的な住居などの施設配置のみならず、三次元的な視覚認識し得る形態についても、遺跡間で比較可能な検討事項として浮かび上がらせたことにあろう。つまり、「盛土」と「窪地」という三次元的な集落景観、その景観をもつくりだす集落構造、という問題である。この問題提起は、一九六〇年代ぐらいまで議論されていた貝塚の形態論的視点の評価ともかかわる。

当時の人びとにとっても、窪地をとり囲む高まりという集落景観が、「意識された風景」であったと考えたい。言い換えれば、集落の居住者たち（寺野東縄文人）自身にとって、象徴的な集落表現形態として環状盛土遺構がつくられつづけた、と考えることもできる。さらには、寺野東集落に居住していないまわりの人たちにとっても、象徴的な特別なムラであったかもしれない。もちろん、別の表現形態、あるいは象徴性が稀薄な集落も存在していた可能性があり、両集落それぞれの意味を考える必要がある。

少なくとも当時の人びとにとって、窪地とこれをとり囲む環状の高まりが認知されていた。このような居住者たち自身の表現は、縄文時代においては土器文様や家の形あるいは配石の形としても表れている。自分たち自身の表現とは、言い換えれば他者との差異を示しており、社会関係を維持するための重要な表現とも考えられる。

環状盛土遺構をつくるムラと、そうではないムラがあり、しかも長期にわたる拠点的なムラに環状盛土遺構がつくられる傾向がある。このことは、長期にわたる表現形態の意識が継続、あるいは受け継がれていたことを推測させる。

環状盛土遺構形成の計画性　環状盛土遺構の性格を巡る議論のなかで、累積的な行為の結果か、意図的・計画的なものか、という議論がある。筆者は累積的な行為の結果という側面を認めつつ、寺野東遺跡における中央窪地起源のロームによる盛土という事象などから、ある程度計画的な面をも見出したいと考えている。中央窪地ほぼ中央の石敷台状遺構が、形成過程のある段階からは「意図的に高まりとして残されたもの」であることも、この想定と整合する。つまりこの部分は削ることが許されない場所であり、このまわりで削平が進むことによって、ネガティブながら高まりとして維持された場所であること、言い換えれば長期にわたってその意味が守られつづけた場所ということができる。つまり、場所の規制――居住域と非居住域の別も含む――が幾世代にもわたって維持されたことを意味している。

寺野東遺跡は、北関東中部域における後晩期集落跡群のなかで、単に拠点集落としてだけではなく、特徴的な場所としての意義を有しつづけたと考える。であるからこそ、あるいはそのためにこそ、象徴的な場の意識が継続されていたのであろう。谷部施設群ＳＸ０４１やＳＸ０４８に見られる「くり返し利用」や頻繁な修復は、少なくともそれらが一回的・短期的な使用のための施設ではなく、一定程度の恒常性を目指したもののように見える。このことも特徴的な集落と推定する根拠の一つである。

拠点性と象徴性

既述のように、晩期谷部施設群の集中的設営・管理状態からは、数集落を束ねるようなネットワークのなかで、寺野東遺跡が結節点的な役割を有していたことも推測させる。つまり、谷部の遺構群は、共同利用の可能性、あるいはさらに数集落共同での管理運営さえ想定可能である。

ゾーンⅡとした思川左岸での遺跡密集状況と対比すれば、一つのムラが突出的に多くの機能を有し得る状態を推定することも不可能ではない。多種多数の土製品・石製品を有していることは、このことを一定程度示唆する。

寺野東集落がどの時期から特別な地位を有していたのか明らかではないが、すでに称名寺式期において、九州の阿高式系や西日本系を始めとする異系統土器群の多出、また土製品の多種多数性という、周辺の他の遺跡とはやや異なった事象を確認できる点は注目される。とはいえ、堀之内式期の集落構成は下総台地などの他地域とさほど変わらないようでもあり、環状盛土遺構生成過程で一大画期といえる加曽利Ｂ２式期が、「特別な地位」に向けての大きな画期であったと考えたい。

一般的に、一定領域内における多機能な集落とそうではない集落との複合状態から縄文時代の「領域」を描く例がしばしば見られる。しかし、これまでの検討からすれば、寺野東遺跡が象徴的な場や多機能な側面を有しつつも、具体的にどの程度の機能を保有していたかについては不明な部分があまりにも多い。そもそも、象徴的な場を有していることが多機能な集落であるとはかぎらないし、環状盛土遺構という集落形態がどの程度象徴的な機能を有していたかも定かではない。実際、個々の遺構や遺物という面では、普遍的な側面が顕著に認められるのである。

どこに視点をおくかによっても、特性・象徴性と普遍性に対する評価は異なる。あるいは両者が同居していることも想定すべきであろう。おそらく、北関東後晩期集落の多くが、ある程度の象徴性・個性を有しつつ、普遍的側面をも有している、というのが実態に近いのであろう。この地方の遺跡それぞれの個性を抽出しつつ、相互の関係性についての検討が必要となるゆえんである。そのような検討を続けることにより、寺野東遺跡をより明らかにしていくことができるであろう。

Ⅷ　遺跡の現在

1　遺跡の整備

寺野東遺跡は、一九九五（平成七）年十一月に国指定史跡となったが、遺跡整備の準備はその前年度に県教育委員会が「寺野東遺跡整備委員会」を設置し、遺跡の保存整備方針を示したことに始まる。保存整備基本方針の要点は次のとおりであった。

遺構の保護――環状盛土遺構と水場の遺構を中心に、自然環境と遺跡の保護のため遺構を埋め戻し、恒久的な保全を図る。

遺構の整備――周辺の自然景観と、遺跡の持つ歴史景観との調和を保ちつつ、遺構の復元や整備を図る。環状盛土遺構については、覆土により発掘調査以前の地形に復旧し、大規模な遺構の全体景観を保存して今日まで伝わってきた遺構の形状が体感できるものとする。水場の遺構については、覆土による養生後、縄文時代の水辺の生活空間が体感できるように配慮した復元的施設を整備する。また、植栽する場合は、当時の植生を考慮し、縄文時代の生活と自然環境の理解が得られる

図101　整備中の石敷台状遺構

図102　寺野東遺跡資料館　「おやま縄文まつりのひろば」ガイダンス施設

図103　資料館内部　個別展示室

ように配慮する。

遺跡の活用——遺跡の持つ立地を把握したり、遺跡の内容が理解できて、多くの人に親しまれる史跡とする。

その後、整備の事業主体は県から小山市に移り、一九九六（平成八）年度には市教育委員会によって「史跡寺野東遺跡保存整備委員会」が設置され、保存整備基本計画がつくられた。

市の保存整備基本計画では、先に示された県の基本方針を基に計画が立てられた。寺野東遺跡の学術的価値、遺跡を整備することの価値が具体的に検討され、保存整備のテーマも『原始・古代の生活（社会、祭祀、技術）を想像・追体験できる場―（仮称）おやま縄文の広場―』（これは後に「おやま縄文まつりの広場」となる）と決まった。

保存整備・活用の具体的方針は、次の二点であった。

第一に、整備区域においては、地形を改変し生活に利用していた〝水場の遺構〟と、大規模な〝環状盛土遺構〟の復元的整備、および復元植栽を行うことによって、縄文時代を感じさせる空間を整備するとともに、それらの空間を体験することを通して縄文人の生活をイメージできるようにする。

第二に、ガイダンス施設においては、盛土のはぎ取り断面や出土遺物、発掘調査時の写真等を展示し、発掘調査の成果をできるだけ伝える。また復元模型、ビデオ映像等を用いて、各時代における寺野東遺跡での生活や、縄文時代に発達した社会構成や技術があったことを一般の利用者がイメージしやすいように配慮した展示・解説を行う。

加えて、地元の学校教育の場としても利用できるような活用の方針や整備方策等も検討された。

以上のような計画と方針にもとづき、二〇〇〇（平成十二）年から保存整備工事が順次開始された。二〇〇三（平成十五）年にはガイダンス施設建設工事、二〇〇四（平成十六）年には建物内展示工事等も完了し、同年十月三十日に愛称「おやま縄文まつりの広場」が開園した。

2　遺跡の活用

国史跡寺野東遺跡は、『原始・古代の生活（社会・祭祀・技術）を想像・追体験できる場』を

図104　ボランティアスタッフによる史跡解説

図105　「寺野東遺跡縄文まつり」での復元された縄文服によるファッションショー

テーマとして整備が進められ、「おやま縄文まつりの広場」としてオープンした。見学・施設利用については本章末尾の案内図を参照していただきたい。

管理・運営については小山市教育委員会が主体となっている。市教育委員会が取り組んでいる現在の状況について触れておく。

日常的には二名の方が常駐し、受付・監視などのほかに、復元したアンギン織り機やそれを用いた縄文服の復元、火おこし具・弓矢や磨製石斧の製作なども行って体験学習に備えている。

また史跡案内を主な活動とする、小山市民によるボランティアスタッフを募集した。現在十数名のスタッフは、学習会を開くなど、積極的に活動しており、市民参加による史跡活用の好例となっている。なお、団体で来園される際には、事前連絡をいただいた方がより充分な対応ができるとのことである。

また、「寺野東遺跡縄文まつり」が年一回・八月の第一土曜日に行われている。オープンスペースを利用した住民参加型の事業であり、遺跡をより身近に捉えてもらうためのよい機会となっている。この縄文まつりを主催する「寺野東遺跡縄文まつり実行委員会」では、管理地に花を植え、見学者の目も楽しませるような「花いっぱい運動」も取り組んでいる。

今後、整備方針でも示されたわかりやすい展示のために、パネル等の充実や新たな体験学習の開催なども求められる。またアクセス地図の作成など、市内外の関連施設とも連携し、相乗的な活用を図るための事業も必要であろう。加えて、本書で記してきたような寺野東遺跡の特徴や研究成果をいかにわかりやすく市民に伝えられるか、ソフト面の充実も求められていよう。

おやま縄文まつりの広場

住　　所　〒323-0158　栃木県小山市大字梁2075-4
問い合せ　0285（49）1151
開園時間　午前9時～午後4時30分
休 館 日　月曜日（祝日の場合は翌日）
　　　　　祝日の翌日（土・日の場合はのぞく）
　　　　　年始年末（12月28日～1月4日）
入 館 料　無料

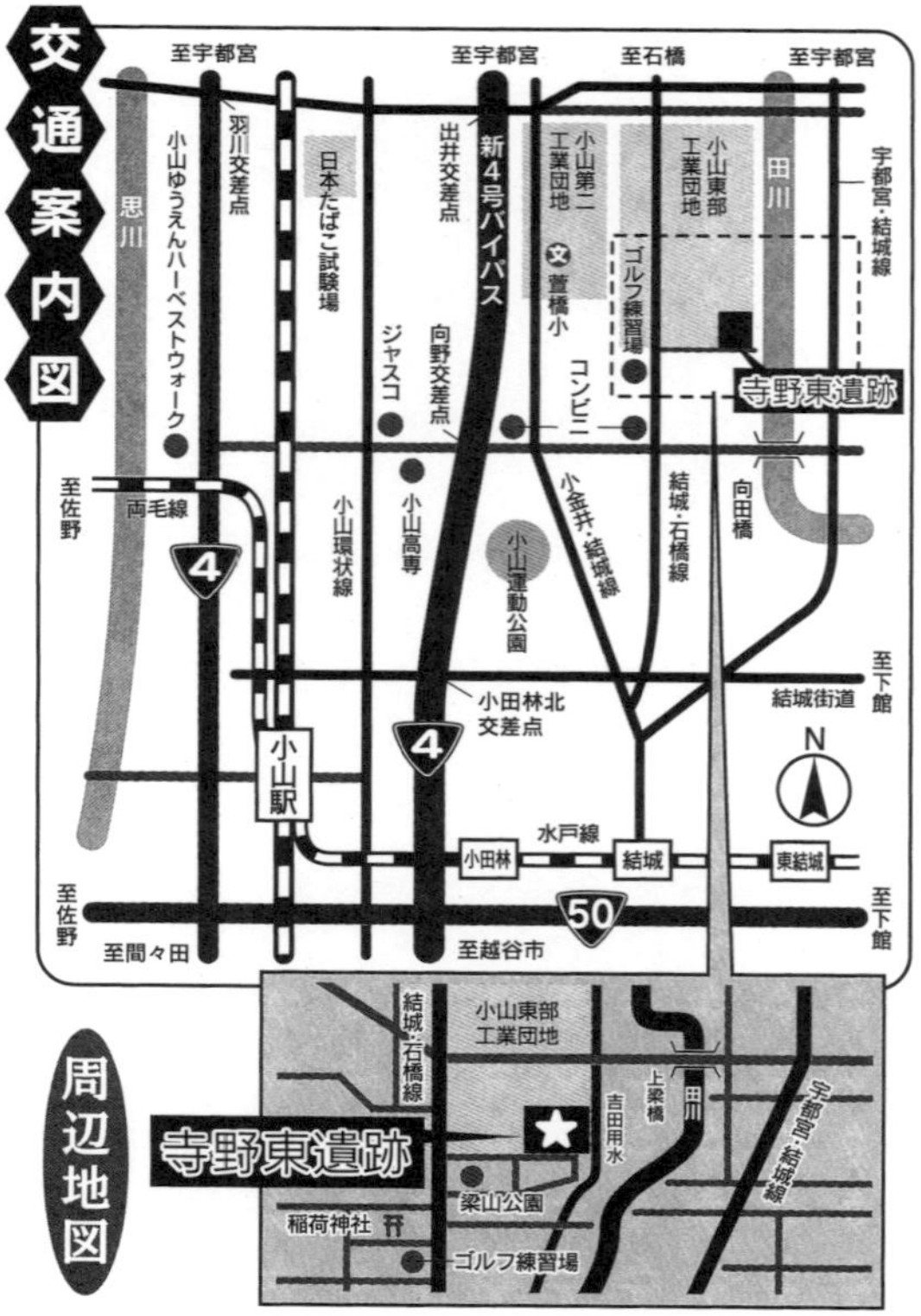

参考文献

阿部芳郎　一九九六「縄文時代のムラと「盛土遺構」」『歴史手帖』二四―八
阿部芳郎ほか　二〇〇〇「縄文後期における遺跡群の成り立ちと地域構造」『駿台史学』一〇九
阿部芳郎ほか　二〇〇四「縄文時代後・晩期における谷奥型遺丘集落の研究―千葉県佐倉市曲輪ノ内貝塚の調査方法を考える―」『駿大史学』一二二
阿部芳郎　二〇〇六「「環状盛土遺構」研究の現在」『考古学ジャーナル』№五四八
安斎正人編　二〇〇二『縄文社会論』（上）（下）同成社
池上啓介・大給尹　一九三六「千葉県東葛飾郡鎌ヶ谷村中澤貝塚発掘報告」『史前学雑誌』八―四
池上啓介・大給尹　一九三七「千葉県千葉郡都村加曾利貝塚発掘報告」『史前学雑誌』九―三
上野修一・塚本師也　二〇〇一『八剣遺跡』栃木県教育委員会・（財）とちぎ生涯学習文化財団
江原　英・初山孝行ほか　一九九七『寺野東遺跡Ｖ（縄紋時代　環状盛土遺構・水場の遺構編）』栃木県教育委員会・（財）栃木県文化振興事業団
江原　英ほか　一九九八『寺野東遺跡Ⅳ（縄紋時代　谷部編）』栃木県教育委員会・小山市教育委員会・（財）栃木県文化振興事業団
江原　英　一九九九ａ「寺野東遺跡環状盛土遺構の類例―縄紋後・晩期集落の一形態を考える基礎作業―」『研究紀要七』（財）栃木県文化振興事業団埋蔵文化財センター
江原　英　一九九九ｂ「遺構研究　環状盛土遺構」『縄文時代』一〇
江原　英　二〇〇一『寺野東遺跡Ⅲ』栃木県教育委員会・（財）とちぎ生涯学習文化財団
江原　英　二〇〇三「寺野東縄紋後期集落の一断面―土坑の整理と集落動向についての再検討―」『栃木の考古学』塙静夫先生古稀記念論文集刊行会

江原　英　二〇〇五「北関東中部域における縄紋時代後晩期居住形態の検討（予察）―乙女不動原北浦遺跡の住居と集落を中心に―」『怒濤の考古学　三澤正善君追悼記念論集』
岡村道雄　一九九六「縄文文化の見直し」『歴史と地理』四九〇
小倉和重　二〇〇四「環状盛土と集落」『井野長割遺跡（第8次）』佐倉市教育委員会
川角寅吉　一八九七「結城近傍に於て発見セル土版」『東京人類学会雑誌』一三五
川角寅吉　一八九八「汀家漫録」『東京人類学会雑誌』一三一―一四〇
川角寅吉・中澤澄男　一八九八「備忘録」『東京人類学会雑誌』一三一―一四三
古河市　一九八六『古河市史　資料原始古代編』古河市史編纂委員会
後藤和民　一九八二「縄文時代における生産力の発展過程」『考古学研究』二九―二
小森哲也　二〇〇三「[土坑の吹上パターン]から[墓]への予察」『栃木の考古学』塙静夫先生古稀記念論文集刊行会
佐倉市教育委員会・（財）印旛郡市文化財センター　二〇〇四『シンポジウム　井野長割遺跡を考える』
鈴木正博　二〇〇五「馬場小室山遺蹟研究から観た寺野東遺蹟の所謂［環状盛土遺構］―縄紋式文化研究における［環境（気候）変動と文化変容の相互作用における三元論］視座―」『異貌』二三
大学合同考古学シンポジウム実行委員会編　二〇〇三『縄文社会を探る』学生社
谷口康浩　二〇〇五『環状集落と縄文社会構造』学生社
手塚達弥　一九九七『藤岡神社遺跡（遺構編）』栃木県教育委員会・（財）栃木県文化振興事業団
手塚達弥　一九九九『藤岡神社遺跡（遺物編）』栃木県教育委員会・（財）栃木県文化振興事業団
手塚達弥　二〇〇一『藤岡神社遺跡（本文編）』栃木県教育委員会・（財）とちぎ生涯学習文化財団
栃木県教育委員会・小山市教育委員会　一九九五『寺野東遺跡発掘調査概要報告』
野木町　一九九〇『野木町史　歴史編』野木町史編纂委員会

馬場小室山遺跡に学ぶ市民フォーラム実行委員会　二〇〇五　『「環状盛土遺構」研究の到達点　予稿集』
藤岡町　二〇〇五　『藤岡町史　通史編』
堀越正行　一九九五　「中央窪地型馬蹄形貝塚の窪地と高まり覚書」『史館』二六
増田　修　一九八〇　『千網ヶ谷戸遺跡発掘調査報告一九七八』桐生市教育委員会
三澤正喜　一九八二　『乙女不動原北浦遺跡』小山市教育委員会
八幡一郎　一九三二　「下総国結城郡富塚遺跡」『人類学雑誌』四七―一
吉野健一　二〇〇五　「古鬼怒湾南岸地域における縄文時代後晩期集落の立地と貝層分布」『千葉県文化財センター研究紀要』二四

あとがき

寺野東遺跡は、各方面よりいくつかの視点から評価されている。私たちも、報告書をはじめ、いくつかの文章や口頭発表のなかで折に触れ示してきた。とりわけ、当初「祭祀遺跡」との評価が目立っていたこともあり、これに対するアンチテーゼとして、寺野東遺跡の普遍性を強調してきた。この考え自体には大きな変更はないが、一方では誤解を生じてきた部分もある。

本書では、寺野東遺跡の個性・特徴をより多く、また具体的に示すことに重点をおいた。Ⅵ・Ⅶ章では、北関東中部域における後晩期集落との相互比較作業を行いながら、相対的に寺野東遺跡の特性を明らかにしようと試みた。結局、一部の視点を示したにすぎず、多くの研究課題が残されていることを認めることとなったが、今後の道のりを示すことも無駄ではなかったものと考えたい。

寺野東遺跡を巡る議論は、さらに多方面からなされることがのぞましい。今、さいわいにも残された遺跡であるがゆえに、多くの時間や経費を費やした遺跡のために、また今後の活用のためにも、検討をつづけていくことは必要であろう。

何よりも、寺野東遺跡の重要性は、環状盛土遺構という、縄文集落のあらたな「形」を見出したことにある。この特徴的な集落形態について、今後とも議論が進められていくことを願うが、一方では遺構・遺物の基礎的な検討が、必要不可欠であろう。こうした検討が環状盛土遺構の評価に直接かかわるのである。

寺野東遺跡および環状盛土遺構の検討は、縄文集落研究はもとより、遺跡群研究や地域社会研究の上でも、重要な問題を提起しつづけるものとなることを確信して、筆をおくこととしたい。

寺野東遺跡の環状盛土遺構は、多くの方々のご努力とご理解・ご協力により現状保存された。現在は整備され史跡公園として誰でも見ることができる。この本を手にされた方はもとより、多くの方々に足を運んでいただき、「盛土」や「水場」を実感してもらうことを願っている。

本書の文章、とくに後半ではずいぶんと硬い表現となってしまい、刊行の趣旨から逸脱した部分が多かったかもしれない。また、遺跡のガイドブックとしては使いづらく、遺跡を理解する上では妨げとなった部分が多いのではないかと危惧している。それでも、こうして形にすることができたのは、発掘調査以降、今日まで多くの方々にささえられ、あるいは励ましがあったからである。

なお、資料の提供については、流山市教育委員会、栃木県教育委員会、財団法人とちぎ生涯学習文化財団埋蔵文化財センター、小山市教育委員会から快諾を得ました。末筆ではありますが、ご指導・ご協力頂いた皆様に心より感謝申し上げます。

菊池徹夫
坂井秀弥　企画・監修「日本の遺跡」

23　寺野東遺跡《てらのひがしいせき》

■著者略歴■（五十音順）

江原　英（えはら・えい）

1966年、東京都生まれ
日本大学大学院文学研究科博士課程前期終了。文学修士
現在、栃木県教育委員会文化財課主任
主要論文等
「寺野東遺跡環状盛土遺構の類例」『研究紀要』7、(財)栃木県文化振興事業団埋蔵文化財センター、1999年
「北関東中部域における縄紋時代後晩期居住形態の検討（予察）」『怒濤の考古学』2005年

初山孝行（はつやま・たかゆき）

1955年、栃木県生まれ
國學院大学文学部史学科考古学専攻卒業
現在、（財）とちぎ生涯学習文化財団埋蔵文化財センター調査部
北関東道路調査担当リーダー副主幹
主要著書等
「栃木県寺野東遺跡」『縄文時代における自然の社会化』雄山閣、1995年
「寺野東遺跡の発掘調査」『縄文ランドスケープ』(株)アム・プロモーション、2005年

2007年9月10日発行

著者　江原　英
　　　初山　孝行

発行者　山脇　洋亮

印刷者　亜細亜印刷㈱

発行所　東京都千代田区飯田橋4-4-8　東京中央ビル内　**(株)同成社**
TEL 03-3239-1467　振替 00140-0-20618

ISBN978-4-88621-397-6 C3321

シリーズ

日本の遺跡

菊池徹夫・坂井秀弥 企画・監修

四六判・定価各一八九〇円

【既刊】

①西都原古墳群 南九州屈指の大古墳群 北郷泰道
②吉野ヶ里遺跡 復元された弥生大集落 七田忠昭
③虎塚古墳 関東の彩色壁画古墳 鴨志田篤二
④六郷山と田染荘遺跡 九州国東の寺院と荘園遺跡 櫻井成昭
⑤瀬戸窯跡群 歴史を刻む日本の代表的窯跡群 藤澤良祐
⑥宇治遺跡群 藤原氏が残した平安王朝遺跡 杉本 宏
⑦今城塚と三島古墳群 摂津・淀川北岸の真の継体陵 森田克行
⑧加茂遺跡 大型建物をもつ畿内の弥生大集落 岡野慶隆
⑨伊勢斎宮跡 今に蘇る斎王の宮殿 泉 雄二
⑩白河郡衙遺跡群 古代東国行政の一大中心地 鈴木 功
⑪山陽道駅家跡 西日本を支えた古代の道と駅 岸本道昭
⑫秋田城跡 最北の古代城柵 伊藤武士
⑬常呂遺跡群 先史オホーツク沿岸の大遺跡群 武田 修
⑭両宮山古墳 二重濠をもつ吉備の首長墓 宇垣匡雅
⑮奥山荘城館遺跡 中世越後の荘園と館群 水澤幸一
⑯妻木晩田遺跡 甦る山陰弥生集落の大景観 高田健一
⑰宮畑遺跡 南東北の縄文大集落 斎藤義弘
⑱王塚・千坊山遺跡群 富山平野の弥生墳丘墓と古墳群 大野英子
⑲根城跡 陸奥の戦国大名南部氏の本拠地 佐々木浩一
⑳日根荘遺跡 和泉に残る中世荘園の景観 鈴木陽一
㉑昼飯大塚古墳 美濃最大の前方後円墳 中井正幸
㉒大知波峠廃寺跡 三河・遠江の古代山林寺院 後藤建一
㉓寺野東遺跡 環状盛土をもつ関東の縄文集落 江原・初山

【続刊】

㉔長者ケ原遺跡 木島・寺崎・山岸